Heidelberger betriebswirtschaftliche Studien

Franz W. Wagner

Kapitalerhaltung, Geldentwertung und Gewinnbesteuerung

Springer-Verlag
Berlin Heidelberg New York 1978

Professor Dr. Franz W. Wagner
Universität Hohenheim
Institut für Betriebswirtschaftslehre
7000 Stuttgart 70

ISBN-13: 978-3-540-08683-3 e-ISBN-13: 978-3-642-66903-3
DOI: 10.1007/978-3-642-66903-3

Library of Congress Cataloging in Publication Data. Wagner, Franz Wilhelm, 1944-. Kapitalerhaltung, Geldentwertung und Gewinnbesteuerung. (Heidelberger betriebswirtschaftliche Studien). 1. Corporations-Finance. 2. Capital investments. 3. Corporations-Taxation. I. Title. II. Series. HG4011.W24. 658.1'5 78-1850

Herstellung: Offsetdruckerei Julius Beltz, Hemsbach
2142/3140-543210

Für Susanne und Hannes

nen" gezogen werden, doch erweisen sie sich als nützlich für die Ableitung der hier gezogenen Schlußfolgerung: Die Kritiker des geltenden Nominalprinzips beklagen im Grunde nicht die "Ungerechtigkeit" der Besteuerung, sondern fordern den Einsatz der Steuergesetze, um Umverteilungsprozessen entgegenzuwirken.

Bei der Erarbeitung und Formulierung meiner Überlegungen habe ich den Rat und die Hilfe Vieler in Anspruch genommen. Ich danke ihnen allen. Besonders wertvoll war für mich die Unterstützung durch Herrn Prof. Dr. J. Drukarczyk, Regensburg; ihm habe ich am meisten zu danken. Mein Dank gilt noch in besonderer Weise Herrn Prof. Dr. K. Bohr und Herrn Prof. Dr. G. John, Regensburg, die mich auf Unebenheiten in meinen Formulierungen aufmerksam gemacht haben. Herr Dr. Ebnet, Bonn, war mir bei der Auswahl geeigneter finanzwissenschaftlicher Literatur behilflich und hat mit mir die steuerlichen Überlegungen diskutiert. Während der Überarbeitung des Manuskripts stand mir mein Mitarbeiter, Herr H. Dirrigl, mit seiner unermüdlichen Kritikbereitschaft zur Seite. Mein Mitarbeiter, Herr J. Keck, hat das von meiner Sekretärin, Frau G. Ney, geschriebene Manuskript redaktionell überprüft. Ihnen allen gilt mein Dank.

Stuttgart, September 1977 Franz W. Wagner

Inhaltsverzeichnis

Die Probleme der Untersuchung

Wenn man das in der Literatur gezeigte Interesse als Indikator für den Reiz eines Problems betrachtet, so kann der Problemkomplex, der unter dem Stichwort "Kapitalerhaltung" diskutiert wird, als recht interessant gelten: Die Literatur hierzu läßt sich kaum noch überblicken. Der Begriff der Kapitalerhaltung wird regelmäßig im Zusammenhang mit Geldwertänderungen diskutiert. Die Diskussion der Geldwertänderungen im Rechnungswesen aber hat - wenn man Gutenberg folgt - dazu beigetragen, daß die Betriebswirtschaftslehre "zu sich als Wissenschaft gefunden hat". [1)]

Ähnlich wird die Relevanz des Problems in der englischsprachigen Literatur eingeschätzt: "No subject has occupied a larger place in accounting literature since the Second World War than the impact of rising prices. And in spite of all the attention it has received, no problem looks so unlikely to be resolved in the near future as the question of what accountants ought to do about it."[2)] "Yet the problem posed by changes in the value of money remains perhaps the greatest challenge which faces the accounting profession today."[3)]

---

1) Gutenberg (1967), S. 15.

2) Solomons (1962), S. 299.

3) Ebenda, S. 306, oder ähnlich Edwards (1975), S. 236: "I submit that over the next five years the principal economic and accounting challenge will come from substantial and pervasive shifts in relative prices."

Bemerkenswert ist, daß sich an den Methoden zur Verarbeitung von Preis- und Geldwertänderungen im Rechnungswesen seit den Zeiten betriebswirtschaftlicher Klassiker wie Schmalenbach und Schmidt nur wenig geändert hat. Dies überrascht besonders deshalb, weil die meisten anderen Gebiete durch einen grundlegenden Wandel der Problemstellungen und Lösungsverfahren gekennzeichnet sind, der sich vor allem dadurch manifestiert, daß die Zweckorientierung des Rechnungswesens in den Vordergrund getreten ist.[4] Mit der Zweckorientierung der Aussagen ist eine Relativierung des Wahrheitsanspruchs verbunden, da der Geltungsbereich der Aussagen auf den Rechnungszweck bezogen ist. Demgegenüber erwecken Begriffe wie "Scheingewinn" immer noch die Vorstellung, es werde Wahrheit mit allgemeinem Geltungsanspruch vermittelt, da außer dem "Schein" offenbar die "Realität" existieren muß. Der Schluß, daß "Scheingewinne" zu "eliminieren" seien, wird dann häufig schon gezogen, bevor die Frage nach dem Rechenzweck und damit auch nach der Zweckmäßigkeit derartiger Begriffe überhaupt gestellt wird.

Will man die Diskussion nicht von vornherein auf die eingefahrenen Gleise bringen und will man Mißverständnisse bezüglich des Geltungsanspruchs von Aussagen vermeiden, so scheint eine Darlegung der methodischen Grundlagen ratsam. Deshalb wird der Arbeit ein einleitender methodischer Teil vorangestellt, in dem die instrumentelle Problemstellung der Arbeit begründet wird. Da sowohl investitions- und bilanztheoretische Fragen als auch Fragen des steuerlichen Einkommensbegriffs angeschnitten werden, können die Zielprämissen nicht für alle Probleme einheitlich geregelt werden. Da die fehlende Differenzierung zwischen unterschiedlichen Zielsetzungen zur Beurteilung des gleichen Phänomens der Geldentwertung häufiger Anlaß für Irrtümer war, gilt der Herausarbeitung der Unterschiede unser besonderes Interesse.

---

4) Zur Zweckorientierung des Rechnungswesens vgl. Bedford (1967), S. 83 f., Coenenberg (1969), S. 82, Drumm (1972), S. 124 f., Moxter (1974), S. 377.

Im zweiten Teil der Arbeit wird zunächst geklärt, in welcher Richtung eine Begrenzung des Themas zweckmäßig erscheint, wie sich Kapitalerhaltung als Ziel operational definieren läßt und für welche Typen von Entscheidungsfeldern das Ziel geeignet ist. Entgegen der häufig vertretenen Auffassung, nach der Kapitalerhaltung und Geldentwertung als zusammenhängende Probleme aufgefaßt werden,[5)] wird zunächst das Ziel der Kapitalerhaltung unter der Annahme stabiler Preise diskutiert. Anschließend wird geprüft, welche Modifikationen sich durch Aufgabe dieser Prämisse ergeben. Dieses Vorgehen soll die Hypothese bestätigen, daß zwischen beiden Begriffen kein notwendiger Zusammenhang besteht.

Für die Explikation des Problems wird auf die Zielannahmen der Investitionstheorie zurückgegriffen. Mit der Einordnung in investitionstheoretische Fragestellungen kann die Sonderstellung der Kapitalerhaltung als Ziel relativiert werden. Gezeigt werden soll, daß die Bedeutung der Kapitalerhaltung als Ziel in der Regel wohl überschätzt wird. Dennoch ist das Ziel der Kapitalerhaltung nicht wegen der Komplementarität mit anderen Zielannahmen entbehrlich, wie teilweise angenommen wird.[6)] Allerdings repräsentiert Kapitalerhaltung einen recht eigenartigen Zieltyp, dessen Vorteile weniger in seiner empirischen Plausibilität, sondern eher in der einfacheren Formulierung der Zielfunktion bei Entscheidungsmodellen zu suchen sind.

Die Kalkülstruktur auf der Basis der Kapitalerhaltung wird anschließend durch die Einbeziehung von Geldwert- und Preisänderungen erweitert.[7)] Damit wird nicht beabsichtigt, allen denkbaren Aspekten der Geldwert- und Preisänderungen Rechnung

5) Einige Autoren halten den Begriff der Kapitalerhaltung geradezu für ein Krisenerzeugnis, so Walter (1958), S. 6.

6) Vgl. etwa Adam (1970), S. 133.

7) Um ständige Wiederholungen und Parallelaussagen zu vermeiden, wird immer vom Fall steigender Preise ausgegangen.

Erstes Kapitel: Grundfragen technologischer Problemstellungen in der Betriebswirtschaftslehre

A. Logik und Erfahrung als Grundlagen betriebswirtschaftlicher Forschungsstrategien

Die Betriebswirtschaftslehre ist in jüngster Zeit unter dem Einfluß der wissenschaftstheoretischen Grundlagenforschung methodenbewußt geworden. Die meisten der jüngeren Beiträge zur Methodologie sind sich einig in der Rezeption des durch die analytische Philosophie geprägten Forschungskodex: Ziel der Wissenschaft ist die Gewinnung informativer Theorien.[1] Der Informationsgehalt der Theorien entscheidet sich am Kriterium der prognostischen Relevanz.[2]

Da künftige Ereignisse menschliche Interessen tangieren können, wird der Bezug der Prognose zur Technologie erkennbar: Können die Bedingungen des Eintritts von Prognosen vom Aktor gesteuert werden, so besteht offenbar die Möglichkeit, Alternativen mit einem gewünschten Ergebnis zu wählen.[3] Während es in der Theorie um die Erkenntnis der Realität geht, zielen technologische Fragestellungen auf diejenigen Konsequenzen von Handlungen, die für das handelnde Individuum von Interesse sind. "Dabei geht es also nicht mehr um das kausaltheoretische Ordnen der Wirklichkeit, so

---

1) Vgl. Albert (1968b), S. 408 f., Popper (1972), S. 29 ff.

2) Die Übertragung dieses methodologischen Ansatzes auf die Betriebswirtschaftslehre findet man vor allem bei Katterle (1966), Köhler (1966), Schweitzer (1967), Chmielewicz (1970), Fischer-Winkelmann (1971), Schweitzer (1972), Schanz (1973), Stählin (1973), Küpper (1974).

3) Vgl. Albert (1972b), S. 83, Stählin (1973), S. 29.

wie sie ist, sondern um die Eingriffsmöglichkeiten des Menschen in den Lauf der Dinge, damit eine gewünschte zukünftige, zeitlich fixierte Endsituation erreicht wird".[4)]

Die Theorie erweist sich insofern als "Unterbau" der Technologie, als Ursache-Wirkung-Beziehungen durch tautologische Transformation in Mittel-Ziel-Beziehungen uminterpretiert werden können.[5)] Für das Handeln des Individuums sind allerdings nur solche Theorien unmittelbar relevant, deren Dann-Komponente sich mit den Zielen des Individuums deckt. Wenn die Betriebswirtschaftslehre als praktisch-normative Wissenschaft bezeichnet wird, so wird damit zum Ausdruck gebracht, daß sie sich mit denjenigen Problemen befaßt, die sich aus der Sicht der Interessenlagen von in Betriebswirtschaften handelnden Individuen und Gruppen stellen.[6)] Die Interessen bilden insofern das Auswahlkriterium für die Relevanz der Theorien.

Obwohl das skizzierte empirisch orientierte Wissenschaftsprogramm in der Betriebswirtschaftslehre kaum noch programmatischen Widerspruch findet, wird die Vermutung, es sei bereits ein Vorrat empirisch bestätigter Hypothesen für technologische Zwecke verfügbar, enttäuscht: "Eine wirtschaftswissenschaftliche Theorie, die dem theoretischen Wissenschaftsziele mit seinen Forderungen bezüglich des empirischen Gehalts und hinlänglicher Bewährung genügt, gibt es bis heute allenfalls in rudimentären Ansätzen."[7)]

Der überwiegende Teil der gegenwärtigen Forschungspraxis ist weniger auf die Formulierung empirisch gehaltvoller

---

4) Stählin (1973), S. 29.

5) Zum Unterschied zwischen der Wirtschaftstheorie und der Wirtschaftstechnologie vgl. Chmielewicz (1970), S. 24 ff.

6) Vgl. Heinen (1974a), S. 23.

7) Stählin (1973), S. 39. Skeptisch in bezug auf die Realisierung des programmatischen Ideals zeigen sich R.H. Schmidt (1972), S. 200 und Chmielewicz (1974), Sp. 1555.

Aussagen, als auf die Konstruktion analytischer Lösungsschemata gerichtet.[8] Bei der wissenschaftstheoretischen Einschätzung des Charakters solcher Arbeiten lassen sich zwei Extreme beobachten:

1. Der erkenntnistheoretische Gehalt von Entscheidungskalkülen wird infolge einer unangemessenen empirischen Interpretation der Lösungen überschätzt.

2. Der wissenschaftliche Wert wird infolge übertriebener Skepsis auf die heuristische Effizienz für die Gewinnung empirischer Aussagen beschränkt und somit unterschätzt.

Beide Positionen sind in ihrer Einseitigkeit nicht aufrechtzuerhalten und müssen durch eine differenzierende Betrachtung erheblich relativiert werden.

Zu 1. Gegen die Überinterpretation von Kalkülen war vor allem Alberts Vorwurf des "Modellplatonismus" gerichtet.[9] Die Kritik richtete sich insbesondere gegen die "Immunisierungsstrategie" des "Modellplatonismus" durch ceteris-paribus-Klauseln sowie gegen die Verwechslung der Sprachebenen durch einen "Begriffsrealismus", der dazu führt, daß Scheinprobleme diskutiert werden.[10] Diese Mißverständnisse sind zumindest unter Methodologen heute weitgehend überwunden. Daß sie nach wie vor in objektsprachlichen Aussagen eine erhebliche Rolle spielen, beweisen die vergeblichen Versuche, einen von "Scheingewinnen" befreiten "richtigen" Gewinn zu ermitteln. Dieses Vorhaben wird man geradezu als Paradebeispiel für den traditionellen Begriffsrealismus mit empirischem Anspruch ansehen können.

---

8) Vgl. Die Darstellung bei Stählin (1973), S. 60 ff.

9) Albert (1968b), S. 406 - 434.

10) Ebenda, sowie Hutchison (1972), S. 194 f., Kroeber-Riel (1972), Fischer-Winkelmann (1971), S. 83 ff.

Zu 2. Im Gefolge der Kritik kritisch-rationalistischer Prägung ist in jüngster Zeit mehrfach die Auffassung vorgetragen worden, daß Aussagen, die sich einer empirischen Prüfung entziehen, wissenschaftlich wertlos seien. Diese Richtung der Kritik zielt darauf, den Entwurf entscheidungslogischer Modelle in den nur psychologisch relevanten Entdeckungszusammenhang zu verweisen.[11] Kalküle könnten dort ihre heuristische Effizienz erweisen, indem sie als Ausgangsmaterial für die Gewinnung von Testhypothesen dienen.

Wir halten den Schluß, der wissenschaftliche Wert von Entscheidungsmodellen sei durch diese Funktion erschöpft, für übereilt. Es spricht mehr dafür, daß die analytischen Lösungsschemata der Entscheidungslogik als Systeme von Leerstellen für mögliche Einsetzungen von empirisch gehaltvollen Hypothesen angesehen werden sollten.[12]

Die bloße Uminterpretation von Ursache-Wirkung-Beziehungen in Mittel-Ziel-Relationen erweist sich zwar als ausreichend, wenn e i n e bestimmte Ursache jeweils e i n e Wirkung erzielt und es möglich ist, die Ursache als Mittel genau so zu steuern, daß die gewünschte Wirkung als Ziel realisiert wird. Können hingegen verschiedene Mittel eingesetzt werden, um mehrere Ziele zu erreichen, so ist die empirische Ermittlung einzelner Ursache- Wirkung-Beziehungen nicht mehr ausreichend. Für ökonomische Problemstellungen typisch ist die Suche nach Optimallösungen. Diese fallen mit der Gewinnung empirisch gehaltvoller Aussagen nicht automatisch an, sie sind vielmehr das Ergebnis gedanklicher Entwürfe zielgerichteter Ordnungen.

---

11) Vgl. z.B. Bareis (1969), S. 20 f., Fischer-Winkelmann (1971), S. 88.

12) Kade (1962), S. 47, Stählin (1973), S. 118 und S. 155.

spricht.[16] Es scheint daher, als sei das Begriffsnetz der betriebswirtschaftlichen Theorie für empirische Untersuchungen zum Thema "Kapitalerhaltung" gegenwärtig noch zu locker geknüpft.[17] Der Zugang zu empirisch gehaltvollen, informativen Aussagen wird wegen fehlender Operationalisierung der verwendeten Konstrukte zur Zeit noch versperrt. Aus diesem Grunde halten wir eine entscheidungslogische Untersuchung zum gegenwärtigen Zeitpunkt für notwendig und ziehen sie einer empirischen Untersuchung vor.

B. Das Verfahren zur Gewinnung der Zielprämissen

Zwar sind dem Wissenschaftler in pluralistischen Gesellschaften keine Aufgaben allgemein anerkannter Priorität vorgegeben,[18] doch wird in der Betriebswirtschaftslehre die Problemstellung meist so gewählt, daß die erarbeiteten Lösungen Eigenkapitalbesitzern zugute kommen könnten, falls diese sich für die ihnen zugedachten Empfehlungen interessieren. Das Interesse gilt in der Regel dem Aspekt der Einkommenserzielung; das Problem der sinnvollen Verwendung des Einkommens wird traditionellerweise der mikroökonomischen Sparte der Volkswirtschaftslehre überlassen, die den

---

16) Eine kritische Einschätzung zur empirischen Zielforschung gibt Moxter (1964), S. 8.

Auch das von Eckardt gewählte Vorgehen, aus "Maßnahmen zur Substanzerhaltung" auf das Ziel der Substanzerhaltung einen Rückschluß zu ziehen, ist insbesondere dann problematisch, wenn der Katalog von Maßnahmen so allgemein gehalten ist, daß diese Maßnahmen von jedem planenden Unternehmer getroffen worden wären, der sich nicht mit Liquidationsabsichten trägt. Die breite Skala der Ziele im Hinblick auf die Maßnahmen, die sich als zweckmäßig erweisen, wird dadurch nicht eingeschränkt. Ein eindeutiger Rückschluß auf das Ziel der Substanzerhaltung kann deshalb kaum gezogen werden.

17) Vgl. hierzu den Fragenkatalog der empirischen Untersuchung von Eckardt (1963), S. 222. Zu der hier vertretenen Auffassung vgl. Revsine (1973), S. 20.

18) Lompe (1966), S. 80.

Bezugsrahmen für rationale Konsumentscheidungen des Haushalts liefert.[19)]

Gegenüber dieser auf die Interessen der Eigenkapitalgeber zugeschnittenen Ausrichtung der Betriebswirtschaftslehre wird in jüngster Zeit Kritik vorgebracht. Bemängelt wird zum einen, daß der finanzielle Zielaspekt nur einen Ausschnitt aus der Motivstruktur des Unternehmers als Person darstelle[20)] und daß zum anderen durch die Auswahl der Zielträger "Unternehmer" eine einseitige Betrachtungsweise des Erkenntnisobjektes "Betrieb" erfolge.[21)]

Der programmatischen Forderung nach Ausweitung des Zielaspekts auf die gesamte Motivstruktur kann hier wegen der thematischen Beschränkung auf finanzielle Ziele nicht entsprochen werden. Als ernster muß der Einwand der Verengung der Zieloptik angesehen werden. Sieht man das Erkenntnisobjekt der Betriebswirtschaftslehre in der Institution Betrieb, und geht man davon aus, daß die Entscheidungen aller Organisationsteilnehmer in gleichem Maße Interesse verdienen, so ist die Aufmerksamkeit der bisherigen Betriebswirtschaftslehre zweifellos insofern ungerecht, weil sie ungleichmäßig verteilt ist.

Daran wird aber nur derjenige Anstoß nehmen, der in der "Chancengleichheit"[22)] der Partizipation an technologischem Wissen ein erstrebenswertes Ideal sieht. Unparteilichkeit dieser Art zu erreichen ist jedoch sowohl in der empirischen als auch in der entscheidungslogischen Forschung schwierig. Vor der Inanspruchnahme durch Interessengruppen ist der empirisch arbeitende Forscher auch dann nicht geschützt, wenn

---

19) Laux/Franke (1970), S. 35, sprechen in diesem Zusammenhang von einer "Abgrenzung der Konsumsphäre".

20) Vgl. z.B. Sieben (1974b), S. 694 ff.

21) Vgl. Kroeber-Riel (1974), S. 295, Raffée/Specht (1974).

22) Heinen/Dietel (1976), S. 24.

er Interessenlagen nicht explizit zum Auswahlkriterium seiner Forschung macht, weil er nicht sicher sein kann, daß die Dann-Komponente seiner Gesetzmäßigkeiten nicht die Zielvorstellungen von Personen tangieren. Ob die Suche nach solchen "uninteressanten" Gesetzmäßigkeiten als Ideal anzustreben ist, kann man sicherlich bezweifeln. In der entscheidungslogischen Forschung ist Parteilichkeit schon deshalb unvermeidlich, weil das Erkenntnisobjekt durch Zielannahmen überhaupt erst konstituiert wird.[23)] Üblicherweise wird als Abgrenzungskriterium für potentielle Zielträger ihre Eigenschaft als Disponenten in Betriebswirtschaften angesehen.[24)] Die Beschränkung der "betriebswirtschaftlichen" Entscheidungslogik auf eine "betriebliche" Entscheidungslogik ist jedoch nicht zwingend, da die Analyse der Zielannahmen Fragen aufwerfen kann, die über den Betrieb als Organisationseinheit hinausweisen. Die lange und widerspruchsvolle Diskussion der finanziellen Ziele wie Rentabilität und Gewinn[25)] hat gezeigt, daß eine logisch befriedigende Zielanalyse für Eigenkapitalbesitzer über die Partialbetrachtung finanzieller Engagements in Betrieben hinausgehen und sich auf das gesamte Entscheidungsfeld des Individuums beziehen muß.[26)] Im Individualkalkül tritt die finanzielle Beteiligung an Betrieben nur noch als Partialproblem auf. Die mit der Zielanalyse verbundene Verlagerung des Erkenntnisobjekts, sprich: relevanten Entscheidungsfeldes, vom Betrieb auf die Person resultiert jedoch nicht aus einer wertenden Parteilichkeit, sondern ist logisch notwendig, weil sonst die logische Durchdringung des finanziellen Interesses unbefriedigend bleiben müßte. Daran Anstoß zu nehmen hieße, die logische Zielanalyse zu tabuisieren.

Aus der Sicht der Institution "Betrieb" ist die Konzeption von Individualkalkülen u.U. mit einem so starken

---

23) Ebenda, S. 113.

24) Heinen (1977), S. 22.

25) Vgl. Kirsch (1968).

26) Vgl. hierzu insbesondere Koch (1968), S. 414 ff.

Maß an "Parteilichkeit" verbunden, daß der "Betrieb" selbst in Frage gestellt werden kann.[27] Dem kann man jedoch nicht durch Tabuisierung der Zielanalyse ausweichen, sondern durch Erarbeitung von Entscheidungslehren für andere Interessentengruppen. Am Ende dieser Entwicklung stünde allerdings keine "Betriebs"-wirtschaftslehre, sondern eine Anzahl zielgerichteter Entscheidungslehren.[28]

Hier ist jedoch keine Untersuchung der möglichen Zielstrukturen der an einer Unternehmung als Organisationsteilnehmer beteiligten Gruppen generell vorgesehen, sondern die Beantwortung der Frage, ob Kapitalerhaltung von bestimmten Gruppen sinnvollerweise als Ziel betrachtet werden kann und wie sich Preis- und Geldwertschwankungen auf dieses Ziel logisch auswirken. Methodisch stehen für dieses Vorgehen zwei Wege offen: die empirische und die logische Zielanalyse. Die Bedenken gegenüber der empirischen Zielforschung im Bereich der Kapitalerhaltung wurden bereits vorgetragen. Sowohl die direkte Zielforschung als auch die indirekte Zielforschung erweisen sich bei komplexeren Zielbeziehungen als problematisch.[29] Da ein rein empirisches Vorgehen vermutlich nur wenig weiterhelfen könnte bei der Aufhellung dessen, was unter Kapitalerhaltung verstanden wird, wird zunächst das Ziel der Kapitalerhaltung hypothetisch eingeführt. "Kapitalerhaltung" soll zunächst nur ein Oberbegriff für die Grobstruktur der Zielhypothese sein, die im weiteren Verlauf durch denkbare Varianten expliziert wird.

Man wird sich dies vorzustellen haben als Beratung eines hypothetischen Unternehmers, der Kapitalerhaltung als grob umrissenes Ziel verfolgt. In der Folge sind mögli-

---

27) Dies ist bereits deutlich herausgearbeitet bei Rieger (1964), S. 41.

28) Konsequenzen dieser Strategie werden angedeutet bei Heinen/Dietel (1976), S. 115.

29) Vgl. zur Problematik dieses Verfahrens Hauschildt (1970).

Prüft man, was die Autoren unter "betriebswirtschaftlichen Grundsätzen", deren Beachtung in Gesetzen und Rechtsprechung sie fordern, verstehen, so können die Auffassungen in zwei Richtungen unterteilt werden, die teilweise auch nebeneinander vertreten werden:
Es kann zwischen einer quantitativen und einer qualitativen Kritik des Steuersystems unterschieden werden. Die quantitative Kritik bemängelt, daß Steuertarife eine "unnatürliche Höhe"[34] erreicht hätten, die die verbleibenden Gewinne zu einer "belanglosen Restgröße"[35] werden ließen. Eine solch offene Parteinahme im Interessenkonflikt zwischen Unternehmern und staatlichen Finanzbedürfnissen findet man heute kaum mehr.

Die qualitative Kritik des Steuersystems richtet sich auf die Steuerbemessungsgrundlagen. Diese sollen an betriebswirtschaftliche Begriffe wie Gewinn, Vermögen usw. angeglichen werden.[36] In diese Richtung zielt auch der überwiegende Teil der gegenwärtigen Kritik an den Steuerbemessungsgrundlagen, die nach Auffassung der Kritiker der Geldentwertung angepaßt werden sollen. Da die Forderung zumeist nur in programmatischem Sinne vorgetragen und nicht näher erläutert und begründet wird, bleibt weitgehend unklar, worin der oft zitierte "betriebswirtschaftliche Standpunkt" besteht. Es wird z.B. nicht die Frage geklärt, an welchem Gewinnbegriff die Besteuerung zu orientieren ist. Eine verbindliche Definition des Gewinnbegriffs lag in der traditionellen Diskussion genausowenig vor, wie man heute von dem Gewinnbegriff sprechen kann. Obwohl durch die Berufung auf den "betriebswirtschaftlichen Standpunkt" die Hoffnung geweckt wird, es seien allgemein akzeptierte Aussagen quasi axiomatischen Charakters zu erwarten, so zeigt sich doch, daß bei der Vielzahl der in der Betriebs-

---

34) Hasenack, W. (1953), S. 282.

35) Scherpf, P. (1953), S. 421.

36) Vgl. z.B. van de Velde, K. (1950), S. 472. Zu weiteren Aussagen ähnlicher Art vgl. Fußnote 37 Seite 19.

wirtschaftslehre konkurrierenden Forschungsansätze hinter solchen Formulierungen sich in Wirklichkeit nur Leerformeln verbergen. Sieht man einmal von diesen Mehrdeutigkeiten des Normativismus ab, so bleibt weiter unklar, wie aus betriebswirtschaftlichen Begriffen "richtige" Besteuerungsnormen abzuleiten sind.[37)] Ein solches Verfahren würde gegen den Elementarsatz der Logik verstoßen, daß aus einer Menge von Sätzen, die selbst keinen Imperativ erhalten, auch kein imperativischer Satz abgeleitet werden kann.

Was in der älteren betriebswirtschaftlichen Literatur unter dem Stichwort "betriebswirtschaftliche Grundsätze" diskutiert wird, stellt ein nur schwer durchschaubares Konglomerat von empirisch plausiblen Zielen, Entscheidungsregeln bei Unsicherheit, Aussagen mit empirischem Geltungsanspruch und Gestaltungsheuristiken dar. Da aus den Aussagen, die empirisch orientiert sind, aus logischen Gründen keine Empfehlungen irgendwelcher Art abgeleitet werden könne, müssen die "Grundsätze" offenbar auf Sätzen mit normativem Gehalt basieren. Die meist implizit verwendete normative Fundierung solcher Sätze steht regelmäßig in einer - wenn auch teilweise lockeren - Beziehung zu unternehmerischen Zielen.
An die Stelle dieser nur schwach zielorientierten Gestaltungsheuristiken traditioneller Prägung sind in der neueren Betriebswirtschaftslehre Entscheidungsmodelle getreten, bei denen der Zielbezug durch die Formulierung einer Zielfunktion fester geknüpft ist. Faßt man die betriebswirtschaftlichen Grundsätze als Vorgänger von Entscheidungskalkülen auf, so wird ihr normativer Gehalt nachträglich noch deutlicher. Dieser wird nun aber aus den realen oder hypothetischen Zielen der Adressaten solcher Empfehlungen bezo-

---

37) Vgl. hierzu auch Swoboda (1967), S. 4.
Wenn daher von Huch (1972) die Auffassung vertreten wird: "Vom betriebswirtschaftlichen Standpunkt aus darf nur der ökonomische Gewinn besteuert ... werden" (S. 237), nur der Gewinn "welcher die langfristige Erhaltung der betrieblichen Leistungsfähigkeit in einer dynamischen Wirtschaft sicherstellt" (S. 248), so beruht dies auf einer p e r s ö n l i c h e n Wertung, die nicht durch betriebswirtschaftliche Forschungsergebnisse legitimiert ist.

gen. Als potentielle Adressaten fungieren in der Regel fiktive Unternehmer.

Akzeptiert man aber, daß sich hinter betriebswirtschaftlichen Grundsätzen unternehmerische Zielvorstellungen verbergen, so stellt man fest, daß die Grundsätze, an denen die Besteuerung orientiert werden soll, wieder zu den Zielen der Unternehmer zurückführen. Wenn nun behauptet wird, nach den gegenwärtigen Besteuerungsnormen finde eine Scheingewinnbesteuerung statt, so wird ein ursprünglich für die Steuerung unternehmerischer Dispositionen geschaffener Begriff auf ein anderes Problem übertragen, wobei aber bereits die Art der Begriffsbildung Kritik an der steuerlichen Regelung signalisiert. Dabei wird übersehen, daß ein unter unternehmerischen Zwecksetzungen geschaffener Begriff nicht ohne weiteres unter anderen Zwecksetzungen mit der gleichen inhaltlichen Bedeutung verwendbar ist und man sich dabei auch nicht auf betriebswirtschaftliche Grundsätze schlechthin berufen kann. Die Forderung, die Besteuerung an der für unternehmerische Dispositionszwecke zweckmäßigen Begriffsbildung zu orientieren, beinhaltet, daß unternehmerische Ziele Eingang in Begriffsysteme finden, die eigentlich unter anderen Aspekten zu konzipieren wären. Führt man diesen Gedankengang konsequent zu Ende und fordert, daß die Besteuerung aus der Sicht unternehmerischer Ziele "optimal" durchgeführt werden soll,[38)] so zeigt sich die Konsequenz der Forderung, Steuern seien an betriebswirtschaftlichen Grundsätzen zu orientieren, ganz deutlich: Da wohl die meisten Individuen Steuern als negative Zielvariable einstufen, wäre die optimale Besteuerung eine Steuer von Null, also keine Steuer.

Es ist offensichtlich, daß diese Konsequenz nicht den Motiven der betriebswirtschaftlichen Kritik an der Besteuerung entspricht, doch kann man wegen des verfehlten Ansatzes einer

---

38) Vgl. Lausberg (1972), S. 428.

solchen Konsequenz nicht mehr ausweichen.[39] Bei der Vorstellung, die Steuergesetzgebung sei an unternehmerischen Zielen zu orientieren, ist auch deshalb Skepsis angebracht, weil für Vorschläge, die unter politisch unrealistischen Wertprämissen abgeleitet wurden, nur geringe Realisationschancen bestehen dürften, ähnlich betriebswirtschaftlichen Entscheidungsmodellen mit unrealistischen Zielprämissen. An der Erarbeitung solcher Vorschläge dürfte allenfalls interessiert sein, wer die Folgenlosigkeit seiner Bemühungen von vornherein einkalkuliert.

Auch das häufig anzutreffende Vorgehen, eine Übereinstimmung zwischen den Zielen der Unternehmer und volkswirtschaftlichen Zielen zu konstatieren, muß skeptisch stimmen. Eine solche Zielkongruenz bedarf einer ausreichenden Begründung, die über vordergründige Leerformeln hinausgeht:
"Auch die Kontrolle, ob ein Steuersystem der Wirtschaftspolitik eines Landes entspricht ... kann nur dann vorgenommen werden, wenn sich der Betriebswirt eingehend mit Wirtschaftspolitik bzw. angewandter Volkswirtschaftslehre beschäftigt."[40] Eine Begründung, weshalb eine Anpassung der Steuern an Bemessungsgrundlagen, die in betriebswirtschaftlichen Kalkülen eine Rolle spielen, volkswirtschaftlich günstiger sein soll, steht bislang noch aus.

Sollte aber mit der Berücksichtigung betriebswirtschaftlicher Grundsätze gemeint sein, zwar von finanzwissenschaftlichen Zielen auszugehen, jedoch betriebswirtschaftliche Forschungsergebnisse bei der Besteuerung zu berücksichtigen, so scheint diese Forderung legitim, falls betriebs-

---

39) Man kann dieser Konsequenz auch nicht dadurch ausweichen, daß man fordert, die Steuer sei unter der Prämisse eines konstanten Steueraufkommens an betriebswirtschaftliche Erkenntnisse anzupassen. Aus der Sicht der unternehmerischen Zielfunktion ist nicht interessant, wofür ein Unternehmer Steuern zahlt, sonder allein, wieviel er zahlt. Die gesamte Steuerzahllast kann man aber unter der Prämisse der Konstanz des Steueraufkommens nicht verringern.

40) Swoboda (1967), S. 5.

Zweites Kapitel: Die Relevanz der Kapitalerhaltung als unternehmerisches Ziel

Soll die Tragfähigkeit bislang vorliegender Ansätze zum Problem der Kapitalerhaltung geprüft werden, so wäre es naheliegend, diese in der üblichen Reihenfolge zu diskutieren, also etwa die Versionen: Betriebserhaltung, Unternehmenserhaltung, Substanzerhaltung, in reproduktiver, relativer, qualifizierter, leistungsäquivalenter und entwicklungsadäquater Form, Nominalkapitalerhaltung, Realkapitalerhaltung, Erhaltung der wirtschaftlichen Leistungsfähigkeit, Erfolgserhaltung, Ertragswerterhaltung usw. zu untersuchen.[1]

Wenn diesem Vorgehen hier nicht gefolgt wird, so geschieht dies aus folgenden Gründen: Die genannten Formen der Kapitalerhaltung stellen nicht Zielalternativen eines Zielträgers dar, die auf einer Ebene miteinander verglichen werden könnten, sondern betreffen Aspekte verschiedener Zielträger mit unterschiedlichen Entscheidungsfeldern auf verschiedenen Zielebenen ebenso wie Mittelentscheidungen. Um die verschiedenen Aspekte herauszuarbeiten, müssen zunächst sinnvolle Anwendungsbereiche von weniger sinnvollen unterschieden werden. Zu diesem Zweck wird nicht vom Erhaltungsziel als einem "Axiom der Betriebswirtschaftslehre"[2] ausgegangen, sondern

1) Vgl. hierzu die umfangreichen Kataloge: Break (1954), S. 48 ff., K. Hax (1957), S. 13 ff., Busse von Colbe (1960b), Sp. 5310 - 5321, H. Eckardt (1963), S. 11 - 36, Schöne (1963), S. 34 ff., Seipel (1965), S. 11 - 32, Lemke (1966), S. 32 - 41, Mathews (1968), S. 509 - 516, Maul (1968), S. 158 ff., Shwayder (1969), S. 304 ff., Schultheiß (1969), S. 83 ff., R.B. Schmidt (1970), S. 772 - 780, Macdonald (1974), S. 63 ff., Schlappig (1974), S. 13 ff.

2) R.B. Schmidt (1964), S. 417.

wird Kapitalerhaltung und Geldentwertung als noch zu lokalisierendes Problem gesehen.

Der Begriff der Kapitalerhaltung wird als wohl umfassendster Ausdruck zum Oberbegriff gemacht, da er allgemein genug ist, alle relevanten Aspekte des Themas zu umfassen. Er wird deshalb nicht vor der Diskussion definiert, weil eine solche Definition, die alle Verwendungsarten umfassen würde, notgedrungen leer sein müßte,[3)] sondern auf den einzelnen Stufen des Problems werden die verschiedenen brauchbaren Varianten des Begriffs ausdifferenziert. Dies geschieht in der Weise, daß in bestimmten Situationen überprüft wird, welche Konsequenzen sich aus der Kapitalerhaltung für die Erreichung anderer Ziele ergeben. Im Vordergrund steht dabei das Gewinnziel in verschiedenen begrifflichen Ausprägungen. Da man davon ausgehen kann, daß über die empirische Bedeutung des Gewinnzieles wegen seiner hervorragenden Stellung innerhalb eines marktwirtschaftlichen ökonomischen Systems allgemeiner Konsens besteht, lassen die im folgenden zu entwickelnden logischen Schlüsse auch Hypothesen über die empirische Geltung des Zieles der Kapitalerhaltung zu.

A. Kapitalerhaltung und Gewinnmaximierung

Als logische Zielbeziehung sind drei Fälle denkbar: Zielkongruenz, Zielkonflikt und Zielindifferenz.[4)] Zur logischen Beziehung zwischen dem Ziel der Gewinnmaximierung und der Kapitalerhaltung finden sich in der Literatur verschiedene Auffassungen: Heinen nennt unter den wichtigsten Beispielen für Zielkombinationen: "Maximierung des Kapital- bzw.

---

3) Treffend hierzu Toulmin (1968), S. 21: "Begriffe sind wie Hosengürtel. Je kürzer sie sind, um so elastischer müssen sie sein."

4) Vgl. Heinen (1971a), S. 94 ff., sowie die Erweiterung bei Gäfgen (1968), S. 119 ff.

Vermögenswachstums unter der Voraussetzung, daß ein Mindestgewinn bzw. eine Mindestrendite erzielt wird"[5] und: "Wie die Liquiditätssicherung, so stellt auch das Substanzerhaltungsziel keinen Selbstzweck dar. Der Unternehmer strebt vielmehr eine größtmögliche Eigenkapitalrendite an, und zwar unter der Voraussetzung, daß keine Maßnahme die Unternehmenssubstanz gefährdet."[6] Diese Formulierungen legen es nahe, eine zumindest partiell konfliktäre Beziehung zwischen den beiden Zielen zu vermuten. Andererseits wird in der Literatur der Standpunkt vertreten, "daß ein eigenständiges Prinzip 'Substanzerhaltung' nicht existiert. Die Gewinnmaximierung schließt dieses Prinzip vielmehr in sich ein."[7] Daraus könnte auf eine komplementäre Beziehung geschlossen werden, während die Auffassung, Substanzerhaltung sei "Minimalziel",[8] die Beziehung zum Ziel der Gewinnmaximierung offen läßt.

Es soll gezeigt werden, daß die scheinbar unterschiedlichen Auffassungen nicht widersprüchlich sein müssen, sondern aufrechterhalten werden können, wenn sie innerhalb des jeweils richtigen Bezugsrahmens diskutiert werden.

Der Gewinn kann sowohl als Beständedifferenz als auch als Stromgröße definiert werden. Als Beständedifferenz bezeichnet er die Vermögensdifferenz zu verschiedenen Zeitpunkten. Als Stromgröße bezeichnet er den Saldo der Zu- und Abflüsse. Da die Zu- und Abflüsse jeweils Bestandsveränderungen hervorrufen, können beide Definitionen im Rahmen der doppelten Buchhaltung verknüpft werden und führen daher zum gleichen Ergebnis. Für die Gegenüberstellung der Begriffe "Gewinn" und "Kapitalerhaltung" muß die Definition des Gewinns als Beständedifferenz gewählt werden, da es sonst nicht möglich wäre, die gemeinsamen Begriffsbestandteile herauszuarbeiten.

---

5) Heinen (1971a), S. 127.

6) Ebenda, S. 131.

7) Vgl. auch Adam (1970), S. 133, Engels (1962a).

8) Zu dieser Auffassung vgl. K. Hax (1957), S. 7 sowie v. Zwehl (1973), S. 170 f.

Zur Klärung der logischen Zusammenhänge werden als Klassifikationsmerkmale die Begriffe Maßgut, Zielausmaß und Bewertungsvorschrift eingeführt. Außerdem soll davon ausgegangen werden, daß die Definition der Begriffe sich jeweils auf denselben Planungszeitraum bezieht.[9)]

Der Bestand an Einheiten des Maßgutes $j (j=1,...,m)$ zu Beginn des Planungszeitraums $(t=0)$ und zum Ende der Perioden $(t=1,...,T)$ werde durch V_{tj} bezeichnet.[9a)] Geht man nun davon aus, daß in $t=0$ und $t=T$ nur Einheiten des gewünschten Maßgutes j vorhanden sind, so läßt sich für die Gewinnmaximierung für den gesamten Planungszeitraum folgende Definition schreiben:

$$(1) \qquad (V_{Tj} - V_{0j}) \rightarrow \text{Max}$$

Als Maßgut dient wegen seiner universellen Verwendbarkeit[10)] regelmäßig, aber nicht logisch notwendig Geld. Ist Geld Maßgut, so handelt es sich bei (1) um die einfachste Art der Gewinnmaximierung als Differenz zwischen Kassenbeständen zu verschiedenen Zeitpunkten. Ebenso sind positive Differenzen zwischen Nichtgeldbeständen Gewinne im Sinne dieser Definition, also z.B. Differenzen zwischen Beständen von Gold, Produktionsgütern, Konsumgütern usw.

Nun ist aber die Umwandlung aller Güter in Maßguteinheiten in den Zeitpunkten, in denen eine Gewinnermittlung gewünscht

---

9) Auf die Unterscheidung zwischen dem Einperiodenfall und dem Mehrperiodenfall kann bei der Zielsetzung der Gewinnmaximierung verzichtet werden. Zwar bestehen zwischen den Gewinnen im Mehrperiodenfall Interdependenzen, weil Gewinne und Verluste früherer Perioden Folgen für die Gewinnhöhe späterer Perioden haben, doch besagt Gewinnmaximierung für den Planungszeitraum, daß keine Entnahmen getätigt werden dürfen solange Grenzinvestitionen mit positiver Rendite existieren. Damit ist die Gewinnverwendung bei allen Alternativen in gleicher Weise zur Erhöhung des Endvermögens vorzunehmen. Der zeitliche Anfall der Gewinne braucht in der Zieldefinition daher nicht berücksichtigt zu werden.

9a) Dabei ist stets vom Nettovermögen auszugehen.

10) Schilcher (1973).

wird, nicht die Regel. Dies gilt vor allem für die Perioden während des Planungszeitraums. Im Falle, daß Geld Maßgut ist, wäre hierfür jeweils die Liquidation der Unternehmung notwendig. Bekanntlich entsteht aus dem Vorhandensein von Nichtgeldbeständen der wesentliche Teil des Bilanzierungsproblems. Formal müssen für die rechnerische Transformation der Vermögensbestände, die nicht aus Maßguteinheiten bestehen, Bewertungsvorschriften $v_i (i=1,...,n)$ eingeführt werden. Die Gewinnmaximierung läßt sich zunächst unabhängig vom Zweck der Bewertung wie folgt darstellen:

(2) $$[v_i(V_{Tj}) - v_i(V_{Oj})] \rightarrow \text{Max}$$

Bei dieser Schreibweise der Gewinnmaximierung bleiben allerdings zunächst zwei materielle Fragen, das Problem der Maßgutwahl und das Problem der Bewertungsvorschrift offen. Für die Herausarbeitung der logischen Beziehungen zwischen Gewinnmaximierung und Kapitalerhaltung ist dies ohne Bedeutung, da für einen begriffslogischen Vergleich nur erforderlich ist, daß von einer formal gleichen begrifflichen Basis ausgegangen wird.

Die Ausführungen zur Gewinnmaximierung lassen sich nun mit den gleichen Definitionen der Symbole auf die Kapitalerhaltung übertragen. Um Kapitalerhaltung auszudrücken ist die Symbolik von (1) und (2) wie folgt umzuändern:

(3a) $$V_{Tj} \geqq V_{Oj}$$

bzw.

(3b) $$v_i(V_{Tj}) \geqq v_i(V_{Oj})$$

Ebenso wie Gewinnmaximierung setzt auch Kapitalerhaltung nicht voraus, daß in t=O und t=T ausschließlich Maßgutbestände vorhanden sein müssen, sofern durch die Bewertungsregel ein Ausdruck in Maßguteinheiten möglich ist. Die Bewertungsregel bringt in diesem Fall zum Ausdruck, daß das Bewertungssubjekt für den Fall, daß die Ungleichung erfüllt ist, die Vorstellung haben muß, daß die in t=1 erreichte Vermögensposition der in t=O bestehenden äquivalent sein muß. Die Bewertungsregel muß also ein Ausdruck für die Möglichkeit sein, die in t=O bestehende Position wieder zu erreichen.[11)]

Vergleicht man nun die beiden Zieldefinitionen, so zeigt sich, daß der Unterschied nur darin besteht, daß bei inhaltlich gleicher Interpretation im ersten Fall die Maximierung der Differenz zwischen Endvermögen und Anfangsvermögen erstrebt wird, während im zweiten Fall das Ziel bereits erreicht wird, wenn das Endvermögen das Anfangsvermögen nicht unterschreitet. Während das Ziel der Gewinnmaximierung aus einer Extremalvorschrift besteht, kann man die Kapitalerhaltung als Nebenbedingung formulieren.

Zwar gilt, daß die Zielsetzung als Basisproblem betrachtet und einer Kritik insofern entzogen werden kann, doch läßt sich über die Zweckmäßigkeit des Ausdrucks *für* die tatsächliche Zielsetzung diskutieren. Es interessiert die Frage, inwiefern die Kapitalerhaltung als Ausdruck der tatsächlichen finanziellen Motive plausibel ist.

Man muß sich zur Beurteilung dieser Frage die Arbeitsweise des Selektionsmechanismus der Zielsetzung vor Augen halten. Ist Gewinnmaximierung Ziel, so ist für das Entscheidungssubjekt jede zusätzliche Einheit $v_i(V_{Tj})$ von zusätzlichem Nutzen. Ist Kapitalerhaltung Ziel und wird bei keiner Alternative $v_i(V_{Oj})$ erreicht, so existiert keine zulässige Lösung. Wird $v_i(V_{Oj})$ überschritten, so ist das Ziel der Kapitalerhaltung erreicht; eine weitere Erhöhung der Differenz zwischen $v_i(V_{Tj})$ und $v_i(V_{Oj})$ ist nicht mit einem Nutzenzuwachs verbunden.[12)]

Ob diese Zielformulierung sinnvoll ist, kann jedoch bezweifelt werden. Die Kapitalerhaltung wird durch sämtliche Alternativen mit einem positiven Erfolg realisiert, bei einem

11) Auf diese wichtige Bedingung kommen wir bei der Beurteilung des Aussagegehalts der Bilanztheorien noch zurück.

12) Vgl. hierzu allgemein Bamberg/Coenenberg (1974), S. 39 f.

negativen Erfolg nicht realisiert. Eine präzisere Beurteilung von Handlungsalternativen unter dem Ziel der Kapitalerhaltung ist nicht möglich. Gegenüber dieser Zielformulierung scheint die Zieldefinition der Gewinnmaximierung überlegen, da sie eine größere Selektionskraft besitzt. Ob Kapitalerhaltung als Zielsetzung daher empirisch plausibel ist, kann bezweifelt werden, weil es unwahrscheinlich scheint, daß ein Kapitaleigner gegenüber sämtlichen Alternativen, für die die Nebenbedingung erfüllt ist, sich indifferent verhält. Die ursprünglich von Simon[13] vorgebrachte Argumentation gegen die Maximierungshypothese geht vom empirisch beobachtbaren Verhalten aus. Bestritten wird, daß Individuen bestrebt und in der Lage seien, objektiv Extremalziele zu realisieren. Damit wird jedoch nicht widerlegt, daß sie subjektiv maximizer sind.[14] Auch die vorliegenden empirischen Befunde[15] können dies nicht widerlegen. Wer die Behauptung, die Individuen seien in der Mehrzahl satisficer aufrechterhält, der müßte die Existenz von Satisfaktionsniveaus beweisen, bei deren Erreichung Individuen die Wahl zwischen Alternativen nicht an der Höhe des Ergebnisses orientieren, sondern nach dem Zufallsprinzip treffen. Ein solches Verhalten ist unseres Wissens bislang nicht bewiesen worden.

Es könnte nun eingewendet werden, daß die Diskussion der Zielsetzung Gewinnmaximierung und Kapitalerhaltung erst dann sinnvoll sei, wenn die formalen Definitionen inhaltlich interpretiert seien. So könne sich etwa zeigen, daß die Zielsetzung der Maximierung des nominellen Gewinns nicht ausreichend sei, da ein Unternehmer Substanzerhaltung, gerechnet in Einheiten der Produktionskapazität, anstrebe. Dies entspricht etwa der in der Literatur vertretenen Auf-

---

13) Simon (1957).

14) Vgl. Moxter (1964), S. 22 f.

15) Hauschildt (1973).

fassung, es müsse der für die Substanzerhaltung "notwendige" nominelle Gewinn bestimmt werden.[16)]

Ein solches Vorhaben beruht offensichtlich auf einer Vermischung unterschiedlicher inhaltlicher Interpretationen der Definitionsgleichungen. Diese lassen sowohl die Möglichkeit zu, den Gewinn gerechnet in Geld oder in einem anderen Maßgut als Ziel aufzufassen, wenn Gewinnmaximierung angestrebt ist. Sie lassen auch zu, Kapitalerhaltung gerechnet in Geld oder in einem anderen Maßgut, z.B. "Substanzeinheiten", als Ziel aufzufassen. Es wurde die Hypothese aufgestellt, daß unabhängig vom gewählten Maßgut die Gewinnmaximierung der Kapitalerhaltung als Definition der finanziellen Zielsetzung vorzuziehen ist. Wenn nun die Maximierung des Gewinns in Geld der Kapitalerhaltung, gerechnet in Substanzeinheiten, gegenübergestellt wird, so werden falsche Alternativen aufgestellt. Falls jemand pflegt, in Substanzeinheiten zu rechnen, so wird hier vermutet, daß er die Maximierung des Gewinns gerechnet in Substanzeinheiten der bloßen Substanzerhaltung ebenso vorziehen wird, wie die Maximierung des Gewinns, gerechnet in Geld, der Nominalkapitalerhaltung. Die Problemstellung, einen für die Substanzerhaltung "notwendigen" Gewinn bestimmen zu müssen, tritt jedoch in der Zieldiskussion nicht auf. Daran zeigt sich, daß die Aussagen in bezug auf das Verhältnis zwischen Gewinnmaximierung und Kapitalerhaltung unabhängig von dem gewählten Maßgut gelten. Die Frage des Maßgutes wurde deshalb zunächst bewußt offen gelassen; sie wird im weiteren Verlauf noch eingehend erörtert.

Die in dem bisherigen Zusammenhang untersuchten Zieltypen lassen sich somit hinsichtlich der verwendeten Definitionsmerkmale Maßgut und Zielausmaß wie folgt systematisieren:

---

16) Dies ist die Absicht von Lauffer (1968), S. 8 ff.

Zielausmaß \ Maßgut	Geld	Güter (Nichtgeld)
Maximum	Nominal-gewinnmaxi-mierung	Gütergewinn-maximierung
Satisfaktions-niveau	Nominal-kapital-erhaltung	Güter-erhaltung [17)]

Abb. 1

Das Problem des Maßgutes ist damit allerdings nur formal untersucht. Die Frage, ob es rational ist, sich für Geld oder für andere Maßgüter zu entscheiden, bleibt noch offen, weil von der Zielanalyse her noch keine ausreichenden Voraussetzungen für ihre Diskussion geschaffen wurden. Feststellen läßt sich jedoch bereits an dieser Stelle, daß die Maßgutwahl für die Frage, ob Maximierung der Vermögensdifferenzen oder lediglich Erhaltung des Anfangsvermögens angestrebt ist, ohne Bedeutung ist, weil nicht anzunehmen ist, daß das angestrebte Zielausmaß maßgutabhängig ist, würde dies doch bedeuten, in Geldeinheiten werde Maximierung, in Gütereinheiten gerechnet nur Satisfizierung angestrebt. Dies ist zwar prinzipiell möglich, jedoch nicht plausibel.

Diese Überlegungen lassen nun auch Schlüsse hinsichtlich der in der Literatur aufgestellten Vermutungen über die Zielbeziehungen zwischen Gewinnmaximierung und Kapitalerhaltung zu: Als mißverständlich wird man die Formulierung bezeichnen müssen, Kapitalerhaltung sei lediglich Minimalziel, die Ge-

17) Der Begriff der "Güter" wird als Oberbegriff für alle Nichtgeldbestände angesehen. Er läßt sich im einzelnen in den in der Literatur angegebenen Varianten (Substanz, Kaufkrafteinheiten usw.) interpretieren.

winnmaximierung sei das eigentliche Ziel.[18] Ist Gewinnmaximierung Ziel, so ist es nicht sinnvoll, den Nullpunkt der Skala, auf der Gewinnmaximierung gemessen wird, als zusätzliche Restriktion des Lösungsraums anzugeben. Kapitalerhaltung, gemessen in einem bestimmten Maßgut, könnte allenfalls dann eine sinnvolle Restriktion sein, wenn die Reservehaltung eines in gewünschten Maßguteinheiten vorhandenen Objektbestandes zunächst aus dem Kreis der explizit erfaßten Alternativen gedanklich ausgeschlossen wird und dann in den Maximierungskalkül die Nebenbedingung als Ausdruck für die Opportunitätskosten in Höhe der entgangenen Verwendungsmöglichkeit "Aufbewahrung" aufgenommen wird. Nimmt man jedoch die Alternative "Aufbewahrung der vorhandenen Maßgutbestände" explizit unter die Alternativen auf, so wird die Nebenbedingung der Kapitalerhaltung sinnlos: Jede Alternative, die Gewinn verspricht, ist auch im Sinne der Nebenbedingung der Kapitalerhaltung zulässig. Verspricht keine Alternative Gewinn, so wäre die verlustminimale Alternative als geringstes Übel zu wählen. Die Existenz dieser Lösung wird aber durch die Begrenzung des Lösungsraums auf kapitalerhaltende Alternativen dem Blick entzogen und damit die sinnvolle Alternativenwahl verhindert. Eine Kombination von Gewinnmaximierung und Kapitalerhaltung ist daher keine sinnvolle Zielsetzung.

Unzutreffend ist allerdings die Behauptung, die Zielsetzung der Kapitalerhaltung sei durch die Gewinnmaximierung bereits garantiert.[19] Die gewinnmaximale Alternative kann auch die mit dem geringsten Verlust sein. Die Erzielung von Gewinn ist nicht mit Gewinn als Ziel zu verwechseln, weil Gewinn erzielt werden kann, obwohl dies nicht beabsichtigt war und Gewinnerzielung beabsichtigt sein kann, aber keine Alternative Gewinn bringt.

---

18) Vgl. v. Zwehl (1973), S. 170 f.

19) Vgl. D. Brunner (1967), S. 49, Hoeffken (1970), S. 628.

gestellung soll nun geprüft werden, inwiefern sich für verschiedene inhaltliche Interpretationen der Größen e_t und V_T begründbare Ansatzpunkte ergeben.

Für diese Überlegungen erweist es sich als notwendig, verschiedene Typen von Entscheidungsfeldern zu unterscheiden. Die Vernachlässigung dieser Unterscheidung in der Literatur dürfte wohl als einer der maßgeblichen Gründe angesehen werden können, weshalb die bisherige Diskussion soviele Unklarheiten gelassen hat.[22)] Die Unterscheidung betrifft Entscheidungsfelder als Teilbereiche der wirtschaftlichen Aktivitäten eines Individuums und Entscheidungsfelder, die alle wirtschaftlichen Tätigkeiten eines Individuums umfassen. In beiden Fällen ergeben sich beträchtliche Unterschiede hinsichtlich des Geltungsbereichs der Kapitalerhaltung.

Bezieht man diese Unterscheidung auf die Vornahme von Ausschüttungen, so sind Ausschüttungen im Falle der Partialbetrachtung Verlagerungen von finanziellen Mitteln aus einem Teilbereich des gesamten Entscheidungsfeldes in einen anderen. Die zentrale Frage betrifft die Suche nach finanziellen Kriterien, die die Verlagerung der Mittel zwischen den Teilbereichen steuern. Dies ist anders bei Ausschüttungen im gesamten Entscheidungsfeld, die daher teilweise, um sie abzugrenzen, auch als Entnahmen bezeichnet werden.[23)] In diesem Fall bedeutet eine Ausschüttung einen planmäßigen Entzug von Mitteln aus dem erwerbswirtschaftlichen Bereich und seine Verlagerung in den Konsumbereich. Es ist offensichtlich, daß diese Entscheidung nach ganz anderen Zielkriterien vorzunehmen ist. Wird die Beziehung von Kapitalerhaltung und Ausschüttung untersucht, so muß auch für diesen Zweck zwischen den beiden Fragestellungen differenziert werden.

---

22) Einige Scheinprobleme werden bereits geklärt bei Engels/Müller (1970) und Kroeber-Riel (1970).

23) Vgl. hierzu besonders Jaensch (1973), S. 693 ff.

Für die beiden Aspekte ist in der Literatur eine Zahl von nicht ganz übereinstimmenden Termini geprägt worden.[24)] Für die Betrachtung der Unternehmung als abgegrenzten Teilbereich wird von einem firmenbezogenen oder institutionalen Unternehmensbegriff gesprochen. Demgegenüber wird unterschieden der personenbezogene oder funktionale Unternehmensbegriff. Zwar deckt sich der mit diesen Begriffen verfolgte Zweck nicht immer mit der hier zugrundeliegenden Absicht einer Trennung von Partial- und Totalbetrachtung aus der Sicht des Investors, doch wird für die weiteren Überlegungen eine Unterscheidung zwischen institutionalem (firmenbezogenem) und personalem (personenbezogenem) Unternehmungsbegriff übernommen, da sie in der Literatur weitgehend akzeptiert ist.[24a)]

I. Kapitalerhaltung im Rahmen des institutionalen Unternehmungsbegriffs

Wird der Begriff der Kapitalerhaltung auf die Institution bezogen, so muß die Frage lauten, inwiefern die Erhaltung des Kapitals der Institution in bestimmten Spielarten das Interesse verschiedener Zielträger fördert. Häufig wird vermutet, daß es im Sinne verschiedener Zielträger sei, daß anstelle ihres Nominalkapitals eine Unternehmung als Institution ihre Substanz erhalten müsse.[25)] Da in bezug auf den Begriff der "Substanzerhaltung" ausreichendes Vorverständnis vorhanden sein dürfte, wird an dieser Stelle der Begriff zunächst undefiniert eingeführt und auf die Problematik der rechnerischen Ermittlung erst an späterer Stelle eingegangen. An dieser Stelle ist die Annahme ausreichend, daß der "Sub-

---

24) Vgl. Vatter (1969), S. 2 ff., D. Schneider (1968b), S. 709 f., Gynther (1970), S. 713, Jaensch (1972), S. 544 f.

24a) Vgl. z.B. Franz (1974), S. 28 ff.; andere Absichten verfolgt Mag (1976).

25) Vgl. hierzu in neuerer Zeit Sieben (1974a), S. 154 ff., Wohlgemuth (1975), S. 296 f., Schildbach (1975a), S. 179 ff.

stanzgewinn" bei steigenden Preisen kleiner ist als der Nominalgewinn.[26)]

Der Kreis potentieller Interessenten für die Zielsetzung der Substanzerhaltung wird meist recht weit gezogen. Die in der Literatur genannten Interessenten geben daher auch für diese Untersuchung den Rahmen ab.

1. Kapitalerhaltung der Institution als makroökonomische Zielsetzung

Man kann einen wünschenswerten Zustand um seiner selbst anstreben, aber auch deshalb, weil man ihn als Mittel zu anderen Zwecken auffaßt. Die Kapitalerhaltung in ihrer Version als Substanzerhaltung wird sowohl als unternehmerisches Eigeninteresse als auch als "volkswirtschaftliche Aufgabe"[27)] oder als "gesamtwirtschaftliches Problem"[28)] interpretiert.

Der makroökonomische Aspekt der Kapitalerhaltung wird in der gesamtwirtschaftlichen Notwendigkeit der Erhaltung der Produktionsmittel gesehen. Da andererseits die Substanzerhaltung im wohlverstandenen Interesse der Unternehmer als erstrebenswert angesehen wird, legt die Argumentation Interessenidentität zwischen Unternehmer und Allgemeinwohl nahe, was aus der Sicht des Unternehmers wieder als öffentliche Legitimation seines Interesses aufgefaßt werden kann.[29)] Diese Argumentation erscheint insofern bemerkenswert, als in der neueren Literatur auf eine gesamtwirtschaftliche Legitimation unternehmerischer Zielsetzungen kaum mehr explizit eingegangen wird. Es hat den Anschein, als ob die ursprüngli-

---

26) Der Fall fallender Preise soll zunächst zur Vermeidung von Wiederholungen nicht angesprochen werden. Er wird im Rahmen der Diskussion des "doppelten Minimums" von K. Hax (1957) noch besprochen.

27) Eckardt (1963), S. 3.

28) K. Hax (1957), S. 1.

29) Vgl. etwa Börner (1975), S. 230.

che liberalistische Legitimation des Gewinnstrebens[30] hier in einer schwächeren Variante versucht werden soll: Da die Vernichtung von Produktionskapazitäten gesamtwirtschaftlich schädlich ist, muß gefolgert werden, daß die Substanzerhaltung für das Gemeinwohl nützlich ist.

Nun wird allerdings nicht soweit gegangen, aus der Notwendigkeit der Substanzerhaltung ein Recht auf Substanzerhaltung zu konstruieren, doch kommen die Befürworter der Erhaltung regelmäßig in Schwierigkeiten, wenn sie die "erhaltungswürdigen" Betriebe von denen abgrenzen sollen, deren Erhaltung gesamtwirtschaftlich unerwünscht ist.[31] Man wird kaum fehlgehen, wenn man diejenigen Beiträge, die Substanzerhaltung als volkswirtschaftliches Problem betrachten, als betriebswirtschaftliche Beiträge zur Wohlfahrtsökonomie interpretiert. Da die Aussagen meist sehr allgemein gehalten sind, können sie auf Grund der vordergründigen Plausibilität der Überlegungen genauso wenig widerlegt werden wie die Einsicht, daß man Kühe nicht schlachten soll, die man melken will.

Es ist nun allerdings die Frage zu stellen, ob die Substanzerhaltung einzelner Institutionen sich als geeigneter Referenzpunkt eines betriebswirtschaftlichen Beitrags zur Makroökonomie erweist. Ob die mit der Wendung zur Makroökonomie aufgeworfenen Probleme der Wirtschaftspolitik mit allen relevanten Aspekten des Wachstums und der Verteilung von einer betriebswirtschaftlichen Theorie der Substanzerhaltung begrifflich verarbeitet werden können, wird man sehr bezweifeln müssen. Die angesichts des damaligen Standes der Volkswirtschaftslehre von F. Schmidt verfolgte Absicht, "die Lebensbedingungen der Gesamtwirtschaft zu erforschen, um aus ihnen die wichtigsten Richtlinien für die Bilanzierung zu gewin-

---

30) "Jeder thue das Seine und beglücke sich selbst. Das Glück des Ganzen geht dann unausbleiblich hervor". Diese Definition wird J.M. Leuchs zugeschrieben und zitiert nach Seÿffert (1926), Sp. 1218.

31) Vgl. z.B. Eckardt (1963), S. 4, Wimmer (1975), S. 131 ff.

nen",[32] wird sich beim gegenwärtigen Stand der volkswirtschaftlichen Theorie wohl kaum mehr realisieren lassen. Daß gesamtwirtschaftliche Überlegungen in betriebswirtschaftlichen Beiträgen zur Begründung der betrieblichen Substanzerhaltung herangezogen werden, erscheint daher wissenschaftlich nicht sinnvoll.

2. Kapitalerhaltung der Institution als Zielsetzung der Organisationsmitglieder

Als Bezugsrahmen für die Betrachtung der Unternehmung als Institution der Interessenverwirklichung ihrer Mitglieder hat sich die Interpretation der Unternehmung als Koalition weitgehend durchgesetzt. Diese vor allem von March und Simon[33] propagierte Sichtweise betrachtet die Koalition zwischen den Mitgliedern einer Unternehmung jedoch nicht als untrennbare dauerhafte Einheit ("Alle sitzen in einem Boot"), sondern sieht sie wegen der Möglichkeit des Rückzugs aus der Organisation als Interessengemeinschaft auf Zeit an. Man muß annehmen, daß die Mitglieder ihre Mitgliedschaft aufgeben, wenn ihnen dies günstig erscheint.

Als Determinanten der Entscheidung, aus der Organisation auszuscheiden, können nach March und Simon die von der Organisation empfangenen "Anreize" und die entgangenen alternativen Verwendungsmöglichkeiten der für die Organisation geleisteten "Beiträge" gelten.[34] Obwohl March und Simon ihre Untersuchungen auf die Austrittsentscheidungen von Arbeitnehmern konzentrieren, sind die Überlegungen mit Modifikationen ihrer Ansicht nach auch auf die anderen Organisa-

---

32) F. Schmidt (1926), Sp. 1346.

33) March/Simon (1966).

34) Vgl. hierzu March/Simon (1966), S. 93 - 108, sowie die Übertragung auf Probleme des Rechnungswesens bei Coenenberg (1969), S. 67 ff.

tionsteilnehmer übertragbar. Als wichtigste Determinanten werden betrachtet: "perceived ease of movement from the organization",[35] "number of perceived extraorganizational alternatives",[36] "number of organizations visible".[37]

Diese Faktoren werden für die einzelnen Teilnehmertypen unterschiedliches Gewicht besitzen. Beispielsweise wird für Gesellschafter die Wahrnehmung externer Alternativen sehr stark mitbestimmt werden von der vertraglichen Regelung des Ausscheidens und der erwarteten Schwierigkeit und Langwierigkeit der Auseinandersetzung bei der Berechnung des Abfindungsguthabens.[38] Für die anderen Organisationsteilnehmer ist vermutlich mit solchen Schwierigkeiten in geringerem Maße zu rechnen. Entscheidend ist jedoch, daß eine Möglichkeit des Ausscheidens aus der Organisation prinzipiell besteht.

Eine Ausweitung der Untersuchung auf ein organisationales Modell der Unternehmung hat nun die Frage zu klären, inwiefern die beteiligten Interessentengruppen bestimmte Formen der Erhaltung des Kapitals der Institution präferieren. Die Untersuchung soll in zwei Schritten vorgenommen werden: Zunächst soll geprüft werden, inwiefern Kapitalerhaltungsformen eine präzise Zielbeschreibung liefern. Da einzelnen Kapitalerhaltungsvarianten korrespondierende Gewinnbegriffe zugeordnet werden können, erlaubt diese Untersuchung gleichzeitig Aussagen über die Zweckmäßigkeit der Gewinndefinitionen aus der Sicht der potentiellen Adressaten.

In einem zweiten Schritt soll in einer bezüglich ihres Präzisierungsgrades schwächeren Fragestellung untersucht werden, wie einzelne Kapitalerhaltungsvarianten aus der Sicht

---

35) March/Simon (1966), S. 93.

36) Ebenda, S. 100.

37) Ebenda, S. 106.

38) Vgl. auch Wagner (1971), S. 61 f.

der Anreiz-Beitragstheorie zu beurteilen sind. Dabei kommt es nicht mehr auf die Lieferung präziser Zielbeschreibungen an, sondern darauf, ob die Kapitalerhaltungsvarianten innerhalb des für die Aufrechterhaltung der Mitgliedschaft der einzelnen Interessenten notwendigen Lösungsraumes liegen.

Da eine empirische Analyse dieser Fragen aus den genannten Gründen nicht sinnvoll scheint, wird die Frage in der Weise untersucht, daß von den den beteiligten Gruppen üblicherweise unterstellten typischen Interessenlagen ausgegangen wird. Zwar ist anzunehmen, daß eine Verfolgung dieser Interessen in der Realität durch emotionale Bindungen und soziale Normen beeinträchtigt wird,[39)] doch würde die Berücksichtigung derartiger Aspekte die Darstellung der Grundstrukturen der Interessenrelationen nur beeinträchtigen.

Außerdem ist bei einem empirisch orientierten Ansatz zu bedenken, daß es in politischen Verhandlungsprozessen als nützlich angesehen wird, das eigentlich verfolgte Ziel zur Durchsetzung von Interessen zu tarnen. Mit dieser Möglichkeit ist um so eher zu rechnen, desto unklarer die vorgegebenen Ziele sind. Gerade die lange und widerspruchsvolle Diskussion der Kapitalerhaltungsvarianten gibt potentiellen Interessenten an der Verringerung von Ausschüttungen gute Möglichkeiten, sich vermeintlicher oder tatsächlich vertretener betriebswirtschaftlicher Lehrmeinungen zu bedienen. Ist man der Auffassung, daß der den ursprünglichen Sinn von Aussagen verstellende Mißbrauch der Betriebswirtschaftslehre in Interessenkonflikten verhindert werden sollte, so wird man gerade einer Klärung der Probleme besondere Aufmerksamkeit widmen müssen.

In neuerer Zeit wird versucht, Kapitalerhaltung der Institution in Form der über die Nominalkapitalerhaltung hinaus-

---

39) Um eine stärker empirisch orientierte Darstellung der Interessenlagen bemüht sich Chmielewicz (1975).

gehenden Substanzerhaltung durch die Interessenlage von Arbeitnehmern zu begründen.[40] Abgesehen davon, daß man die "Erhaltung von Arbeitsplätzen" aus der Sicht der Arbeitnehmer wohl treffender als "Erhaltung von Einkommen" bezeichnen kann, ist die Verbindung von Kapital- bzw. Substanzerhaltung zu den Einkommensinteressen der Arbeitnehmer doch recht locker. Es ist ganz offensichtlich, daß keiner der bekannten Kapitalerhaltungsmaßstäbe in der Lage ist, über die Lohnhöhe zu informieren. Somit ist auch die Substanzerhaltung rechnerisch nicht geeignet, den über die Zahl der Arbeitsplätze besser informierenden Grad der Automatisierung zu erfassen. Sogar ein Wachstum der rechnerischen "Substanz" verträgt sich mit Entlassungen gut. Bedenkt man zudem, daß das Interesse der Arbeitnehmer sich zwar auf eine, jedoch nicht unbedingt auf eine bestimmte Einkommensquelle richtet, so würde die Forderung nach Substanzerhaltung zwangsläufig einen - allerdings sehr vagen - makroökonomischen Bezug gewinnen. Mehr als der plausible Allgemeinplatz, daß die Erhaltung von Arbeitsplätzen wünschenswert sei, ist als Ergebnis solcher Überlegungen kaum zu erwarten. Die Interessen der Arbeitnehmer mit der Substanzerhaltung der sie beschäftigenden Unternehmung zu umschreiben, dürfte sich als unzweckmäßig erweisen, da für die Erfassung ihrer Zielrealisation geeignetere monetäre und nichtmonetäre Kriterien existieren.[41]

Für die Beurteilung der Kapitalerhaltung aus der Sicht des Managements wird man zwei Fälle unterscheiden: Das Management kann sich zum einen als "Vermögensverwalter" der Kapitaleigner betrachten; als für die Willensbildung relevante Gruppe zählt es dann jedoch nicht, weil seine Interessen mit denen der Kapitaleigner identisch sind, die ebenfalls als eine Gruppe aufgefaßt werden. Es ist jedoch auch denkbar, daß das Management ohne für seine Stellung nachteilige Konsequenzen in der Lage ist, seine eigenen Interessen zu verfolgen.

---

40) Vgl. etwa Sieben (1974a), S. 159, Schildbach (1975a), S. 187.

41) Ausführlich hierzu Chmielewicz (1975), S. 113 ff.

Die vermuteten Reaktionen der Anteilseigner - etwa Abwahl des Managements oder Anteilsveräußerung - stellen für die Entscheidungen des Managements dann eher Restriktionen als Ziele dar.

Stützel vermutet, in einer solchen Situation sei "... das Management daran interessiert, die 'Substanz' der Gesellschaft, genauer: die dem Gesellschaftszweck gewidmeten und in der Gesellschaft gebundenen Teile des Vermögens ihrer Aktionäre möglichst groß zu halten und anzureichern, und zwar gegen den Willen der Hauptversammlungsmajorität bzw. der einzelnen Aktionäre anzureichern ...".[42] Ein solches Verhalten wird jedoch nicht mit dem Ziel der Substanzerhaltung, sondern besser als Maximierung des Gesellschaftsvermögens unter der Nebenbedingung der Stabilisierung der Beteiligung der Kapitalgeber zu umschreiben sein.[43] Kapitalerhaltung als Ziel anzunehmen würde bedeuten, das Management verhalte sich als satisficer und nicht als maximizer. Dies ist zwar vorstellbar, doch wird man einer sich auf Befragung stützenden empirischen Klärung der Frage Skepsis entgegenbringen müssen. Es liegt die Vermutung nahe, daß vom Management Kapital- bzw. Substanzerhaltung zwar nicht als Ziel verfolgt wird, das Ziel jedoch nach außen aus argumentationsstrategischen Gründen bei Gewinnverwendungsentscheidungen vertreten wird.[44] Stützel subsumiert die Diskussion um die Erhaltungsdefinition des Aktiengesetzes unter diesen Aspekt: "Das Plädoyer, für Handelsbilanzen möglichst weitgehend" zu (A.d.V.) "substanzerhaltungsorientierten Bewertungsvorschriften zu gelangen, war im gedachten praktischen Ergebnis (unabhängig davon, ob sich das der einzelne Betriebswirt, der an der Debatte teilnahm, bewußt machte) ausschließlich ein Plädoyer in einem Streit um

42) Stützel (1967), S. 327.

43) Vgl. Chmelik (1972), S. 160 f. Eine empirische Untersuchung von Forster zeigt, daß eine Begründung für Rücklagenbildung häufig nicht gegeben wird. Vgl. Forster (1973), S. 535.

44) Vgl. auch Schemmann (1970), S. 87 ff.

Kompetenzverteilung innerhalb der Gesellschaften, und zwar ein Plädoyer für größere Verwaltungsbefugnisse und geringere Befugnisse der Anteilseigner."[45)]

Auch die Vermutung, Substanzerhaltung von Unternehmungen anstatt der Nominalkapitalerhaltung sei in Zeiten steigender Preise zur Aufrechterhaltung des Gläubigerschutzes erforderlich, erweist sich als problematisch. Wenn Gläubiger durch Ausschüttungssperrbilanzen geschützt werden sollen, so sind die Bedingungen der Ausschüttungssperre im gleichen Maßstab zu formulieren, auf den die Schulden lauten. Solange die Schulden in Geld berechnet werden, ist eine Umrechnung der Ausschüttungssperre in Substanzeinheiten nicht notwendig.[46)] Zwar würde bei Verringerung der Ausschüttung automatisch die Haftungsmasse zur Befriedigung der Gläubiger erhöht; um dies zu erreichen, bedarf es jedoch keiner Vorschriften zur Substanzerhaltung, sondern Überlegungen zum Gläubigerschutz und seiner Realisation durch verschärfte Ausschüttungssperren in allgemeiner Form.[47)]

Die bisherigen Überlegungen zeigen, daß bei den bisher untersuchten Interessentengruppen die Vermutung, eine über die Nominalkapitalerhaltung hinausgehende Variante der Kapitalerhaltung für die Unternehmung liefere eine gute Zielbeschreibung, nicht aufrechterhalten werden konnte. Als relevanter Zielträger bliebe nur die Gruppe der Kapitaleigner übrig, bzw. das Management, für den Fall, daß es die Interessen der Kapitaleigner tatsächlich repräsentiert.

---

45) Stützel (1967), S. 329. Die Begründung für die Möglichkeit, auch steuerlich wirksame Substanzerhaltungsrücklagen zu schaffen, stellt allerdings das "Interesse der internationalen Wettbewerbsfähigkeit" in den Vordergrund bzw. das Interesse der Aktionäre selbst, Pieper (1972), S. 203 ff., sowie Änderungsantrag zu § 157, Abs. 1, in: Kropff (1965), S. 341.

46) Vgl. Stützel (1967), S. 328.

47) Vgl. auch H. Hax (1964b), S. 643.

bzw. Entnahmen nur dann vorzunehmen, wenn die einzelnen Vermögensmassen seiner Beteiligungen erhalten bleiben. Dies besagt jedoch, daß ein Transfer von Zahlungen zwischen den Teilbereichen seines Entscheidungsfeldes nur zulässig ist, wenn positive e_t, sprich: Gewinne für die einzelnen Objekte erzielt werden. Eine solche Bedingung hat zur Folge, daß Ausschüttungen unterbleiben müssen, selbst dann, wenn auch die weitere Entwicklung innerhalb der einzelnen Unternehmung ungünstig eingeschätzt wird, außerhalb (d.h. in anderen Unternehmungen oder Objekten) jedoch günstige Alternativen existieren.[54)]

Das gleiche gilt für die Berücksichtigung der Konsumpräferenzen. Da die Ausschüttung des Vermögens untersagt ist, kann die Befolgung der durch (4) zum Ausdruck kommenden Zielsetzung für den Investor sehr unangenehm werden. Dies gilt insbesondere dann, wenn die verschärfte Restriktion von (4a) verwendet wird. Gordon bringt dies sehr pointiert zum Ausdruck: "An individual who believes firmly that he should spend only his income would have an extremely difficult time."[55)]

Das Dilemma ist von den Befürwortern der Kapitalerhaltung als Zielsetzung teilweise gesehen worden; sie sichern ihre Konstruktionen gegenüber der offenkundigen Angriffsfläche durch Hinweise, daß die Erhaltung "niemals zu einem selbständigen unternehmerischen Prinzip erhoben werden"[56)] kann und durch allgemeine Formeln wie: "Für die Unternehmung ist eine Erhaltung immer erstrebenswert, wenn eine Weiterführung des Betriebs für die Eigentümer auf die Dauer von Vorteil ist."[57)]

---

54) Es soll hier noch einmal betont werden, daß die Betrachtung der Kapitalerhaltung als Zielsetzung der einzelnen Interessenten gilt; die Beschränkung der Ausschüttungen durch Gläubigerschutzerwägungen bei bestimmten Rechtsformen stellt zwar eine von der Konstruktion dieser Rechtsformen funktional notwendige, jedoch nicht aus Eignersicht erwünschte Restriktion der Ausschüttung dar.

55) Gordon (1967), S. 66.

56) Fettel (1951b), S. 516.

57) Eckardt (1963), S. 9.

Obwohl die eigentlichen Zielkriterien bei derartigen abstrakten Aussagen inhaltlich unbestimmt bleiben, deuten Formulierungen dieser Art jedoch darauf hin, daß Kapitalerhaltung von Unternehmungen als Institution nicht mehr als Ziel betrachtet wird, sondern zugunsten anderer, allerdings nicht explizierter Ziele aufgegeben wird.

Unerklärlich bleibt, weshalb anstelle vager Formulierungen nicht zumindest auf ein seit langem bekanntes und einfaches Kriterium für die Bestimmung der Ausschüttung aus Einzelobjekten zurückgegriffen wurde: das Renditenvergleichskriterium.[58)] Zwar kann dieses Kriterium nicht die Konsumpräferenzen erfassen, aber es erlaubt doch zumindest die Kapitallenkung zwischen Investitionsobjekten. Nach dem Renditenvergleichskriterium wird es als sinnvoll angesehen, einer Unternehmung im Sinne des institutionalen Unternehmungsbegriffs Mittel solange zu entziehen, wie sie außerhalb angelegt eine höhere Rendite bringen als die Objekte im Unternehmungsbereich.[59)] Die Entscheidung über die Erhaltung des Kapitals einer Unternehmung wird damit ausschließlich an Renditeüberlegungen orientiert.

Dieses Kriterium ist allerdings häufig mißverstanden worden. Ist Kapital bereits investiert, die Anschaffungsausgabe also bereits getätigt, bietet das Kriterium des internen Zinsfußes bezogen auf die Anschaffungsausgabe nur eine Kontrollinforma-

---

58) Vgl. hierzu Moxter (1963), S. 304 f., Büschgen (1968), S. 315 f., Münstermann (1968), S. 335 ff., Drukarczyk (1970), S. 94 f., Franz (1974), S. 206 ff. sowie die ausführliche Darstellung bei Serfling (1974).

59) Die Anwendung dieses Ausschüttungskriteriums anstelle der Substanzerhaltung empfehlen auch Engels/Müller (1970), S. 353. Ähnliche Überlegungen finden sich teilweise auch in der neueren Literatur, die nicht auf investitionstheoretische Überlegungen zurückgreift. Ketzscher (1969) nennt als Grund, der die Erhaltung der Unternehmnung relativieren könnte, "die universelle Verwendbarkeit des Geldes" (S. 159). Die dabei angewendeten Kriterien zur Beurteilung der "Eignung der Betriebserhaltung" (S. 164) geben jedoch nur tendenzielle Hinweise: "Die Summe aus den unternehmungsinternen Vorteilen und den unternehmungsexternen Auswirkungen der durch die Substanzerhaltungskomponente normierter Faktorbeschaffungen darf im Zeitablauf nicht negativ werden." (S. 169).

tion: Der interne Zinsfuß einer bereits vollzogenen Investition interessiert den Investor als Kriterium künftiger Entscheidungen nicht mehr und wäre nur noch von dokumentarischem Wert. Kriterium für Entscheidungen könnte nur der künftige interne Zinsfuß bilden. Zur Diskussion steht jedoch auch eine Revision bereits getroffener Entscheidungen hinsichtlich der Kapitalbindung.

Um zu entscheiden, wieviel ausgeschüttet werden soll, kann man sich der Verfahren bedienen, die das Ausschüttungsproblem aus einer Firma als Kalkül über den Objektwechsel innerhalb eines Investitionsprogramms interpretieren. Fragen dieser Art stellt die neuere Theorie entscheidungsorientierter Bewertung von Einzelobjekten innerhalb eines Investitionsprogramms, die auch bei der Bewertung ganzer Unternehmungen Anwendung findet.[60] Der für das Ausschüttungsproblem anzuwendende Kalkül des potentiellen Verkäufers empfiehlt, Ausschüttungen, sprich: Verkäufe von Objekten, solange vorzunehmen, solange die erzielbaren Preise von Objekten über deren Entscheidungswerten liegen, die als subjektive Grenzpreise zu verstehen sind. Im Extremfall lautet die Empfehlung, die ganze Unternehmung zu veräußern.

Ein anderer Weg, der zum gleichen Ergebnis führt, besteht darin, den mit der Unternehmung erzielbaren Erfolgen diejenigen Erfolge gegenüberzustellen, die man bei Investition des für die Unternehmung gebotenen Preises anderweitig erzielen könnte und sich dann am jeweiligen Erfolgsmaximum zu orientieren.[61] Dieses Verfahren läßt sich auch in ein Renditevergleichskriterium uminterpretieren, wenn man den für die Unternehmung erzielbaren Preis als fiktive Anschaffungsausgabe betrachtet.

Beide Entscheidungsregeln zur Bestimmung der optimalen Ausschüttungsrate aus Unternehmungen bzw. zur Entscheidung über

---

60) Ein Überblick über die neuere Literatur findet sich bei Sieben/Löcherbach/Matschke (1974) und Coenenberg/Sieben (1976).

61) Vgl. hierzu Wagner (1973), S. 306 ff.

einen Objektwechsel innerhalb des Entscheidungsfeldes haben jedoch mit der Frage der Kapitalerhaltung von Unternehmungen als Institution nichts zu tun.[62] Es geht um die Frage der Bestimmung des optimalen Investitionsprogramms eines Individuums durch Objektwechsel. Die Frage, ob ein Objekt innerhalb des Programms gegen ein anderes ausgetauscht werden soll und die Entscheidung nach dem Maximum des Zielbeitrags des Gesamtprogramms macht das Ziel der Kapitalerhaltung für einzelne Objekte und die Beschränkung der Auszahlungen aus den Objekten durch die Nebenbedingung der Kapitalerhaltung einzelner Objekte entbehrlich. Wird die "Erhaltungswürdigkeit" von Objekten nach dem Kriterium der Erfolgsmaximierung für das gesamte Entscheidungsfeld entschieden, so ist Kapitalerhaltung für Objekte als Zielsetzung redundant, da sie Entscheidungen nicht beeinflußt: Ist sie mit dem Ziel der Erfolgsmaximierung für das gesamte Entscheidungsfeld vereinbar, so führt das Ziel zu gleichen Entscheidungen wie die Erfolgsmaximierung. Führt die Beschränkung der Ausschüttungen aus Objekten zu anderen Entscheidungen, so wird das Ziel der Kapitalerhaltung bei der Entscheidung unterdrückt. Diese Konsequenz ist folgenschwer für die Diskussion der Kapitalerhaltung, weil Kapitalerhaltung dann nicht mehr als Ziel der Beteiligten an Institutionen, sondern als Problem von Individuen in bezug auf die gesamte Menge ihrer ökonomischen Aktivitäten zu sehen ist.

Konsequenzen haben diese Überlegungen auch für die Zwecke der Gewinnermittlung von Unternehmungen schlechthin. Die Globalgröße Gewinn hat ihre Eignung als Lenkungs- und Kontrollgröße weitgehend eingebüßt.[63] Die Relevanz der Gewinnermittlung wird zumeist auf die Bestimmung eines ausschüttbaren Betrages beschränkt. Es muß jedoch die Frage gestellt werden, wozu aus der Sicht der Kapitaleigner ein ausschüttungsfähiger Betrag unter der Zielsetzung der Kapitalerhaltung ermittelt werden soll, wenn die Orientierung der Ausschüttungen an diesem Betrag zu Konsequenzen führt, die der Kapitaleigner kaum wollen kann.

---

62) So auch Engels/Müller (1970), S. 353.

63) Vgl. hierzu Moxter (1966), S. 36.

ums."[69] Gegenstand der Betrachtung muß dann der personenbezogene Unternehmungsbegriff sein.[70]

3. Kapitalerhaltung als Kompromißformel im Aktienrecht

Die Überlegungen zeigen, daß bei den Unternehmungsbeteiligten die Vermutung, Kapital- bzw. Substanzerhaltung der Institution entspreche ihren Zielsetzungen, abgesehen von den an Nominalkapitalerhaltung interessierten Gläubigern, nicht aufrechterhalten werden konnte. Dies schließt jedoch nicht aus, daß die an Zahlungen der Institution Interessierten bei der Durchsetzung ihrer Interessen von den anderen Beteiligten zu bestimmten Kompromissen nach Maßgabe bestimmter Varianten der Kapitalerhaltung gezwungen werden. Teilweise entsteht der Eindruck, als sei der von den Mitgliedern der Unternehmung als Koalition auf Zeit ausgehandelte Kompromiß mit der eigentlichen Zielsetzung verwechselt worden.

Solche Kompromisse können ausgehandelt werden, sie können aber auch gesetzlich verordnet werden, wie es z.B. im Aktiengesetz der Fall ist. An derartige Kompromißregelungen wird man andere Ansprüche richten müssen, als an Entscheidungskalküle. Geht man davon aus, daß bestimmte Organisationsformen nur dann von Dauer sein können, wenn sie für alle Beteiligten ausreichende Anreize für eine Stabilisierung ihrer

---

69) Drukarczyk (1970), S. 105. Vgl. auch Adam (1968), S. 392 f.

70) Auch in der älteren Literatur finden sich Hinweise, die von den gleichen Überlegungen ausgehen. Die Grenzen der Erhaltungsproblematik für Einzelobjekte werden bei Rieger (1964), S. 41 in plastischer Weise abgesteckt: "Es kommt auch vor, daß die Arbeit in den Betrieben eingeschränkt wird - warum wohl? Damit der Unternehmungsgedanke eine Beeinträchtigung erfährt? - Im Gegenteil: damit er besser gedeiht! - Ebenso kann der eine oder andere Betrieb stillgelegt werden; das berührt aber die anderen Betriebe nicht und erst recht nicht die Unternehmung als solche." Es ist offensichtlich, daß Rieger die Begriffe Betrieb und Unternehmung in dem Sinne verwendet, daß mit Betrieb nur bestimmte Objekte gemeint sind und mit Unternehmung das gesamte Entscheidungsfeld eines Individuums.

Mitgliedschaft bieten, so wird ein Kriterium darin bestehen, daß bestimmte Ausschüttungsregelungen auf Dauer nicht zu einer fühlbaren Mißachtung der Interessen der Beteiligten führen dürfen. Gegen die Regelung des AktG wird vorgebracht, daß die geltende Regelung revisionsbedürftig sei, weil sie die Interessen der Beteiligten in unzumutbarer Weise beeinträchtige. Es soll deshalb geprüft werden, ob die geltende Regelung der Gewinnverwendung den Kriterien genügt, die an eine Schlichtungsregelung anzulegen sind.

a) Die geltende Regelung der Gewinnverwendung als Schlichtungsregel

Da nicht Kapitalerhaltung und Gewinn, sondern Kapitalerhaltung und Ausschüttung korrespondierende Begriffe sind, muß für die Untersuchung der Frage einer Revisionsbedürftigkeit der geltenden aktiengesetzlichen Regelung nicht nur die Gewinnermittlung, sondern die gesamte Ausschüttungsregelung einbezogen werden. Dies wird in der Literatur häufig übersehen.[71)]

Der gesamte Regelungszusammenhang der Ausschüttung kann durch drei Merkmale charakterisiert werden:

1. Maßgut zur Messung der Kapitalerhaltung
2. Bewertungsregel für Aufwand und Vermögen
3. Ausschüttungsregel im engeren Sinne

Zu 1: Die Kapitalerhaltung wird nach der gesetzlichen Regelung sowohl in der Handelsbilanz als auch in der Steuerbilanz in der Dimension Geld gemessen. Eine solche Nominalkapitalerhaltung als Basis der Gewinnermittlung ist bei auf das Gesellschaftsvermögen begrenzter Haftung wegen der Notwendigkeit einer Ausschüttungssperrvorschrift zu gewährleisten. Da aber im Aktiengesetz keine automatische Verknüpfung von ermitteltem Gewinn und Ausschüttung besteht, kann allein aus der Art des Maßgutes, das bei der Gewinnermitt-

71) Eine Ausnahme bilden Sieben/Schildbach (1973).

lung verwendet wird, noch kein Schluß in bezug auf die Reformbedürftigkeit der gesetzlichen Regelung gezogen werden.

Zu 2: Die Bewertung im Aktiengesetz ist weitgehend bestimmt durch retrospektive Wertansätze, die nur zu Zwecken des Gläubigerschutzes durch prospektive Wertansätze durchbrochen werden und durch das Niederstwertprinzip konkretisiert werden. Durch die Kombination von retrospektivem Realisationsprinzip und prospektiv orientiertem Niederstwertprinzip entsteht eine unter dem Prinzip der Vorsicht zusammengefaßte tendenzielle Unterbewertung mit der Folge entsprechend niedrigerer Gewinne. Ist aber die Gewinnermittlung so wie im AktG kompetenzbegrenzend, so besagt dies hinsichtlich der gesetzlichen Interessenwertung, daß die gesetzliche Lösung tendenziell die Anteilseigner gegenüber der Verwaltung benachteiligt.[72] Dies ist allerdings gewollt und eine Kritik dieser Regelung ist nicht das hier interessierende Problem, doch muß dies festgehalten werden, um zu beurteilen, in welcher Richtung weitere Kompetenzverschiebungen sinnvoll erscheinen.

Die an sich schon zu Lasten der Aktionäre durch die Bewertung vorgenommene Kompetenzverteilung würde durch die Einführung strengerer Kapitalerhaltungsmaßstäbe noch weiter zugunsten der Verwaltung verlagert.

Zu 3: Der Ausschüttungsregelung im engeren Sinne sind im AktG offenbar drei potentielle Konflikttypen zugrundegelegt:

a) Konflikte zwischen Aktionären und Gläubigern
b) Konflikte zwischen Groß- und Kleinaktionären
c) Konflikte zwischen Aktionären und Verwaltung bei Publikumsgesellschaften

---

72) Vgl. auch Sieben (1974a), S. 159; zu den folgenden Ausführungen vgl. auch Wagner (1976).

Die Beziehung zwischen den Konflikten und der gesetzlichen Kompetenzregelung kann an einer Grafik verdeutlicht werden:

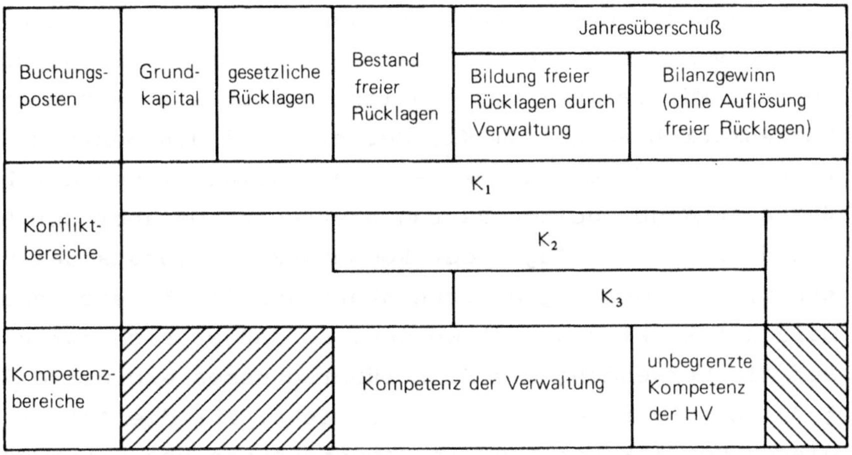

Abb. 2

Zu a: Der Konflikt K_1 zwischen Aktionären und Gläubigern hat seine Ursache im Interesse der Gläubiger nach Sicherung einer Haftungsmasse, was mit den Renditeinteressen der Aktionäre kollidieren kann. Der - von Betrugsabsichten gegenüber den Gläubigern einmal abgesehen - nicht sehr akute Konflikt ist im AktG durch die Ausschüttungssperre für einen Teil des Vermögens in Höhe des Grundkapitals und der gesetzlichen Rücklagen geregelt worden, sofern nicht eine Kapitalherabsetzung oder eine Liquidation vorgesehen ist und die Gläubiger dann auf andere Weise geschützt werden. Die Ausschüttungssperre, von Stützel als wichtigster Zweck der externen Bilanz angesehen, schafft für die Austragung weiterer Konflikte eine Begrenzung des Lösungsraumes, die durch die linke schraffierte Fläche gekennzeichnet ist.

zu b: Der Konflikt zwischen Groß- und Kleinaktionären, dessen Ursachen sowohl in unterschiedlichen Konsumpräferenzen, Alternativanlagen oder auch Steuersätzen liegen können, ist vor allem durch die Mindestausschüttung des § 254 AktG geregelt worden. Durch diese Kompetenzeinschränkung der HV wird ebenfalls eine Begrenzung des Lösungsraumes geschaffen, die durch die rechte schraffierte Fläche gekennzeichnet ist.

eventuell durch die Hauptversammlung beschlossener Ausschüttungen befürchten zu müssen. Die Rücklagen sollten insoweit der Zustimmung der HV entzogen werden, als die Verwaltung den "zur Bestandserhaltung erforderlichen Teil des Gewinns" [77)] einbehalten können sollte. Da bereits durch die auf dem Maßgut Geld basierende Erfolgsermittlung eine Nominalkapitalerhaltung bei retrospektiver Bewertung erreicht wird, ist anzunehmen, daß mit "Bestandserhaltung" der Unternehmung nicht lediglich eine Nominalkapitalerhaltung gemeint war. [78)]

In der Diskussion ist zwar vom "berechtigten Anliegen der Substanzerhaltung" [79)] gesprochen worden, doch wurde die Einführung einer Substanzerhaltungsrücklage von Rechts- und Wirtschaftsausschuß mit mehreren Begründungen abgelehnt [80)], da die Möglichkeiten die § 58 AktG der Verwaltung gibt, als zur Substanzerhaltung ausreichend angesehen wurden. Worin die Substanzerhaltung besteht und weshalb sie "berechtigt" ist, wurde nicht präzise erklärt.

Da die 50 %-Regel des § 58 AktG nun aber der Verwaltung die Möglichkeit gibt, über die gläubigerschützende Nominalkapitalerhaltung hinaus Rücklagen zu bilden, ist die Verwaltung dadurch faktisch autorisiert, die Mittel einer im Sinne der Aktionäre zielwidrigen Verwendung zuzuführen, da auch die Auflösung des Bestandes freier Rücklagen - wieder abgesehen von Kapitalherabsetzung und Liquidation - der Kompetenz der Verwaltung unterliegt. Es ist offensichtlich, daß die 50 %-Regel gegen die unmittelbaren Interessen der Aktionäre auf Ausschüttung gerichtet ist, denn wenn die Mehrheit der Aktionäre Substanzerhaltungsmaßnahmen freiwillig treffen will,

---

77) Ausschußbericht zu § 58 in: Kropff (1965), S. 76, vgl. auch Moxter (1976), S. 696 f.

78) Vgl. auch Tallau (1969), S. 649.

79) Kropff (1965), S. 242.

80) Ebenda; zur Interpretation der Formulierungen vgl. auch Moxter (1976), S. 696 f.

so bleibt ihr das auch bei voller Ausschüttungskompetenz unbenommen. [81] Für eine solche Absicht, die Verwendung des Jahresüberschusses auch gegen den Mehrheitswillen der Aktionäre zu ermöglichen, ergeben sich eine Reihe von Begründungen zum Regierungsentwurf des AktG, wo auch davon gesprochen wird, daß eine Begrenzung der Aktionärsrechte in der "Wahrung übergeordneter wirtschafts- und gesellschaftspolitischer Ziele" [82] liegen sollte, die offenbar bei der Verwaltung in besseren Händen gesehen wurde. Es wurde auch Verständnis dafür geäußert, daß jedes "Unternehmen einen Teil seines Gewinns einbehalten muß, um seinen Bestand und seine Stellung am Markt zu erhalten" [83], ohne daß eventuelle Konflikte zwischen einer solch vagen Zielsetzung und den Renditeinteressen der Aktionäre näher erläutert worden wären.

Trotz der offenkundigen Bemühungen um einen Kompromiß im Gewinnverteilungskonflikt entsteht der Eindruck, als sei der Gesetzgeber von der Vorstellung ausgegangen, die Bestandserhaltung der Gesellschaften im Sinne einer wie auch immer gearteten Substanzerhaltung sei durch überhöhte Ausschüttungswünsche der Aktionäre gefährdet.

Man kann die Kompetenzregelung des AktG in bezug auf die Gewinnverwendung akzeptieren oder nicht: Irreführend ist in jedem Fall der Schluß, die Kompetenz der Verwaltung zur Substanzerhaltung sei nötig, um die "Gefahr" der Substanzauszehrung durch die Aktionäre zu vermeiden. [84] Diese"Gefahr"droht nämlich nicht den Unternehmungen schlechthin,

---

81) Vgl. hierzu Stützel (1967), S. 328, Siegel (1976), S. 214, Körner (1961), Sp. 445 f.

82) Allgemeine Begründung zum Regierungsentwurf, in: Kropff (1965), S. 14.

83) Kropff (1965), S. 58.

84) Ein ganz anderes Problem betrifft die "Gefahr" der Substanzbesteuerung, vgl. hierzu S. 234 ff.

sondern ist von ganz anderer Wirkung als vermutet. Geht man von der plausiblen Prämisse aus, daß Aktionäre die ihnen zugeflossene Dividende nicht konsumieren, sondern häufig reinvestieren, also wieder für Aktienkäufe und Kapitalerhöhungen verwenden, so gehen zwar durch Ausschüttung zunächst der einzelnen Gesellschaft Mittel verloren, doch gehen sie nicht dem Kapitalmarkt verloren. Die Frage ist dann aber nicht mehr, ob bei Beibehaltung der Nominalkapitalerhaltung die Unternehmungen generell "Substanz" verlieren, sondern die Frage ist, welche Unternehmungen "Substanz" verlieren und welche von dem Rückfluß der Ausschüttungen profitieren.[85)]

Es ist anzunehmen, daß Gesellschaften, die eine renditenorientierte Firmenpolitik betreiben, eher von der gesetzlichen Ausschüttungsregelung profitieren würden, weil bei der Nominalkapitalerhaltung die Ausschüttungsschwelle niedriger angesetzt wird als bei der Substanzerhaltung und damit eine klarere Kapitallenkung nach Renditegesichtspunkten ermöglicht wird. Demgegenüber würde bei Verwirklichung der Substanzerhaltung die Ausschüttungsschwelle höher gesetzt und dadurch jeweils ein größerer Betrag in der Kompetenz der Verwaltung bleiben, ohne daß die Gesellschaft um diese Mittel auf dem Kapitalmarkt unter Renditegesichtspunkten konkurrieren müßte. "Gefahren" durch Substanzverzehr bestehen also nicht für alle Gesellschaften, sondern lediglich für solche, bei denen die Aktionäre aus Renditeüberlegungen auf Reinvestition der empfangenen Dividenden verzichten.

Insofern ist sowohl der Streit um den Kapitalerhaltungsmaßstab als auch der Streit um die Ausschüttungsregel im engeren Sinne ein Streit um Verwendungskompetenz und damit noch mehr: nämlich ein Streit über die Autorisierung wirtschaftlicher Lenkungsprinzipien durch das AktG. Das Problem der

---

85) Vgl. hierzu auch Stützel (1960), S. 915 ff.

Anwendung bestimmter Kapitalerhaltungsmaßstäbe ist somit weniger eine Frage nach der Unterscheidung zwischen "echten" Gewinnen und "Scheingewinnen", sondern eine Frage, ob man mehr Mittel in die Kompetenz der HV stellt und damit Renditeüberlegungen zum Kapitallenkungskriterium macht oder ob man sie der eher pluralistischen Zielorientierung eines "emanzipierten" Managements überläßt. Dieses Problem kann allerdings nicht mehr auf der Ebene der einzelnen Unternehmung diskutiert werden, sondern ist weit grundsätzlicher gelagert.

In bezug auf die "Bedrohung" der Interessen der Beteiligten zeigt sich, daß nicht die bestehende Nominalkapitalerhaltung bei der Gewinnermittlung gegen das Interesse der Aktionäre gerichtet ist, sondern das Gegenteil trifft zu: Das Interesse der Aktionäre wird eher beeinträchtigt durch die Erweiterung der Kompetenz der Verwaltung im Rahmen substanzerhaltender Ausschüttungsvorschriften; die "Gefahr" kommt also aus einer anderen Richtung als zunächst vermutet.

b) Die Revisionsbedürftigkeit der geltenden Regelung bei Inflation

Da gezeigt wurde, daß die Anwendung von Nominalkapitalerhaltung oder Substanzerhaltung auch eine Entscheidung über die Anwendung von wirtschaftlichen Lenkungsmechanismen ist, könnte man die Frage, ob diese oder jene Regel verwendet werden soll, als gesamtwirtschaftliches Problem der optimalen Allokation von Ressourcen interpretieren. Will man nicht so weit gehen, so scheint ein sinnvoller Ansatz für die Beurteilung der gesetzlichen Regelung darin zu bestehen zu prüfen, inwiefern die Änderungsvorschläge mit den für den Bestand der Organisationsform "Aktiengesellschaft" unabdingbaren Interessen im Einklang stehen.

Konsequenz der Anwendung anderer Kapitalerhaltungsvarianten wäre, daß die Kompetenzverteilung von der Inflationsrate abhängig würde. Bei steigender Inflation würde der Kompetenzbereich der Eigner eingeschränkt. Insbesondere bei schlechter Geschäftslage würde dies bedeuten, daß die Unternehmensleitung durch gewinnbeeinflussende Substanzberechnung praktisch den gesamten Jahresüberschuß der Ausschüttung entziehen könnte: eine besonders eigenartige Konsequenz, weil gerade dann Aktionäre bestrebt sein könnten, ihr Kapital so weit möglich der Kompetenz der Verwaltung zu entziehen.

Während man die Nominalkapitalerhaltung zum Zwecke des Gläubigerschutzes als konstituierende Bedingung für die Überlebensfähigkeit der Rechtsform der Aktiengesellschaft ansehen kann, kann ähnliches aus der Sicht der Beteiligten für die Substanzerhaltung nicht behauptet werden. Zwar könnte man argumentieren, für die vorgenommene Thesaurierung würden die Aktionäre durch einen steigenden Börsenkurs entschädigt, doch ist dieser Zusammenhang in der Empirie nur vage und insbesondere dann nicht mehr plausibel, wenn bei der Verwendung von Rücklagen Renditenüberlegungen eine untergeordnete Rolle spielen.

Die Frage, inwiefern Aktionäre bereit sind, Kompetenzeinbußen zugunsten von in ihrem Nutzen zweifelhaften Substanzerhaltungsmaßnahmen hinzunehmen, läßt sich nur empirisch beantworten. Zwar liegen keine empirischen Untersuchungen dieser Problemstellung vor, doch können zwei Untersuchungen von Forster u.U. nützliche Anhaltspunkte bieten.[86)] [87)]

Forster zeigt, daß in den Jahren 1963 - 1971 das arithmetische Mittel der Rücklagendotierung aus dem Jahresüberschuß im Durchschnitt weit unter der 50 %-Grenze des § 59 AktG liegt, wobei nicht berücksichtigt ist, daß die der Untersuchung zugrundeliegenden Jahresüberschüsse als arithmetische Mittel auch auf Fehlbeträgen basieren und die Fälle, in denen die Kompetenz der Verwaltung durch Satzung gemäß § 58

86) Forster (1970), S. 203 - 215 sowie Forster (1973), S. 531 - 535.

87) Eine Übersicht über Untersuchungen des Zusammenhangs zwischen Jahresabschlußinformationen und Börsenkursen findet sich bei Coenenberg (1974), S. 647 - 657.

Abs. 3 erweitert wird, noch nicht einmal gesondert aufgeführt werden. Das arithmetische Mittel während dieses Zeitraums betrug 33,8 %. Berücksichtigt man allerdings noch, daß ein Teil dieses Satzes auf gesetzlichem Zwang zur Bildung von Rücklagen beruhen kann, so dürfte der freiwillig den Rücklagen zugeführte Betrag noch etwas niedriger liegen. Dies zeigt deutlich, daß die bestehende Kompetenzgrenze von der Verwaltung nicht annähernd ausgeschöpft wurde. Noch deutlicher ist das Ergebnis in einer von Forster selbst durchgeführten Erhebung, bei der Jahresüberschüsse und Fehlbeträge getrennt wurden und bezogen auf die Überschüsse die Rücklagendotierung nur ein Mittel von 8,4 % der Jahresüberschüsse aufweist.

Zwar können aus diesen empirischen Daten keine allgemeingültigen, gesicherten Schlüsse gezogen werden, doch dürfte das Material ausreichen, um einige Schlüsse zu ziehen, die den gegenwärtigen Bestrebungen zur Korrektur der Regelung des § 58 widersprechen:

1. Die geltende Regelung des § 58 AktG gewährleistete während des Betrachtungszeitraums nach Auffassung der Verwaltungen offenbar ausreichende Möglichkeiten zur Rücklagenbildung. Daß auch in den Jahren 1973 und 1974 mit wesentlich höheren Inflationsraten als dem von Forster untersuchten Zeitraum die entsprechenden Sätze der Rücklagenbildung nur bei 29,0 und 38,4 % lagen, bestätigt diese Hypothese.[88) 89)]

2. Interessanter als dieser empirische Befund ist jedoch ein anderes Ergebnis: Die durch das AktG von 1965 bewirkte

88) Wirtschaft und Statistik 1975, S. 825.

89) In den Begründungen der Rücklagenbildung spielen Scheingewinne allerdings nur eine untergeordnete Rolle; ansonsten wird auf eine Begründung der Rücklagenbildung in der Mehrheit der Fälle ganz verzichtet. Vgl. Forster (1973), S. 535; nach der Berechnung von Döllinger et. al. (1977) waren die Rücklagen-Zuweisungen für die Substanzerhaltung nicht ausreichend.

Kompetenzverschiebung ist auf die Rücklagendotierung ohne erkennbaren Einfluß gewesen.[90] Dies könnte bedeuten, daß die Verwaltungen trotz ihrer formellen Kompetenz nicht willens und/oder in der Lage waren, diese gegenüber den Aktionären faktisch durchzusetzen. Wäre dies schon bei der geltenden 50 %-Regel des § 58 der Fall, so könnte dies auch die geforderte Kompetenzausweitung der Verwaltung auf die Rücklagenbildung zur Substanzerhaltung in einem anderen Licht erscheinen lassen. Auch eine formelle Neuregelung der Kompetenzverteilung könnte nicht die faktische Machtkonstellation übersehen, die dafür zu sprechen scheint, daß zumindest die Verwaltungen anzunehmen scheinen, daß die Aktionäre eine Verringerung von Ausschüttungen nicht hinnehmen würden. Es bliebe daher fraglich, wo der Sinn von gesetzlichen Regelungen liegen soll, die sowohl in ihrer Begründung äußerst unklar als auch in ihrer Durchsetzbarkeit zumindest zweifelhaft sind.

Beide Überlegungen sind nicht geeignet, die Diskussion des Problems der Kompetenzverteilung bei Inflation abschließend zu beurteilen. Sie können aber zeigen, daß die Diskussion um die Korrekturbedürftigkeit der geltenden Regelung ohne Bezug auf empirische Befunde geführt wird, obwohl sie in bezug auf die "Gefahren" wegen mangelnder Substanzerhaltung empirische Ansprüche erhebt.

II. Kapitalerhaltung im Rahmen des personalen Unternehmensbegriffs

1. Der personale Unternehmensbegriff

Während kaum ein bedeutendes Werk der älteren Betriebswirtschaftslehre auf gesamtwirtschaftliche Bezüge verzichtet,[91] die die Verfolgung von Individualinteressen legitimieren

---

90) Zu diesem Schluß gelangt Forster (1973), S. 533.

91) Vgl. hierzu die umfassende Darstellung bei Grochla (1974), Sp. 543 ff., Leitherer (1974), Sp. 699 ff., Wöhe (1974), Sp. 714 ff.

sollen,[92)] [93)] faßt der personale Unternehmungsbegriff die auf Einkommenserzielung gerichteten Interessen eines Individuums als Bezugsrahmen auf. Zwischen dem Unternehmer, der Geld in Sachinvestitionen anlegt und demjenigen, der lediglich Finanzinvestitionen tätigt, ist kein Unterschied mehr, weil beide Investoren sind, für die bei gleichen finanziellen Zielen gleiches gilt: Es ist in die günstigste Anlagemöglichkeit zu investieren.[94)] Diese Ausweitung des relevanten Entscheidungsfeldes ist erforderlich, wenn man das Handlungsoptimum für ein Individuum bestimmen will, in bezug auf das die für Teile des Entscheidungsfeldes definierten Optima in der Regel nur suboptimal sind.

Die Unternehmung wird dann aufgefaßt als "die Gesamtheit der von einem privaten Subjekt in selbständiger Position vollzogenen, auf die Einkommenserzielung gerichteten Tätigkeiten."[95)] Liquidiert ein Individuum das Objekt A, um den Erlös in das Objekt B zu investieren, so handelt es sich für die personenbezogene Unternehmung nicht um Entnahmen und Einlagen, sondern um Vermögensumschichtungen innerhalb der Unternehmung.

---

92) Dies wird besonders deutlich bei Osbahr/Nicklisch (1923), die die Bilanz "vom Standpunkt der Unternehmung" (S. 114) fordern, die sich verselbständigt hat, da "Unternehmerwünsche und Bedürfnisse der Unternehmung nicht ohne weiteres übereinstimmen." (S. 115).
Der Standpunkt der Unternehmung muß nach Osbahr/Nicklisch ruhen "auf dem breiten Grunde des volkswirtschaftlichen Motivs der Förderung des öffentlichen Wohles, des Wohles der Gesamtheit wie aller Einzelnen, und muß doch dem Sonderinteresse der einzelnen rein wirtschaftlich interessierten Subjekte gerecht werden, er muß doch das Gläubigerinteresse des rein handelsgesetzlichen und das Unternehmerinteresse des erwerbswirtschaftspolitischen Anschauungskreises nicht nur umschließen, sondern muß geradezu ihre gegenseitige Bedingtheit begründen ..." (S. 114) (Zitate nach Barth (1953), S. 205 f.).

93) Die scharfsinnigste Kritik an solchen Zielsetzungen findet sich bei Rieger (1964), S. 46 ff.

94) Für die personenbezogene Unternehmung dürfte in der Umgangssprache der Spekulant die treffendste Bezeichnung sein.

95) Koch (1964), S. 385, vgl. auch Blumentrath (1969), S. 39 ff., Jaensch (1973), S. 695 oder Sterling (1970), S. 337: "We view 'enterprise' as nothing more than a convenient name for the vehicle that humans establish to maximize (or satisfice) their utility."

Da beim personenbezogenen Unternehmensbegriff der Begriff der Entnahmen ausschließlich für Konsumzwecke reserviert ist, kann Konsum nicht aus privaten Quellen gespeist werden. Daran wird deutlich, daß Gewinnmaximierung der Unternehmung als Ziel nicht mehr sinnvoll ist, würde dies doch bedeuten, daß der Unternehmer auf jeglichen Konsum zu verzichten hätte und verhungern müßte.[96)]

Scheidet aber das Gewinnmaximum als Vorteilhaftigkeitskriterium aus, so liegt es nahe, den Konsumstrom zwischen Individuum und Unternehmung zum Ziel zu machen. Dieser Strom hat drei Freiheitsgrade:[97)] Breite, zeitliche Struktur, Grad der Unsicherheit.

Die Notwendigkeit des Rekurses auf den optimalen Konsumstrom wird in der Regel damit begründet, daß das Gewinnstreben ohnehin nur ein verkürzter Ausdruck "eines übergeordneten Zwecks, nämlich des höheren Wohlstands oder der umfassenderen Güterversorgung"[98)] sei. Aussagen dieser Art werden jedoch nicht empirisch gewonnen, sondern durch Hinterfragen der logischen Lücken in Mittel-Zweck-Hierarchien. Konsum als die "letzte 'krönende' Teilhandlung innerhalb der Unternehmung"[99)] ist der vorläufig letzte Akt, bis zu dem der Mittel-Zweck-Zusammenhang verfolgt wird.

Diesem Vorgehen sollte allerdings mit Skepsis begegnet werden. Zwar entgeht man durch die Konsumfiktion der Konsequenz, daß Unternehmungen als "Selbstzweck"[100)] betrieben werden, doch besteht auch die Möglichkeit, daß die hinter der Gewinnmaximierung entstehende Begründungslücke durch die Konsumfiktion in sehr einseitiger Weise geschlossen wird. Konsum als allein

---

96) Vgl. Drukarczyk (1970), S. 19.

97) Moxter (1964), S. 11 - 15, ders. (1966), S. 38 f.

98) Koch (1961), S. 16.

99) Ders. (1968), S. 422.

100) Ebenda, S. 423.

zulässiges Motiv für wirtschaftliche Aktivitäten[101)] anzunehmen erscheint zwar "rational", doch müssen andere Verwendungsweisen nicht irrational sein.[102)]

Sinnvoller erscheint uns vorläufig, den Zielstrom formaler zu interpretieren als einen geplanten Abfluß von Mitteln aus dem personalen Entscheidungsfeld. Die Verwendungsweise der Mittel kann vorläufig noch offen bleiben. Wichtig ist nur, daß die als Zielgröße entzogenen Mittel nicht in das Entscheidungsfeld zurückfließen.

Gegenstand von Aussagen zum personenbezogenen Unternehmensbegriff ist nun die Bestimmung derjenigen Handlungsalternativen, die zum optimalen Zielstrom führen. Eine explizite Berücksichtigung aller Handlungsmöglichkeiten in einem Totalmodell würde bedeuten, daß ein Individuum die Aufgabe hätte, alle sich bietenden Investitionschancen unter Berücksichtigung sämtlicher Interdependenzen bis zum Ende seines Handlungszeitraumes an seine Konsumwünsche während seines gesamten Lebens so anzupassen, daß die durch Entscheidung festgelegte finanzielle Lebensweise optimal wäre. Dieses Optimum optimorum existiert bislang lediglich als verbale Gedankenskizze. Es kann allerdings insofern nützliche Dienste verrichten, als es hilft, die in der Betriebswirtschaftslehre bisher vorgelegten Kalküle oder Gestaltungsheuristiken von einer einheitlichen Basis her zu klassifizieren, um ihre Leistungsfähigkeit zu beurteilen. Auch Entscheidungsmodelle für den personenbezogenen Unternehmensbegriff kommen nicht ohne Vereinfachungen aus. Dies geschieht durch Abgrenzung verschiedener Bereiche,

---

101) Vgl. hierzu Franz (1974), S. 63, Kalveram (1977), S. 28 f.

102) Koch räumt in bezug auf empirische Beobachtungen ein: "In der Wirklichkeit läßt sich häufig der Fall beobachten, daß der Unternehmer bestrebt ist, ein möglichst großes und blühendes Unternehmen aufzubauen und seinen Erben ein wirtschaftliches Imperium zu hinterlassen. Dieses Phänomen läßt sich durch die mikroökonomische theoretische (im Original kursiv) Analyse nicht erfassen." (1968), S. 423. Dies würde bedeuten, vor der überwältigenden Zahl empirisch beobachtbarer Fälle zu kapitulieren. Inwiefern eine derartige Skepsis über die Möglichkeiten der ökonomischen Analyse angebracht ist, soll noch erörtert werden. Vgl. S. 97 ff.

Sind die für die Anwendung der Kapitalwertmethode notwendigen Prämissen aber nicht erfüllt, so versagt das Kapitalwertkriterium als Indikator für das Handlungsoptimum, und die finanziellen Ziele müssen in die Überlegungen explizit einbezogen werden. Dies gilt sowohl für die Festlegung der Struktur des optimalen Stroms, als auch für die Bedingungen, zu denen die Transformation von Zahlungsüberschüssen in die als optimal angesehene Struktur erfolgen soll.

Das allgemeine Problem wird darin gesehen, einen Strom mit nutzenmaximaler Struktur zu wählen:

(5) $U = f(c_1, c_2, \ldots, c_T, V_T) \rightarrow \text{Max}$ [108)]

wobei die $c_t (t=1,\ldots,T)$ als Konsumentnahmen der jeweiligen Periode und V_T als das am Ende des Handlungszeitraums vorhandene Vermögen interpretiert werden.

Dabei sind nun einige Fälle bezüglich der zeitlichen Abgrenzung der Planung zu unterscheiden:

a) Es ist denkbar, daß das Individuum seine Zielvorstellungen und die Ergebnisse seiner Handlungsmöglichkeiten für den gesamten Zeitraum prognostizieren kann, in dem es wirtschaftlich tätig sein möchte. In diesem Fall sprechen wir von einer Gleichheit von Planungszeitraum T^* und Handlungszeitraum T.

b) Wahrscheinlicher ist der Fall, daß das Individuum beabsichtigt, bis zum Zeitpunkt T zu handeln, jedoch nur bis zum Zeitpunkt $T^* < T$ prognostizieren kann: Man weiß zwar, d a ß es nach T^* weitergehen soll, weiß aber noch nicht w i e. Denkbar ist in diesem Fall nun auch, daß zwei Unterfälle unterschieden werden können: Es kann sein, daß zwar die Vorstellungen bezüglich der Entnahmewünsche bis T reichen, der Zielbeitrag der Objekte jedoch nur bis $T_o^* < T$ prognostiziert werden kann. Man könnte in diesem Fall von einer Gleichheit von Handlungszeitraum und Zielplanungszeitraum T_z^* sprechen,

---

108) Vgl. hierzu z.B. Fama/Miller (1972), S. 44 ff.

die jedoch beide über den Objektplanungszeitraum T_o^* hinausreichen. Es kann aber auch sein, daß der Handlungszeitraum nur durch die vermutete Lebensdauer des Individuums begrenzt ist und Zielplanungszeitraum T_z^* und Objektplanungszeitraum T_o^* zusammenfallen, d.h. daß auch die Ziele nur für einen begrenzten Zeitraum geplant werden können, weil das Individuum sich über seine weitere finanzielle Lebensführung im unklaren ist. In der Literatur wird meist implizit davon ausgegangen, daß der Zielplanungszeitraum den Objektplanungszeitraum übersteigt; hier sollen beide Fälle untersucht werden.

Insgesamt können dann drei Fälle unterschieden werden:

(I) $T = T^*$

(II) $T = T_z^* > T_o^*$

(III) $T > T_z^* = T_o^*$

Denkbar ist prinzipiell eine noch weitergehende Differenzierung, doch ist die hier vorgenommene für den Untersuchungszweck ausreichend.

Dementsprechend wird wie folgt vorgegangen: In einem ersten Schritt wird untersucht, welche Stellung dem Ziel der Kapitalerhaltung zukommt, wenn die finanziellen Ziele für den Fall der Gleichheit von Planungs- und Handlungszeitraum formuliert werden (Fall (I)). Dabei wird zwischen den Fällen der Maximierung eines Ziels unter Nebenbedingungen und der flexiblen Zielsetzung unterschieden. Im Anschluß daran wird die Prämisse der Identität von Planungs- und Handlungszeitraum aufgehoben zugunsten der Annahme, der Handlungszeitraum überschreite den Planungszeitraum (Fälle (II) und (III)). Durch diese Annahme werden eine Reihe von weiteren Problemen aufgeworfen, die sich insbesondere mit Bewertungsfragen des Endvermögens beschäftigen. Kapitalerhaltung wird in beiden Fällen als Ziel gesehen, wobei sich allerdings zeigt, daß im zweiten Fall Kapitalerhaltung nicht als Oberziel, sondern als

Subziel für die Zielerreichung nach dem Ende des Objektplanungszeitraums zu betrachten ist.[109]

a) Zielstrukturen mit Maximierung einer Zielvariablen unter Nebenbedingungen

Die allgemeine Nutzenfunktion kann durch zwei Typen von Strukturen vereinfacht werden, die das Problem auf ein Maximierungsproblem unter Nebenbedingungen reduzieren.[110] Sie werden als Vermögensmaximierung und als Entnahmemaximierung bezeichnet.[111] In vereinfachter Schreibweise lauten die Zielformulierungen:

(6) $V_T \rightarrow \text{Max}$

$c_t \geqq \bar{c} \qquad (t = 1,2,...,T)$

wobei V_T die letzte Zahlung am Ende des Planungszeitraums darstellt - was praktisch eine Transformation aller Güter in Maßguteinheiten erfordert - und c_t die Konsumentnahmen während des Planungszeitraums darstellen, die durch die Mindestentnahme $\bar{c}$ nach unten begrenzt sind.

(7) $c \rightarrow \text{Max}$

$V_T \geqq \bar{V}$

Gegenüber der Zielsetzung (6) ist hier die Extremierungsvorschrift für die Zielgröße V_T durch eine Nebenbedingung ersetzt, $\bar{V}$ nicht zu unterschreiten und ein Maximum der periodischen Konsumentnahmen $c_t = c\,(t=1,...,T)$ während des Planungszeitraums gefordert. Die Frage ist nun, wie im Hinblick auf diese Zielsetzungen das Ziel der Kapitalerhaltung für personenbezogene Entscheidungsmodelle einzuordnen ist.

---

109) Vgl. auch Kalveram (1977), S. 28.

110) Vgl. vor allem H. Hax (1964a), S. 437.

111) Vgl. D. Schneider (1975a), S. 179.

aa) Vermögensmaximierung

Bezeichnet man das in t=0 vorhandene Vermögen mit V_O, so ist eine formale Analogie dieser Zielsetzung zum Ziel der Gewinnmaximierung (vgl. (1) und (2)) erkennbar, deren Beziehung zum Ziel der Kapitalerhaltung bereits erörtert wurde. Da jedoch Gewinnmaximierung keine Berücksichtigung von Entnahmen für Konsumzwecke zuläßt, ist die Vermögensmaximierung unter Berücksichtigung eines gegebenen positiven Entnahmestroms nicht mit der Gewinnmaximierung identisch. Solange über die Höhe der Entnahmen nichts bekannt ist, kann daher nicht beurteilt werden, ob bei dieser Zielsetzung die Bedingung der Kapitalerhaltung erfüllt ist; ein unmittelbares Anliegen der Zielfunktion stellt die Kapitalerhaltung nicht dar, da die Bedingung $V_T \geqq V_O$ in der Zielfunktion nicht postuliert wird.

Die Kapitalerhaltung stellt somit für Zielfunktionen dieses Typs keine relevante Größe dar; ihre Realisierung bleibt Zufall.[112] Dies bedeutet jedoch nicht, daß Kapitalerhaltung bei solchen Zielsetzungen nicht faktisch gewährleistet ist. Die Zielsetzung (6) ist ihrer Struktur nach empirisch kaum für solche Fälle plausibel, in denen der Investor Zweifel über das Erreichen eines positiven Endvermögens im Optimum hat, bevor das Optimum bestimmt ist. Da die Entnahmen vorgegeben werden, wäre zwar denkbar, daß die Zielsetzung durch die vorgesehenen Entnahmen die finanziellen Möglichkeiten des Investors weitgehend erschöpft, so daß sich ein sehr geringes oder gar kein Endvermögen ergibt. In dieser Überlegung steckt die Möglichkeit finanziellen Leichtsinns bei der Bestimmung der Konsumhöhe.

Plausibler erscheint das Ziel aber für solche Fälle, in denen der Investor bei überschlägiger Schätzung den Eindruck hat, daß der geplante Konsum die Höhe des Vermögens kaum

112) Daher ist die Auffassung unrichtig, zwischen Vermögensmaximierung und Substanzerhaltung könne kein Konflikt entstehen. Diese Auffassung wird vertreten bei Siegel (1976), S. 208.

tangiert, was bei einem sehr vermögenden Individuum der Fall wäre. Dies scheint besonders dann empirisch glaubhaft, wenn der Konsum eher am Rande der Überlegungen steht und das Interesse vorwiegend einer erfolgreichen Kapitalvermehrung gilt.

In solchen Fällen wird man annehmen können, daß - obwohl in der Zielfunktion dies nicht explizit zum Ausdruck kommt - die Kapitalerhaltung allein wegen der Größenverhältnisse der Konsumentnahmen in Relation zum Vermögen gewährleistet wird. Die Zielsetzung würde sich dann im Ergebnis nur wenig vom Fall der Gewinnmaximierung unterscheiden. Kapitalerhaltung wäre dann formal in der Zielfunktion überflüssig, da sie faktisch erreicht wird.

ab) Entnahmemaximierung

Die Zielfunktion der Entnahmemaximierung bei gegebenem Endvermögen gibt ein Mindestvermögen $\bar{V}$ in t=T vor, wobei die Relation von $\bar{V}$ und V_0 zunächst offen ist. Für das gewünschte Endvermögen kann also prinzipiell jeder beliebige Wert vorgegeben werden.

Verschiedene Strukturen sind auch in bezug auf die Relation zwischen den periodischen Entnahmen denkbar. Es kann wie in (7) gelten:

$$c_t = c \qquad (t = 1,\ldots,T)$$

aber auch:

(8) $$c_t = c\,(1 + r)^{t-1} \qquad (t = 1,\ldots,T)$$

wobei bei positivem r eine geometrisch steigende, bei negativem r eine geometrisch fallende Entnahmereihe geplant wäre.[113] Als Begründung für diese Entnahmestruktur wird in

113) Vgl. hierzu Koch (1968), S. 419 f., sowie die Übersicht bei Engels (1970), S. 37 ff., Fama/Miller (1972), S. 44 ff.

der Literatur meist die Modigliani-Brumberg-Ando-Hypothese angesehen,[114] Individuen seien bestrebt, zufällig anfallende Zahlungen in einen gleichmäßigen Konsumstrom zu transformieren.[115]

Bei der hier gewählten Schreibweise für die Zielsetzung wird angenommen, daß in t=T sowohl eine Konsumentnahme c_T als auch eine Transformation der Nichtgeldbestände in die Vermögensgröße V_T vorgenommen wird. Diese sonst nicht übliche Schreibweise wird gewählt, um zum Ausdruck zu bringen, daß es nicht erforderlich ist, das Vermögen in T zu konsumieren, sondern zunächst nur notwendig ist, die Nichtgeldbestände in Geld zu verwandeln, also alle Transaktionen abzuschließen.

Für die allgemeine Schreibweise der Zielsetzung gilt, daß $\bar{V}$ in keiner festen Relation zu V_O steht, also auch größer oder kleiner sein kann. Ist $\bar{V}$ negativ, so würde dies bedeuten, daß sich das Individuum verschuldet hat. Ein Spezialfall der Zielfunktion liegt vor, wenn $\bar{V}$ genau in Höhe von V_O festgelegt wird; eben diese Formulierung würde dem hier untersuchten Ziel der Kapitalerhaltung entsprechen, worunter man die Gleichheit von Vermögen zu Beginn und am Ende des Planungszeitraums versteht. Gerade dieser Spezialfall aber hat nun eine überragende Bedeutung in der Literatur, die insofern überrascht, als die Bedingung $V_T \geq V_O$ zunächst vor anderen Vorstellungen über die Höhe des Endvermögens durch keine Besonderheiten ausgezeichnet ist. Da jedoch Kapitalerhaltung für den firmenbezogenen Unternehmensbegriff bereits als wenig plausible Zielsetzung angesehen wurde und ihre Anwendung nur noch beim personenbezogenen Unternehmungsbegriff sinnvoll sein kann, scheint es trotzdem lohnend, die Zielsetzung näher zu untersuchen, da ihre vermutete empirische Plausibilität offenbar auf Motiven basiert, die unter der formalen Oberfläche liegen müssen.

---

114) Monissen (1968), S. 178 ff., Engels/Müller (1970), S. 356 f.

115) Modigliani/Brumberg (1954), S. 388 ff., Modigliani/Ando (1957), S. 99 ff., Modigliani/Ando (1963), S. 55 ff.

Eine mögliche Erklärung könnte in habituellen Denkweisen bei der Wahl der Zielgrößen gesehen werden. Die maximal entziehbaren Konsumentnahmen können als eine personale, entscheidungslogisch begründete Version des Gewinnbegriffs angesehen werden. Wird die Kapitalerhaltungsbedingung noch durch Liquiditätsnebenbedingungen ergänzt,[116)] so ist der ermittelte Betrag als sowohl ausschüttungsoffener Gewinn zu bezeichnen, da das Kapital erhalten ist, als auch als ausschüttungsfähiger Gewinn, da die liquiditätsmäßige Ausschüttbarkeit gesichert ist.[117)]

Die Trennung zwischen Gewinn und Kapital leuchtet unmittelbar ein bei Beispielen aus dem Bereich der Agrarwirtschaft, etwa der Trennung zwischen einem Apfelbaum und dessen Früchten. Die Erhaltung des Kapitals ist hier "selbstverständlich"; eine Grenzziehung zwischen Baum und Früchten wird nicht als von zeitlichen Präferenzvorstellungen des Individuums abhängig, sondern als "natürlich" angesehen,[118)] weil jede andere Kombination als ineffizient ausscheidet. Für diesen Fall ist die Definition von Fisher problemlos: Kapital als "Bestand an Gütern zu irgendeinem beliebigen Zeitpunkt", und Einkommen als die "aus dieser Gütermenge während eines bestimmten Zeitraumes fließenden Nutzleistungen."[119)] Die Abgrenzung zwischen beiden Begriffen wird nicht zum Problem. Sie scheint durch eine Norm gelöst: Als "guide for prudent conduct"[120)]

---

116) Vgl. H. Hax (1964a), S. 435.

117) Siehe hierzu Moxter (1966), S. 46 und Jaensch (1968), S. 59.

118) Solche Vorstellungen klingen an bei F. Schmidt (1928), S. 3. In bezug auf die Berücksichtigung von Preissteigerungen des Vermögens und deren Interpretation als Gewinn schreibt Schmidt: "Dem widerspricht schon die einfache Terminologie, denn was Vermögen in seiner jeweiligen Gestalt ist, kann nicht Ertrag dieses Vermögens sein. Der Vermögenswert, aber bezogen auf die jeweils vorhandenen Vermögensteile, ist unlösbar mit dem Vermögen selbst verbunden....". Dadurch wird der Eindruck erweckt, allein die physische Erscheinungsform vom Gegenstand erlaube bereits Urteile über die Zweckmäßigkeit der Begriffsbildung.

Zur dogmenhistorischen Entwicklung des Gewinnbegriffs vgl. D. Schneider (1976b).

119) Fisher (1928), S. 23, vgl. auch Barth (1953), S. 55.

120) Hicks (1946), S. 172.

ist der Ratschlag annehmbar, nur die Früchte als "Einkommen" zu verzehren, jedoch nicht das "Kapital" des Baumes anzutasten. Neben der Möglichkeit "to be as well off at the end of the week as ... at the beginning"[121] werden andere Möglichkeiten nämlich "to be better off" und "to be worse off"[121] wohl kaum in Betracht gezogen.

Läßt man die besonderen Prämissen der vorhergehenden Beispiele fallen, so ist die Aussage, allein der Konsum des Einkommens sei "guide for prudent conduct" nicht mehr selbstverständlich; die inhaltliche Fixierung des vernünftigen Verhaltens auf diese Norm scheint zu eng. Was ein Individuum für Konsumzwecke verwenden möchte und was es als Vermögen reservieren möchte, ist Gegenstand seiner Entscheidung, deren Ergebnis nicht auf "natürliche" Weise präjudiziert wird.

Implizit scheinen dieser Norm der Erhaltung des Anfangskapitals immer unendliche Planungszeiträume zugrunde zu liegen sowie die Vorstellung, der Einkommenserwerb bedürfe eines konstanten Realkapitals, das auch dem Einkommenserwerb aller Vermögensnachfolger zu dienen bestimmt sei. Daß dieses Konstrukt als Ausfluß eines durch biologische Prozesse und menschliche Fortpflanzung sich auf "natürliche" Weise ergebenden und Generationen überdauernden Planungsrhythmus noch Verhaltensnorm für die Gegenwart bilden soll, ist angesichts der Änderung der Produktionsweise, technischen Fortschritts und moderner Formen sozialer Sicherung nicht mehr "natürlich" oder selbstverständlich.[121a]

Neben der materiellen Problematik der Höhe des Endvermögens $\bar{V}$ weisen starre Zielfunktionen des Typs (7) eine Reihe von logischen Implikationen auf, die ihre empirische Plausibilität in Frage stellen. Während die Vermögensmaximierung nach (6) sichert, daß kein Kapital verschwendet wird, weil es

---

121) Ebenda S. 172.

121a) Vgl. auch Koch (1977), S. 373.

automatisch der jeweils bestrentierenden Anlagemöglichkeit zugeführt wird, kann es bei der Entnahmemaximierung zur Kapitalverschwendung kommen. Liegen bei einzelnen Alternativen Kreditrestriktionen vor, die es nicht erlauben, die Entnahmen zu Lasten überschüssigen Endvermögens zu erhöhen, so wird dieser Überschuß über die durch die Nebenbedingung geforderte Höhe des Endvermögens strenggenommen übersehen, da die Überschreitung des Endvermögens von der Zielfunktion wegen der lediglich ordinalen Skalierung nicht als Nutzenzuwachs erkannt wird.[122] Dieser Einwand erweist sich jedoch als nicht sehr folgenschwer, wenn keine derartig strengen Kreditrestriktionen vorliegen.

Als schwerwiegender muß der Einwand betrachtet werden, daß die vorgegebene Höhe des Endvermögens um jeden Preis erreicht werden muß, ohne daß die Zielfunktion die Möglichkeit geben würde, Variationen von V_T und c_t für alle $t < T$ gegeneinander abzuwägen: Es kann nicht mehr berücksichtigt werden, daß ein hoher Anlagesatz i für die errechneten c_t es erlauben würde, das Endvermögen V_T um den Betrag $\sum_{t=1}^{T} c_t(1+i)^{T-t}$ zu erhöhen, weil die Zielfunktion den Nutzenzuwachs nicht erkennt. Ebenso wird unterschlagen, daß u.U. die Möglichkeit bestünde, bei sehr niedriger Verzinsung das Endvermögen um den Prozentsatz α zu verringern und dadurch - z.B. bei einem unterstellten Zinssatz von Null - die durchschnittlichen c_t um den Betrag $\frac{\alpha \cdot V_T}{T-t}$ zu erhöhen.[123]

Laux/Franke haben diese Problematik sehr anschaulich verdeutlicht und gezeigt, welch eigenartigen Verlauf die Präferenzfunktionen haben müßten.[124]

---

122) Vgl. Laux/Franke (1970), S. 41.

123) Auf derartige Probleme starrer Zielfunktionen hat vor allem Drukarczyk (1970) hingewiesen. Vgl. auch Franz (1974), S. 246 ff.

124) Laux/Franke (1970), S. 42 sowie Serfling (1974), S. 134 ff.

Die Konsequenzen dürften sich in der Realität zwar weniger drastisch gestalten, da die Implikationen nur bei fehlenden Entleih- und Verleihmöglichkeiten derartig kraß sind. Problematisch bleibt jedoch die Konsequenz, daß das relative Gewicht der beiden Ziele Vermögen und Konsum in der Zielfunktion erst bestimmt werden kann, wenn die Lösung vorliegt, sinnvollerweise jedoch in die Zielfunktion vorher einzugehen hätte.[125] Die Nachteile der Zielfunktion sind besonders dann offensichtlich, wenn das Endvermögen so hoch angesetzt wurde, daß sich im Optimum so geringe Entnahmen ergeben, daß eine Reduzierung des Konsums auf ein solches Niveau die Lebensführung des Investors ernsthaft tangiert. Eine Nebenbedingung der Entnahmemaximierung, die zu solchen Ergebnissen führt, müßte schon gute Gründe haben.

Einwenden könnte man nun allerdings, das Ziel der Kapitalerhaltung sei für den Fall $T^*=T$ eigentlich nicht relevant und die Bedenken daher nicht schwerwiegend. Kapitalerhaltung sei immer nur dann geplant, wenn der Handlungszeitraum den Planungszeitraum überschreite.[126] Es scheint jedoch möglich, daß die Kapitalerhaltung von Individuen für einen bestimmten Zeitpunkt angestrebt wird, ohne daß dies durch die Absicht erklärt werden könnte, das Vermögen solle Konsumpläne nach diesem Zeitpunkt speisen. Diese Annahme ist besonders dann plausibel, wenn das Vermögen im Verhältnis zum Konsum der Vergangenheit eine solche Höhe erreicht hat, daß dessen Verzehr für Konsumzwecke wohl kaum mehr in Erwägung gezogen werden kann. Insofern ist die Möglichkeit der Kapitalerhaltung als Ziel für den Fall der Gleichheit von Planungs- und Handlungszeitraum nicht generell in Zweifel zu ziehen. Man wird allerdings die meisten Vertreter der Kapitalerhaltung oder

125) Zum Problem der Gewichtung zwischen Zielvariablen und Nebenbedingungen vgl. auch H. Hax (1974), S. 33, Bischoff (1973), S. 44, Bidlingmaier (1964), S. 83.

126) Dies entspricht z.B. der Argumentation bei Franz (1974), S. 63.

begriffs für Entscheidungskalküle wird besonders bei Gordon deutlich: "However, as I stated earlier, progress in these areas has been impeded by problems of measurement of profit."[131)]

Die Problematik flexibler Zielstrukturen dürfte weniger in ihrer empirischen Plausibilität, als in den mit der Optimierung verbundenen und bislang noch ungelösten rechnerischen Problemen zu suchen sein. Eine Lösung hierfür ist gegenwärtig nicht in Sicht.[132)] Dies bedeutet, daß vorläufig starre Zielstrukturen vom Typ der Entnahmemaximierung bei Kapitalerhaltung aus Praktikabilitätsgründen notwendig sind. Man wird die Skepsis gegenüber ihrer empirischen Relevanz gegenüberzustellen haben der dadurch ermöglichten Vereinfachung der Problemstruktur. Der Vorteil einer Zielsetzung wie Kapitalerhaltung ist dann eher rechentechnischer Art; ein Vorzug, den Kapitalerhaltung mit allen starren Zielstrukturen gemeinsam hat.

c) Die Bewertung des Endvermögens bei Differenzen zwischen Planungs- und Handlungszeitraum

Für den Fall der Gleichheit von Planungs- und Handlungszeitraum ist das Ziel der Kapitalerhaltung in T nicht durch dahinterliegende Zielsetzungen erklärbar. Dies ändert sich für den Fall $T^*<T$. Wird Kapitalerhaltung in T^* angestrebt, so kann sie nun durch Überlegungen für die Zeit nach T^* erklärt werden; Kapitalerhaltung läßt sich durch - von T^* aus gesehen - in der Zukunft herbeizuführende Tatbestände erklären, über die aber durch Kapitalerhaltung in T^* informiert werden soll. Das Ziel der Kapitalerhaltung in T^* drückt aus, daß die dann bestehende Position in bezug auf die finanzielle Zielsetzung des Investors der in $t=0$ bestehenden äquivalent sein muß. Die Bewertung muß geeignet sein, diese Äquivalenz der Positionen zum Ausdruck zu bringen. Dies erfordert einige grundsätzliche Überlegungen zum Problem der Bewertung.

---

131) Gordon (1967), S. 72.

132) Ein Ansatz zur Problemlösung wurde von Drukarczyk (1970), S. 99 ff. aufgezeigt.

ca) Bewertung und Messung

Da bisher im Rahmen des personalen Unternehmungsbegriffs die Gleichheit von Handlungszeitraum und Planungszeitraum unterstellt wurde, konnte ein Bewertungsproblem der Zielgrößen nicht entstehen, da die Zielzahlungsreihe unmittelbar prognostiziert werden kann und voraussetzungsgemäß sämtliche Transaktionen abgeschlossen sein müssen, im Zeitpunkt T also nur Maßgutbestände existieren. Wird aber vorausgesetzt, daß der Handlungszeitraum T den Planungszeitraum T^* übersteigt, so ist im Normalfall anzunehmen, daß in T^* Bestände mit vom Maßgut verschiedener Dimension vorhanden sind. Ist Geld Maßgut, so ist damit zu rechnen, daß in T^* auch Güterbestände vorhanden sind. Das Problem ist nun, die Nichtgeldbestände zielkonform zu erfassen. In der Literatur ist mehrfach der Versuch unternommen worden, dem Problem durch Untersuchung meßtheoretischer Eigenschaften in Systemen der Erfolgsrechnung näherzukommen.[133)] Deshalb werden zunächst die Begriffe Messung und Bewertung getrennt.

Nach der von Stevens geprägten und auf B. Russel zurückgehenden Definition wird Messen meist definiert als: "... the assignement of numerals to objects or events according to rule."[134)] Als wesentliche Merkmale des Meßvorgangs können angesehen werden:

a) das Sachziel des Messens, das bei wirtschaftlichen Zwecksetzungen mit dem Ziel wirtschaftlichen Handelns identisch ist
b) das Meßobjekt, das der Menge der Handlungsmöglichkeiten gleichzusetzen ist

---

133) Die bislang umfassendste Arbeit stammt von Ijiri (1967). Die Relevanz der dort erzielten Ergebnisse für Probleme des Rechnungswesens ist in der Literatur bezweifelt worden. Der Nutzen von allgemeinen Definitionen wie "resources ... which are under the control of a given entity" (S. 69) ist für Entscheidungsprobleme sehr fraglich. Vgl. auch Wells (1971). In jüngeren Arbeiten hat Ijiri die Reichweite seiner Aussagen erheblich relativiert. Vgl. Ijiri (1971a), S. 13 f. Deutschsprachige Arbeiten liegen von Szyperski (1962) und insbesondere Schulze (1966) vor.

134) Stevens (1951), S. 1.

c) die Wahl der Maßeinheit, in der die Zielerreichung auszudrücken ist
d) die ziel- und objektadäquate Meßmethode[135)]

Da durch die Zielannahme und die Abgrenzung der Relevanz der Problemstellung auf den personenbezogenen Unternehmensbegriff die Fragen nach Sachziel und Meßobjekt hinreichend erörtert worden sind,[136)] sind noch Fragen der Maßeinheit und der Meßmethode zu klären. Die Frage der Maßguteignung soll jedoch grundsätzlich einem besonderen Abschnitt im Rahmen der Berücksichtigung von Geldwertänderungen vorbehalten bleiben.

In bezug auf die Meßmethode wird üblicherweise zwischen direktem und indirektem Messen unterschieden.[137)] Bei direktem Messen gilt: "Der Mengenmaßstab kann auf das Gut selbst angewandt werden, die Messung ... kann mithilfe der gewählten Skala am Gute selbst vollzogen werden."[138)] Indirektes Messen ist "ein Messen von Sachverhalten mithilfe der Messung von Ersatzsachverhalten durch eine den Ersatzsachverhalten adäquate Maßskala ..., wobei zwischen Sachverhalt und Ersatzsachverhalt eine Beziehung besteht, die durch eine isomorphe Beziehung zwischen den zugehörigen Maßskalen abgebildet wird."[139)] Meist wird zusätzlich zwischen wahlweise und zwangsweise indirektem Messen unterschieden.[140)]

In der Literatur besteht kein Konsens über die Frage, welche begriffslogische Beziehung zwischen Bewertung und Messung besteht. Die unterschiedlichen Auffassungen sind offensichtlich durch abweichende Vorstellungen hinsichtlich des Meßziels und

---

135) Vgl. auch Schulze (1966), S. 38, Schwiering (1973), S. 49.

136) Vgl. S. 68 ff.

137) Vgl. hierzu besonders Koller (1956), S. 317 f., Szyperski (1962), S. 67 ff.

138) Kosiol (1958), S. 29.

139) Schulze (1966), S. 83.

140) Vgl. etwa Szyperski (1962), S. 69 ff., Schulze (1966), S. 83 ff., Schwiering (1973), S. 51 ff.

Meßobjekts, aber auch hinsichtlich des Zeitbezugs der Messung determiniert.

Schulze ist unter Berufung auf Kosiol der Auffassung, der "reale Unternehmungsprozeß"[141)] sei das eigentliche Meßobjekt, der Ausdruck in Geld nur ein Verfahren des zwangsweise indirekten Messens. Sieht man hingegen das Meßziel in der Bestimmung der Vorteilhaftigkeit von Handlungsalternativen, so folgt daraus ein anderes Verständnis der Meßmethode. Wird die Vorteilhaftigkeit durch das Niveau des Zielstroms gemessen, so ist der Ausdruck in Geld keine Verlegenheitslösung, sondern der eigentliche Rechenzweck. Es findet somit keine indirekte, sondern eine direkte Messung statt, weil die Vorteilhaftigkeit nicht durch Ersatztatbestände, sondern unmittelbar ausgedrückt wird.

Ist es möglich, Alternativen vollständig durch das Niveau des Zielstroms zu beschreiben, so ist in der Zielfunktion keine Bewertung erforderlich, da eine unmittelbare Erfassung der Zielgröße erfolgt.[142)]

Für den Fall, daß der Planungszeitraum T^* den Handlungszeitraum T überschreitet, ist im Hinblick auf direkte und indirekte Messung allerdings zwischen den Zielgrößen "Entnahmen während des Planungszeitraums " und "Vermögen am Ende des Planungszeitraums" zu unterscheiden. Da angenommen wurde, daß während des Planungszeitraums die Entnahmen explizit prognostizierbar sind, kann insoweit der Zielbeitrag der Alternativen unmittelbar und direkt erfaßt werden. Ob man die Erfassung künftiger Größen Messen nennt ist eine Zweckmäßigkeitsfrage. Faßt man den Begriff des Messens eng und grenzt ihn auf beobachtbare Größen ein,[142a)] so gibt es in Entscheidungskalkülen kein Messen, sondern nur ein Schätzen von Merkmalsausprägungen.[142b)] Zukunfts-

141) Schulze (1966), S. 128.

142) Dies wird erstmalig herausgearbeitet bei H. Hax (1967a), S. 754 f.

142a) In diesem Sinne vgl. z.B. Leinfellner (1967), S. 108 ff., Orth (1974), S. 18 f.

142b) Vgl. hierzu Szyperski (1962), S. 57.

bezogene Bewertung könnte dann nicht als Messung bezeichnet werden.[142c)] Mit der Verwendung dieses engeren naturwissenschaftlichen Meßbegriffs wäre aber in der Ökonomie nicht viel gewonnen, da vergangenheitsorientierte Messungen für Entscheidungen nur eine untergeordnete Rolle spielen.

Interpretiert man hingegen die weitere Definition des Messens sowohl vergangenheits- als auch zukunftsbezogen, so kann eine begriffliche Verbindung von Bewertung und Messung hergestellt werden. Demnach könnte die prognostische Erfassung der Zielzahlungsreihe bis T^* noch als direkte Messung angesprochen werden. Dies gilt nicht für das Endvermögen als Ausdruck des in T^* bestehenden Zielrealisationspotentials. Dieses kann voraussetzungsgemäß nicht explizit erfaßt werden. Gerade dies ist der Ansatzpunkt der Bewertung. Da V_{T^*} nicht das eigentliche Ziel, sondern nur ein Maßausdruck für das Ersatzziel ist, kann man die Bewertung des Endvermögens nicht als direkte, sondern lediglich als indirekte Messung ansprechen.[143)]

Nicht sinnvoll erscheint es, die Unterscheidung zwischen direkter und indirekter Messung mit der ex-post und ex-ante Betrachtung zu verknüpfen.[144)] Im Falle einer Prognose des Zielzahlungsstroms bis T^* erfolgt zwar eine Prognose, aber eine Prognose der unmittelbaren Ziele. Vergleicht man die Prognoseergebnisse aus der Sicht von T^* ex-post mit der Zielrealisation, so findet ebenfalls eine direkte Erfassung der realisierten Zielerreichung statt. Der unterschiedliche Gewißheitsgrad berührt nicht das für die Unterscheidung in direkte und indirekte Messung relevante Merkmal des Erfassungsverfahrens: die unmittelbare Zielerreichung. Daraus ist

---

142c) Hierzu vgl. Schwiering (1973), S. 53.

143) Vgl. auch Mattessich (1970), Sp. 1106.

144) So verwendet etwa Schwiering (1973), S. 53, die Begriffe "indirektes Messen" und "Schätzen" synonym.

zu folgern, daß die direkte Messung sowohl retrospektiv als auch prospektiv vorgenommen werden kann.[145)]

Das gleiche gilt für die indirekte Messung. Das Eingeständnis, daß die explizite Prognosefähigkeit der Zielrealisation nur bis T* reicht, bedeutet, daß zwei Stufen der Prognosefähigkeit unterschieden werden: der Planungszeitraum und die Zeit danach. Die indirekte Messung wird nicht durch die ex-ante-Betrachtung an sich erzwungen, sondern durch das Eingeständnis einer Begrenzung der Prognosemöglichkeiten. Diesen Fall wird man als zwangsweise indirekte Messung einstufen. Dagegen bezieht sich die wahlweise indirekte Messung auf den Fall, daß bei bestehenden Prognosemöglichkeiten und bei bestehenden ex-post-Kontrollmöglichkeiten aus Vereinfachungsgründen auf eine direkte Messung verzichtet wird. Beispiele sind etwa die indirekte Messung des künftigen Entnahmepotentials einer Unternehmung durch eine auf Anschaffungswerten basierende Bilanz[146)] und die indirekte Prüfung in Form von Kennzahlen im betriebswirtschaftlichen Prüfungswesen.[147)]

Verwendet man die weite Fassung der Definition des Messens, so lassen sich grafisch die begrifflichen Beziehungen wie folgt darstellen:

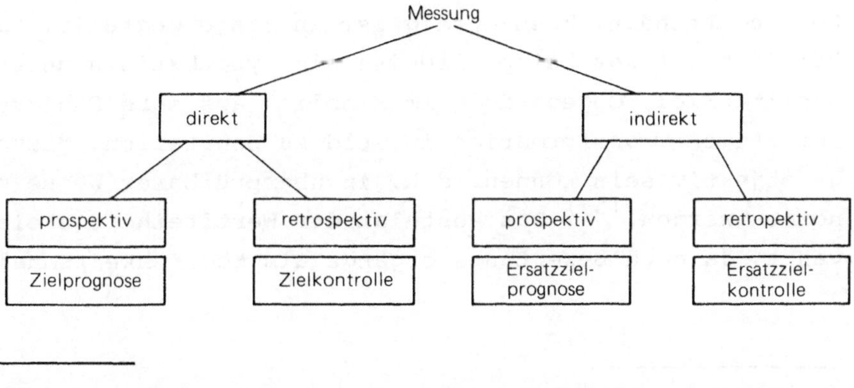

Abb. 3

145) Ob man prospektives Messen nun als Schätzen bezeichnet ist lediglich eine Zweckmäßigkeitsfrage. Vgl. zu dieser Begriffswahl Szyperski (1962), S. 57.

146) Vgl. hierzu im Ansatz bereits Barth (1950), S. 47, Mitschke (1976), S. 13.

147) Vgl. v. Wysocki (1977), S. 34.

Deshalb halten wir es für zweckmäßig, Bewertung als wahlweise oder zwangsweise Form des indirekten Messens zu bezeichnen. Die zur Anwendung kommenden Zuordnungsregeln zwischen Meßobjekt und Meßskala beruhen dabei nicht auf strengen, exakten Hypothesen, sondern auf "pragmatisch, zweckgebundenen" Hypothesen.[148)]

Die Zweckbindung von Bewertungshypothesen war Anlaß zu Zweifeln, ob Bewertung noch als Meßvorgang angesprochen werden könne, da subjektive Ziele als Definitionsmerkmale der Bewertung dies ausschlössen.[149)] Diese Auffassung ist von erheblicher Tragweite, weil daraus der Schluß gezogen wird, Bewertungen können aus logischen Gründen zur Ermittlung des finanziellen Erfolges nichts beitragen. Während die Ermittlung des Erfolges von Bewertungsüberlegungen freizuhalten sei, müßten diese der Verwendung des Erfolges dienen.[150)]

Eine solche Auffassung übersieht, daß Messen stets im Hinblick auf ein Meßziel erfolgen muß. Ein Individuum kann z.B. an Informationen über die Luftfeuchtigkeit eines Raumes interessiert sein, ein anderes an der dort herrschenden Temperatur. Ihr subjektives Interesse stellt die Objektivität des jeweiligen Meßvorganges nicht in Frage, da die Messung im Hinblick auf ein hypothetisches Meßziel keinerlei zusätzliche Wertung enthält. Ebensowenig ist in Frage gestellt, daß im Hinblick auf das beispielsweise als hypothetisch unterstellte Ziel, Gegenstände im Hinblick auf ihre Fähigkeit zur sofortigen Transformation in Geld zu beurteilen, Meßvorgänge objektiv sein können, d.h. in überprüfbarer Weise vorgenommen werden.[151)] Das Postulat der Wertfreiheit bleibt gewahrt, da auch Bewertungsvorgänge als Möglichkeitsanalyse

---

148) Mattessich (1970), Sp. 1106, vgl. auch Sabel (1965), S. 102 f.

149) Dieser Auffassung ist Dinkel (1974), S. 37.

150) Vgl. auch Schweitzer (1972), S. 118 ff.

151) Dies wurde von Engels hinreichend geklärt. Vgl. Engels (1962a), S. 19 f.

begriffen werden können. Zweifel an ihrem wissenschaftlichen Gehalt sind daher nicht berechtigt.[152)]

Akzeptiert man die Definition, Bewertung sei eine spezielle hypothesengebundene indirekte Form des Messens, so besteht in bezug auf das hier inhaltlich untersuchte Meßziel das Problem darin, wie der Wert der am Ende des Planungszeitraums vorhandenen Nichtgeldbestände den Zielstrom nach T^* abbilden kann. "Da die nicht geldlichen Vermögensteile, die am Ende des Planungszeitraums noch existieren, im Entscheidungsmodell berücksichtigt werden müssen, wird die Entscheidung in gewissen Grenzen auch von der Bewertung dieser Vermögensteile beeinflußt."[153)]

Für die Beurteilung des Bewertungsproblems soll nun auf die Unterscheidung zwischen Objektplanungszeitraum und Zielplanungszeitraum zurückgegriffen werden.

cb) Bewertung des Endvermögens bei Differenzen zwischen Objektplanungszeitraum und Zielplanungszeitraum

Ausgegangen wird zunächst von dem Fall (II), daß ein Präferenzsystem bis T gegeben ist, jedoch nur bis $T_O^* < T$ Ergebnisprognosen der Objekte möglich sind.

Unterstellt man die Gleichheit von T und T_O^*, so ergaben sich für die Höhe von V_T keine anderen Anhaltspunkte als der Nutzen der aus der Existenz des Vermögens V_T gezogen wird. Kapitalerhaltung stellt für diesen Fall also letztlich eine Zielfunktion dar, die keiner weiteren Begründung bedarf. Prinzipiell würde auch ein Endvermögen von Null als mögliche und sinnvolle Zielsetzung erscheinen. Überschreitet jedoch der Handlungszeitraum T den Objektplanungszeitraum T_O^*, so würde man es als unvernünftig betrachten, wenn

---

152) Vgl. auch Williams/Griffin (1967), S. 645.

153) Adam (1968), S. 394.

ein Individuum durch ein Endvermögen von Null sein gesamtes Konsumpotential bis T_o^* ausschöpfen würde, da für die Zeit von T_o^* bis T keine Entnahmemöglichkeit mehr bestünde.

Will nun ein Investor die Entnahmen während des Zeitraums bis T_o^* maximieren und will er in T_o^* ein Endvermögen halten, das den Konsumstrom nach T_o^* speisen soll, so hängt die Höhe der maximal möglichen Entnahmen bis T_o^* ab von den geplanten Entnahmen nach T_o^*. Das Endvermögen $V_{T_o^*}$ stellt nichts anderes dar, als die in T_o^* getroffenen Vorbereitungen für die Zeit nach T_o^*.

Da der Wert des Endvermögens zur Berechnung der Kapitalerhaltung dem Anfangsvermögen gegenüber gestellt werden muß, hängen die Entnahmen während des Planungszeitraums von der Höhe des gewünschten Endvermögens und annahmegemäß auch von dem Bewertungsverfahren v_i für das Endvermögen $V_{T_o^*}$ ab. Problem ist nun, die Bewertung des Endvermögens zielkonform vorzunehmen. Die Zielsetzung der Entnahmemaximierung bis T_o^* bei Kapitalerhaltung in T_o^* zur Berechnung der Kapitalerhaltung selbst kann nicht angewendet werden, weil die Bewertung dann auf einem logischen Zirkel beruhen würde.[154)]

Um das Problem eines logischen Zirkels auszuschalten, ist es erforderlich, der Bewertung eine Zielfunktion zugrunde zu legen, die über T_o^* hinausgeht und die die Transformationsprozesse der in T_o^* vorhandenen Nichtgeldbestände erfaßt.[155)] Bewertung kann dann definiert werden als "Ermittlung desjenigen Geldbetrages, der den Vermögensteilen im Hinblick auf die übergeordnete Zielsetzung des Entscheidungsträgers äquivalent ist."[156)]

---

154) Vgl. H. Hax (1967a), S. 758.

155) Vgl. H. Hax (1967a), S. 758, Adam (1968), S. 394.

156) Haberstock (1971), S. 49. Ähnlich die Definition von H. Hax (1967a), S. 758: "Den Wert des Betriebsvermögens am Periodenende kann man ... definieren als den kleinsten Geldbetrag, der es einem erlauben würde, auf das Vermögen zu verzichten, ohne daß die Erreichung des übergeordneten Zieles beeinträchtigt würde, mit dem man sich zum Beispiel den gleichen jährlichen Ausschüttungsstrom sichern könnte wie mit Hilfe des Betriebsvermögens."

Das Problem liegt nun allerdings darin, daß die Prämisse, nach T_0^* könnten die Transformationsprozesse der Nichtgeldbestände in den Zielstrom nicht mehr explizit verfolgt werden, die Wertermittlung laut obiger Definition nötig macht, aber gleichzeitig unmöglich macht. Hätte man nämlich den Konsumstrom nach T_0^*, dessen Höhe durch den Wert ausgedrückt werden soll, so erwiese sich die Bewertung als Umweg. Die zielgerechte Bewertung des Endvermögens würde bei Erfüllung der Prämissen, die sie beansprucht, überflüssig und impliziert im Grunde eine Ausweitung des Objektplanungszeitraums.[157)]

Da die Ausweitung des Planungszeitraums sich als nicht gangbarer Weg erweist, weil sich das Bewertungsproblem bei einer zunächst möglich scheinenden Ausweitung wieder stellen würde, ist nur der andere Weg gangbar: man muß versuchen, zu praktischen Lösungsmöglichkeiten zu kommen, indem bei der Bewertung auf Vereinfachungen zurückgegriffen wird.[158)]

Adam unterscheidet vier Wertansätze der Bewertung des Endvermögens:[159)]

(1) Grenzgewinn einzelner Produktionsfaktoren

(2) Anschaffungs- oder Wiederbeschaffungspreise

(3) Liquidationswerte

(4) Wert von Null

Zu (1): Da die Bewertung zum Grenzgewinn der vorhandenen Faktoren eine Einzelbewertung des Endvermögens implizieren würde, entstünde das Problem der Aggregation der Einzelwerte, deren Linearkombination zum Gesamtwert fraglich ist.[160)] Der Bewertung im Hinblick auf die Zielsetzung stünden außerdem die Horizontprämissen entgegen.[161)] Eine zufriedenstellende Lösung bietet dieser Vorschlag deshalb nicht.

---

157) Vgl. vor allem H. Hax (1967a), S. 758 sowie Drukarczyk (1970), S. 81.

158) Vgl. auch Rückle (1970), S. 65 f., Schwiering (1973), S. 102 ff.

159) Adam (1968), S. 402 f.

160) Vgl. Engels (1962a), S. 180, Mattessich (1964b), S. 65 ff.

161) Vgl. Adam (1968), S. 401.

Zu (2): Die Bewertung zu Anschaffungs- oder Wiederbeschaffungskosten läßt sich unter verschiedenen Hypothesen begründen. Man kann zum einen unterstellen, daß in Höhe der Anschaffungs- oder Wiederbeschaffungskosten der vorhandenen Nichtgeldbestände nach T_0^* Ausgabenersparnisse entstehen. Dies setzt die Planung einer identischen Reproduktion voraus, eine Annahme, die schon deshalb nicht plausibel ist, weil eine solche Reproduktion gerade wegen des Vorhandenseins der Bestände vermutlich nicht erforderlich ist. Wäre aber die Reproduktion prinzipiell erforderlich, wäre die Annahme unbegründet, es sei eine identische Reproduktion geplant.[162)] Der Bestimmung des Wertes der vorhandenen Bestände im Rahmen einer zielgerichteten Reproduktion - dies entspräche dem subjektiven Substanzwert in der Unternehmensbewertung - steht aber wieder die Horizontprämisse entgegen. Dies gilt auch für den Fall, daß man nach T_0^* in Höhe der Anschaffungs- oder Wiederbeschaffungswerte der vorhandenen Bestände Einnahmen fingiert, was gleichbedeutend wäre mit der Aussage, eine Veräußerung zu diesen Preisen sei möglich. Auch für diese Annahme liegt ein Beleg nicht vor.

Zu (3): Die Bewertung zu Liquidationswerten impliziert eine Liquidation der Nichtgeldbestände, obwohl aus der Prämisse des den Planungszeitraum übersteigenden Handlungszeitraums hervorgeht, daß eine Liquidation in T_0^* nicht tatsächlich vorgesehen sein muß. Das Verfahren hat den Vorteil, daß die Annahme der Prognosefähigkeit bis T_0^* die fiktive Transformation der Nichtgeldbestände in Geld zumindest formal noch erfaßt, weshalb es als "problemadäquat"[163)] bezeichnet wird. Sieht man von den faktischen Schwierigkeiten der Prognose einmal ab, so erscheint die Bewertung zum Liquidationswert

---

162) Dieser Einwand richtet sich auch gegen den Vorschlag von Koch (1977), S. 373.

In der Diskussion der Unternehmungsbewertung findet sich zu dieser Frage ein Pendant im "objektiven" Substanzwert, dessen beschränkte Tauglichkeit besonders von Sieben kritisiert wurde, vgl. Sieben (1963), S. 20 f.

163) Schwiering (1973), S. 107, und insbesondere Chambers (1966).

wegen der Implikationen der Bewertungsregel jedoch problematisch.

Liquidation stellt in der Regel eine ungünstige Verwertungsmöglichkeit dar. Maßgebend für die erzielbaren Einnahmen dürften die "Zerschlagungsverluste" des Gesamtvermögens sein. Dies gilt nicht nur für materielle Güter, sondern in einem allgemeineren Sinne. Da man im Begriff des Vermögens auch die Summe aller bis T_o^* geschaffenen und nach T_o^* noch wirkenden positiven Folgen der Planung sehen kann, werden durch Liquidation in T_o^* die bereits geschaffenen Interdependenzen nicht mehr optimal genutzt.[164] Effekte, die sich aus der optimalen Aggregation von Vermögenseinheiten ergeben, werden bei hoher Zerschlagungsintensität wertlos. Ebenso ist mit großen Differenzen zwischen Anschaffungspreisen der unmittelbar vor T_o^* angeschafften Güter und Liquidationspreisen in T_o^* zu rechnen. Dies bedeutet, daß zur Erhaltung von Endvermögen in Höhe eines bestimmten Betrages - in unserem speziellen Fall eines Betrages in Höhe des in Geld vorhandenen Anfangsvermögens - die Entnahmen während des Zeitraumes bis T_o^* sehr stark eingeschränkt werden müssen. Durch Fiktion günstiger Verwertungsmöglichkeiten in T_o^* wäre dies nicht der Fall.

Die Problematik des Verfahrens wird deutlich, wenn kurz vor T_o^* z.B. noch ein Anlagegut gekauft wird, das in T_o^* bei fingierter Liquidation nur noch zu einem Bruchteil des Anschaffungswertes angesetzt würde. Beträgt der Liquidationserlös der Maschine z.B. nur 10 % des Anschaffungswertes von 1000, so würden die Konsumentnahmen während des Zeitraumes bis T_o^* um diese Ausgabe eingeschränkt werden müssen, während als Vermögen dafür nur DM 100.- angesetzt werden. Soll das Vermögen jedoch als Repräsentant der Präferenzen für die Zeit nach dem Planungszeitraum angesehen werden, so würde eine Zielfunktion, die Kapitalerhaltung bei Bewertung zu Liquida-

---

164) Zum Beispiel werden die in das Personal investierte Ausbildung, durchgeführte Werbefeldzüge, der Aufbau von Informationssystemen usw. in ihren positiven Auswirkungen bei einer Liquidation nicht mehr abgewartet.

tionswerten fordert, eine eigenartige Verzerrung der Konsumpräferenzen implizieren, da sie die Konsumpräferenzen nach dem Punkt T_o^* ungleich stärker gewichten würde, als vor T_o^*. Grob gesehen könnte man die Gewichtung durch die Zerschlagungsrate, die sich als Quotient aus Liquidationswert und Anschaffungswert ergibt, ausdrücken.

Tendenziell wird die Anwendung einer solchen Bewertungsregel wegen der Eigenart der implizierten Zielsetzung dazu führen, daß Alternativen mit relativ geringer Kapitalbindung in T_o^* vorgezogen würden. Dies wären vorwiegend Betriebe mit geringer Anlagenintensität, weil das über T_o^* hinausreichende Restnutzungspotential der Anlagen von dem angewendeten Bewertungsverfahren nicht voll erkannt würde, da es nur im Hinblick auf den Liquidationserlös beurteilt würde. Negativ dürfte sich dies mit Sicherheit für Anlagen mit sehr langer Lebensdauer und für Projekte mit längerer Anlaufzeit auswirken.[165)]

Hinzu tritt ein weiteres Problem, das unter dem Begriff der Zerschlagungsintensität diskutiert wird.[166)] Man kann nicht von vornherein unterstellen, daß die Liquidation in den kleinstmöglichen Einheiten erfolgt. Erfolgt sie aber in Aggregaten, so entsteht das Problem der Addierbarkeit der Liquidationswerte ("additivity of net realizable value").[167)] Kombinieren sich die Werte nicht linear, so stellt sich die Frage des "optimalen Aggregationsgrades". Die Beantwortung dieser Frage setzt jedoch voraus, daß die sich in T_o^* bietenden Verwertungsmöglichkeiten bereits in $t=0$ prognostiziert werden können.

Das Verfahren der Bewertung zum Liquidationswert hätte zwar den Vorteil, das es formal nicht gegen die Horizontprämisse verstoßen würde, die Zielsetzung der Kapitalerhaltung und

---

165) Vgl. Adam (1968), S. 407 f.

166) Moxter (1974), S. 240.

167) Mc Keown (1972), S. 527 ff., vgl. auch Larson/Schattke (1966), S. 634 ff., Coenenberg (1969), S. 288 ff.

damit die Entnahmen nach T_o^* jedoch bezüglich der eigentlich vorgesehenen Gewichtung der Entnahmen für die beiden Zeitabschnitte überbetonen würde. Bei solchen implizierten Verzerrungen der Zeitstruktur des Entnahmestroms ist die Gefahr, daß die unter der "richtigen" Gewichtung falschen Alternativen gewählt werden, nicht zu unterschätzen.

Zu (4): Ähnlich sind die Implikationen bei einem Wert von Null. Es gilt prinzipiell das gleiche wie für die Bewertung zu Liquidationswerten, allerdings in noch deutlicherer Form.[168)]

Angesichts der Beurteilung von ersatzweisen Verfahren der definitionsgemäß unmöglichen präzisen Bewertung des Endvermögens in T_o^* läßt sich als Fazit eigentlich nur festhalten, daß jede Zurückbehaltung von Entnahmen bis T_o^* dem Endvermögen zugute kommt und den Entnahmen nach T_o^* "in irgendeiner Weise dienlich"[169)] ist. Eine Abstufung zwischen verschiedenen Höhen des Endvermögens ist daher unter Nutzengesichtspunkten nicht exakt zu begründen. Dies gilt somit auch für das Endvermögen in Höhe des Anfangsvermögens V_o: eine exakte Begründung für diese Bedingung ist nicht möglich.

cc) Bewertung des Endvermögens bei Gleichheit von Objektplanungszeitraum und Zielplanungszeitraum

Wurde bisher angenommen, daß die Zielplanung bis zum Zeitpunkt T am Ende des Handlungszeitraums möglich sei, so wird nun angenommen, daß auch die Planung der finanziellen Ziele zeitlichen Beschränkungen unterworfen ist. Die beschränkende Annahme wird so gewählt, daß auch die Zielplanung nur bis T_z^* erfolgen kann. In diesem Fall (III) ist es nicht mehr möglich, eine zeitlich strukturierte Zielfunktion für den gesamten Handlungszeitraum anzugeben. Die Frage ist, wie eine Bewertung des Endvermögens in T_z^* dann erfolgen soll.

---

168) Vgl. Adam (1968), S. 406 f.

169) Schwiering (1973), S. 101.

Die Annahme, daß das Ziel nicht über den gesamten Handlungszeitraum T definiert ist, bedeutet nicht, daß für die Bewertung in T_z^* überhaupt kein Ziel zur Verfügung steht. Wenn man annimmt, daß der Investor in t=0 noch nicht weiß, wie er sich nach T_z^* verhalten will, so könnte als Zielhypothese des Investors der Wunsch betrachtet werden, sich alle in T_z^* bietenden, in t=0 aber noch nicht erkennbaren Alternativen offenzuhalten. Diese Absicht könnte mit der Erreichung größtmöglicher finanzieller Flexibilität in T_z^* umschrieben werden.[170] Als Alternativen kämen in Frage sowohl der Sofortkonsum aller Mittel in T_z^*, als auch die Investition in Objekten, die in T_z^* als lohnend erscheinen sowie alle denkbaren Kombinationen zwischen diesen beiden Grenzfällen.[171]

Um die Alternativen in T_z^* realisieren zu können, ist eine Transformation der Nichtgeldbestände in Geld erforderlich, weil der Zugang zu den Alternativen nur durch vorherige Transformation in Geld möglich ist. Die Zielfunktion, die in der Möglichkeit des Zugangs zu allen sich in T_z^* bietenden Alternativen gesehen wird, legt eine Bewertung zum Liquidationswert nahe, da die in T_z^* erfolgende Liquidation der Nichtgeldbestände eine Möglichkeit darstellt, in Höhe des Liquidationserlöses Zugang zu allen sich in T_z^* bietenden Alternativen zu schaffen. Der Liquidationswert könnte als Indikator gesehen werden für "the amount of money which could be made available immediately to aid in the satisfaction of wants."[172]

Da gemäß der Horizontprämisse der Nutzen, der sich aus der Verwendung der Mittel in T_z^* ergibt, nicht prognostizierbar

---

170) Auf diese Zielsetzung ist - allerdings in anderem Zusammenhang - besonders von Chambers hingewiesen worden. Vgl. Chambers (1965a), S. 32 ff., ders. (1966), S. 81 f., ders. (1971), S. 74 ff. Die Kritik an diesem Konzept im Hinblick auf die Information externer Informationsinteressenten wird zusammengefaßt bei Coenenberg (1969), S. 286 ff. Zu dieser Zielsetzung vgl. auch die Formulierung bei Moxter (1964), S. 11.

171) Die Fortführung der Objekte, in die bis T_z^* investiert wurde, schließt das Konzept aus.

172) Bedford/Mc Keown (1972), S. 334.

ist, muß zumindest die Annahme getroffen werden, daß das Individuum in T_z^* nur lohnende Objekte erwirbt, also Konsumausgaben tätigt für Güter, deren Nutzen größer oder gleich deren Preis ist, bzw. Investitionen mit einem Kapitalwert größer oder gleich Null. Da es aber nicht möglich ist, den Vorteil dieser Handlungen zu prognostizieren, wird unterstellt, der Wert der sich in T_z^* bietenden Alternativen sei gleich deren Preis; die Ungleichung der Rationalitätsannahmen wird dadurch zu einer Gleichung. Wären in T_z^* solche Alternativen nicht verfügbar, so müßte das Endvermögen bis zum Zeitpunkt des Auftauchens entsprechender Alternativen in Geldform gehalten werden. Da denkbar ist, daß ein Individuum in T_z^* über bessere Alternativen verfügt, impliziert diese Annahme eine vorsichtige Bewertung des Endvermögens, ein für Entscheidungsrechnungen zwar unerwünschter, aber wohl unvermeidlicher Effekt.[173)]

Die Verwendung des Liquidationswertes als Bewertungsregel ist in diesem Fall jedoch anders zu beurteilen als in dem Fall einer für den gesamten Handlungszeitraum explizit definierten Zielstruktur. Die für diesen Fall bestehenden Implikationen der Bewertungsvorschrift bezüglich der Verzerrung der Konsumpräferenzen für die Zeit bis T_o^* und für die Zeit von T_o^* bis T sind nicht in gleicher Weise gegeben, wenn für die Zeit nach T_z^* überhaupt keine explizite Zielstruktur vorliegt. Man könnte nur sagen, daß der Investor im Fall der Gleichheit von Objektplanungs- und Zielplanungszeitraum und der Bewertung zum Liquidationswert die Möglichkeit, in T_z^* frei von ursprünglichen Entscheidungen wählen zu können, sehr hoch gegenüber möglichen Konsumentnahmen während der Zeit bis T_z^* veranschlagt. Eine präzise Gewichtung läßt sich nicht berechnen.

---

173) Da die Anlässe der Bewertung des Endvermögens hier auf das Ende des Planungszeitraums beschränkt werden, ist die Auswirkung auf die einzelnen Perioden des Planungszeitraums weitaus geringer, als wenn die Entnahmen an einer auf Liquidationswerten basierenden Bewertung des Vermögens am Ende jeder Periode berechnet würden.

Wird durch die Zielfunktion gefordert, daß das zum Liquidationswert bewertete Endvermögen gleich dem Anfangsvermögen in t=0 sein soll, so würde die damit verbundene Zielsetzung der Kapitalerhaltung durch die Erhaltung eines Liquidationspotentials konkretisiert, das nach T_z^* irgendwie zur Zielerfüllung beitragen soll. Unter den genannten Annahmen der Beschränkung des Zielplanungszeitraums scheint eine derartige Konzeption durchaus sinnvoll.

Für die Bewertung zum Liquidationswert würde auch die Überlegung sprechen, daß als Reichtum eines Individuums allgemein nicht der rechnerische Barwert künftiger Überschüsse empfunden wird, sondern seine auf den Bewertungszeitpunkt bezogenen aktuellen finanziellen Möglichkeiten: "It is probably obvious to most people that market value is the appropriate measure of well - being associated with each item of wealth in a man's possession."[174) Eine solche Bewertung würde mit Einschränkungen auch der Vorstellung von Vermögen im allgemeinen Sprachgebrauch entsprechen. Bei der Möglichkeit expliziter Prognose der Zielzahlungen erweist sich dies, wie gezeigt wurde, zwar als wenig sinnvoll, da bei Festlegung der gewünschten zeitlichen Struktur des Zielstroms an die Stelle unbestimmter finanzieller Möglichkeiten genau spezifizierte treten, doch kann es sinnvoll sein für den bezeichneten Fall am Ende von Objekt- und Zielplanungszeitraum. Für diesen Zeitpunkt ist ein Ausdruck für "the capacity of an entity at a point of time for engaging in exchanges"[175) explizit erwünscht.

Da T_z^* als Ende des Zielplanungszeitraums definiert wurde und für die Verwendung des Endvermögens keine explizite Planung vorliegt, können auch Aussagen über die Höhe des Endvermögens nicht auf Konsumpläne nach T_z^* gegründet werden, wie dies der Fall ist, wenn der Zielplanungszeitraum mit dem

---

174) Alexander (1962), S. 137.

175) Chambers (1966), S. 81, Macdonald (1974), S. 129, Kalveram (1977), S. 170 f.

Handlungszeitraum übereinstimmt. Die Höhe des Endvermögens basiert auf dem Wunsch des Individuums, in dieser Höhe finanzielle Wünsche realisieren zu können, die aber im Planungszeitpunkt noch nicht bekannt sind. Da jedoch gegenüber diesem Potential in T_z^* die Entnahmen während des Zeitraums von t=O bis T_z^* abgewogen werden müssen, geht es darum, explizite und bekannte Konsumwünsche mit noch unbekannten Wünschen zu vergleichen; die Höhe des Vermögens ist das Ergebnis dieses Vergleichs.

Wird Kapitalerhaltung angestrebt, also die Höhe des zu Liquidationswerten bewerteten Endvermögens in Höhe des Anfangsvermögens geplant, so ist dies Ausdruck einer Zielvorstellung, die in t=O bestehende finanzielle Flexibilität am Ende des Zielplanungszeitraums wieder zurückgewinnen zu wollen. Dies ermöglicht dem Individuum einen finanziellen Neubeginn zu gleichen Konditionen wie am Anfang seines Planungszeitraums. Zur Plausibilität derartiger Zielvorstellungen kann kaum ein Urteil abgegeben werden. Sie wären gegebenenfalls empirisch zu überprüfen.

Hinsichtlich der Relevanz der Kapitalerhaltung als Ziel innerhalb des personenbezogenen Unternehmungsbegriffs läßt sich daher festhalten, daß im Fall der Gleichheit von Planungs- und Handlungszeitraum das Ziel gesetzt wird und daher nicht weiter begründet werden kann. Im Fall, daß der Handlungszeitraum den Planungszeitraum übersteigt, wäre Kapitalerhaltung zwar materiell durch ein Vorsorgebedürfnis begründbar, doch steht der Berechnung die Horizontprämisse entgegen. Die dabei entstehenden Probleme sind jedoch kein besonderes Spezifikum der Kapitalerhaltung, sondern betreffen jedes Planungsmodell, das nicht den gesamten Handlungszeitraum umfaßt.

C. Die Relevanz von Preisänderungen unter Kalkülaspekten

Das Phänomen von Preisänderungen auf den die Unternehmungen umgebenden Märkten wird in der Literatur unter vielfältigen

Aspekten untersucht. Die Eignung begrifflicher Klassifizierungen läßt sich jedoch nicht generell, sondern nur im Hinblick auf bestimmte Informationsziele beurteilen. Bleibt die Zwecksetzung unklar, so wird auch die Eignung von Begriffen nur schwer zu beurteilen sein. Werden so vage Zielsetzungen wie "Betriebslenkung" oder "Erfolgsvergleiche" angegeben, so wird man zwischen den vielfältigen Erscheinungsformen der Preisänderungen keine geeignete Auswahl in bezug auf ihre Relevanz treffen können.

Da als Problem die Zielsetzung der Kapitalerhaltung in investitionstheoretischer Interpretation unter Berücksichtigung von Preisänderungen gesehen wird, sollen andere Aspekte der Relevanz von Preisänderungen nicht unmittelbar berührt werden. Im Vordergrund steht das Problem der Zielmessung.[176)] Wenn daher in der Literatur vorgelegte Konzeptionen der Diskussion von Preisänderungen betrachtet und beurteilt werden, so geschieht dies n u r unter dem genannten Aspekt. Wird die Eignung bestimmter begrifflicher Konzeptionen unter d i e s e m Aspekt in Frage gestellt, so wird dadurch nicht der Anspruch auf universelle Geltung dieser Aussagen erhoben.[177)]

I. Die Begriffsbildung in der Literatur

Die Sensibilität gegenüber dem Problem von Preisänderungen hat sich in der Literatur als stark abhängig von der aktu-

---

176) Zu dieser Fragestellung vgl. Churchman (1959), S. 84, Hakanson (1968), S. 23.

177) Soll z.B. die Effizienz des Managements durch Externe beurteilt werden, so steht eine andere Absicht im Vordergrund. Dies zeigt Gordon (1967), S. 68: "To separate the influence of events beyond his control from those within his control would be desirable for evaluating the changes in his income as a measure of his performance." Hier kann eine andere begriffliche Differenzierung relevant sein, da gerade die Differenz zwischen der einzelwirtschaftlichen und der gesamtwirtschaftlichen Entwicklung interessiert. Vgl. hierzu insbesondere Edwards/Bell (1965), S. 3 f. und auch Leffson (1966), S. 388. Eine Übersicht über die Behandlung dieses Problems in der amerikanischen Literatur gibt Coenenberg (1969), S. 264 ff.

ellen Preisentwicklung gezeigt. Obgleich man für praktische Zwecke die Auffassung vertreten kann, das Phänomen werde zum Problem erst ab einer gewissen Größenordnung, erscheint es für Zwecke einer theoretischen Analyse kaum sinnvoll, etwa zwischen einem wesentlichen und einem unwesentlichen Preisanstieg zu unterscheiden.[178] Zwar kann unter dem Aspekt der Informationskosten eine marginale Verbesserung der Rechengenauigkeit vielleicht gar nicht erstrebenswert sein, doch läßt sich die Auswirkung scheinbar unwesentlicher Parametervariationen häufig erst bei Gegenüberstellung alternativer Problemlösungen übersehen. Es ist deshalb nicht beabsichtigt, die Überlegungen von vornherein an praktikablen Vorschlägen zu orientieren, sondern in prinzipieller Hinsicht zu führen. Was unwesentlich ist, kann sich erst im Nachhinein zeigen.

Neben der an pragmatischen Gesichtspunkten orientierten quantitativen Unterscheidung von Preisänderungen werden in der Literatur nach qualitativen Kriterien bestimmte Begriffspaare unterschieden. Als weithin übliche Unterscheidungen können gelten: Preisschwankungen - Geldwertschwankungen,[179] Sachwertänderung - Geldwertänderung,[180] spezielle - allgemeine Preisänderung,[181] echte Preisänderungen - Preisänderungen, die auf Geldwertschwankungen beruhen.[182] Da die Vielfalt der Begriffe die Verständigung behindert, soll zunächst versucht werden, sie auf die für die Fragestellung relevanten Aspekte zu reduzieren.

---

178) Derartige Überlegungen stehen im Mittelpunkt der auf Praktikabilität bedachten Beiträge Schmalenbachs. Vgl. z.B. Schmalenbach (1922).

179) Vgl. Kosiol (1973a), S. 158 ff.

180) Vgl. K. Hax (1970), Sp. 553 ff., Dietz (1971), S. 109 ff.

181) Vgl. F. Schmidt (1951), S. 68 ff.

Die Unterscheidung zwischen "relative-" und "general-price level changes" findet sich auch in der angelsächsischen Literatur bei Parker/Harcourt (1969), S. 8 ff., Fabricant (1971), S. 116 ff., Kirkman (1974), S. 40 ff.

182) Vgl. z.B. Illetschko (1952), S. 3.

Alle Typen von Preisänderungen P_t lassen sich durch Preisindices der bekannten Form ausdrücken:

$$(9) \qquad P_t = \frac{\sum_{j=1}^{n} p_{jt} \cdot x_j}{\sum_{j=1}^{n} p_{jo} \cdot x_j}$$

Dabei bezeichnen p_{jt} die Preise der Gütermenge x_j im Zeitpunkt t.
Zur Definition des Geldwertes setzt man:

$$(10) \qquad Y = \sum_{j=1}^{n} p_{jo} \cdot x_j$$

Y bezeichnet den Betrag, der für den Erwerb von Gütern vorgesehen ist. Der Geldwert G_t wird dann durch folgenden Ausdruck beschrieben:

$$(11) \qquad G_t = \frac{Y}{\sum_{j=1}^{n} p_{jt} \cdot x_j}$$

Abgesehen von der Art der verwendeten Indices - der Frage ob man Laspeyres oder Paasche wählt[183] - unterscheiden sich die begrifflichen Varianten lediglich durch die Wahl der n Güter. Diese bestimmt sowohl Preis- als auch Geldwertänderungen. Das Problem besteht nun darin, diejenigen Güter zu bestimmen, die unter dem hier interessierenden Aspekt relevant sind.

Zunächst läßt sich eine erste Einschränkung vornehmen: Für Investitionskalküle können - wie für alle Entscheidungskalküle - stets nur solche Parameter relevant sein, die Bestandteil des Entscheidungsfeldes sind. Diese an sich selbstver-

183) Vgl. hierzu Kellerer (1971), S. 75 ff.

ständliche Aussage ist insofern von Bedeutung, als sie besagt, daß ausschließlich spezielle, Güter des individuellen Entscheidungsfeldes betreffende, Preisänderungen von Belang sind. Die Unterscheidung zwischen "echten" Preisänderungen und solchen, die auf Geldwertschwankungen beruhen, sowie die Unterscheidung zwischen allgemeinen und speziellen Preisänderungen ist somit für Entscheidungskalküle ohne Interesse. Dies gilt sowohl für Preis- als auch für Geldwertänderungen. Das Problem kann somit nur noch darin bestehen, die Wirkung spezieller Preisänderungen zu untersuchen und deren logische Anordnung für den Investitionskalkül vorzunehmen.

Für diesen Zweck erweist sich ein Rekurs auf die Zielannahmen des personalen Unternehmungsbegriffs als notwendig. Es wurde davon ausgegangen, daß Investoren bestrebt seien, einen Entnahmestrom mit präferenzkonformer Struktur der Entnahmen zu maximieren. Die Verwendung der Entnahmen blieb zunächst noch offen. Für die Analyse der Auswirkungen von Preisänderungen auf die Vorteilhaftigkeit von Investitionen ist die Verwendungsprämisse jedoch von zentraler Bedeutung.

Die Zusammenhänge lassen sich leicht anhand eines einfachen Schaubildes verdeutlichen:

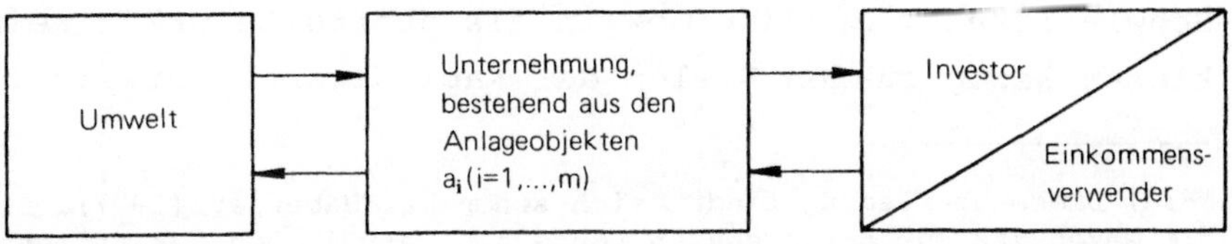

Abb. 4

Geht man nun davon aus, daß Investoren die Zahlungsströme zwischen Unternehmung und Umwelt als Objektzahlungsreihen betrachten, die sie in den optimalen Zielstrom zu transferieren bestrebt sind, so ergibt sich damit auch die relevante Differenzierung: Es ist zu unterscheiden zwischen den Preisänderungen des Objektzahlungsstroms aus dem Bereich der Einkommenserzielung und Preisänderungen aus dem Bereich der Einkommensverwendung. Diese beiden Typen von Preisänderungen müssen streng getrennt werden. Für Überlegungen zur Zielstruktur und damit auch für Fragen der Kapitalerhaltung können ausschließlich Preisänderungen aus dem Bereich der Einkommensverwendung relevant sein, da Preisänderungen, die den Güterfluß zwischen Unternehmung und Umwelt betreffen, die Struktur des Zielstroms nicht tangieren.

Wurde bislang der Konsumbereich abgegrenzt, indem der Zielstrom als Finalziel angesehen wurde, so wird die explizite Einbeziehung von Einkommensverwendungsentscheidungen nun unumgänglich, wenn der Einfluß von Konsumgüterpreisänderungen auf das Zielsystem erfaßt werden soll.

Die begriffliche Trennung in Preisänderungen aus dem Bereich der Einkommenserzielung und Preisänderungen aus dem Bereich der Einkommensverwendung ist geeignet zu zeigen, daß für Kalkülzwecke die Unterscheidung in Preisänderungen und Geldwertänderungen unfruchtbar ist. Ein Problem, das den "Geldwert als solchen" zum Gegenstand hat, tritt nicht auf.[183a)] Der Geldwert ist vielmehr als subjektbezogene Größe zu verstehen, die die für den Zielzahlungsstrom erhältliche Gütermenge zum Ausdruck bringt.

Traditionelle, nicht auf der Investitionstheorie basierende Ansätze, die mit dem nur ungenau definierten Ziel der Gewinnmaximierung des Betriebes arbeiten, stehen vor der Schwierigkeit, daß der Gewinn als abstrakte Größe keinen klaren Bezug zu den Zielen der Kapitalgeber aufweist. Wer-

---

183a) Diese Überlegung findet sich schon bei Haberler (1927), S. 76: "Im Gegensatz zur herrschenden Lehre sind wir jedoch der Ansicht, daß es einen besonderen Zweck: Messung des Geldwertes schlechthin in Vergangenheit und Gegenwart neben den genannten Zwecken nicht gibt." und S. 98: "Ein volkswirtschaftliches Preisniveau, eine volkswirtschaftliche Kaufkraft, einen objektiven, überpersönlichen Tauschwert des Geldes gibt es nicht." Ebenso die Formulierung bei Miller, einer Schülerin Riegers (1932), S. 61: "Mit dieser Feststellung schrumpft das Problem des Geldwertes zusammen auf die Frage des äußeren Geldwertes, dem jedoch als bloßem Spiegelbild der Preise keine selbständige Bedeutung zukommen kann. Vom Problem 'Geldwert' bleibt somit nichts übrig, was Gegenstand einer Theorie sein könnte ...". In diesem Sinne vgl. auch Neubauer (1966), S. 212.

den deshalb Korrekturen des nominellen Gewinns wegen Änderungen der Wiederbeschaffungspreise der Produktionsfaktoren oder wegen geänderter Kaufkraft des Eigenkapitals des Betriebes vorgenommen, so bleibt der Bezug dieser Korrekturen zur finanziellen Zielsetzung der Kapitaleigner unklar. Über ihre Zweckmäßigkeit läßt sich daher auch keine eindeutige Aussage treffen. Das Fehlen klarer Beurteilungskriterien könnte auch erklären, weshalb verschiedene Kapitalerhaltungskonzeptionen nebeneinander existieren, ohne daß bislang eine abschließende Diskussion über ihre Richtigkeit möglich gewesen wäre.

II. Der Einfluß von Preisänderungen auf den Zahlungsstrom zwischen Unternehmung und Umwelt

Besteht das Sachziel einer Unternehmung in Kauf, Verarbeitung und Veräußerung von Gütern, so ändern sich die Preise dieser Güter häufig im Zeitablauf. Preisänderungen können verschiedene Ursachen haben und sich sowohl in Zeiten mit gesamtwirtschaftlich stabilem Preisgefüge als auch in inflationären Zeiten ereignen. Sie wirken sich in allen Fällen auf den zwischen Unternehmung und Umwelt fließenden Zahlungsstrom aus. In der Literatur überwiegen wertende Stellungnahmen, die inflationäre Entwicklungen als für Unternehmungen "bedrohlich" und "gefährlich" kennzeichnen.[184] Dies wäre nur dann der Fall, wenn sich zeigen ließe, daß der Nettosaldo des zwischen Unternehmung und Umwelt fließenden Zahlungsstroms bei Inflation generell fallende Tendenzen aufweist. In welcher Richtung der Zahlungssaldo beeinflußt wird, läßt sich jedoch nicht durch Rechenbeispiele mit konstanten Absatzpreisen und steigenden Wiederbeschaffungskosten, sondern nur durch empirische Untersuchungen beweisen. Die häufig geäußerte Vermutung, in inflationären Zeiten seien Finanzinvestitionen

184) Vgl. etwa Wohlgemuth (1975), S. 296 f., Schildbach (1975a), S. 179 ff.

von der Geldentwertung stärker bedroht als Sachinvestitionen,[185] ist zwar empirisch verifizierbar, bislang aber nicht bewiesen worden. Die durch den Glauben an solche Entscheidungsregeln sicher mitverursachte "Flucht in die Sachwerte" hat von ihren Ergebnissen her die Richtigkeit dieser Hypothese nicht immer bestätigt.

Für die entscheidungslogische Fragestellung bieten Preisänderungen aus dem Bereich der Einkommenserzielung jedoch keine grundsätzlich neuen Aspekte. Die Prognose der Objektzahlungsreihen wird durch die Preisänderungen sicher nicht erleichtert, zumal die Preisänderungen für die einzelnen Beschaffungs- und Absatzgüter sehr differieren dürften. Man wird in inflationären Zeiten besonders vorsichtig sein müssen, Schätzungen als bloße Extrapolation von Vergangenheitsergebnissen aufzufassen und besonderes Gewicht auf das Mengengerüst der Auszahlungen und Einzahlungen zu legen haben.[186] Spezifische Probleme der Inflation sind dies jedoch nicht, da die Prognose von Zahlungsreihen eben solche Fähigkeiten immer schon implizit beinhaltet.

Belanglos ist die Frage, ob es sich bei den Preisänderungen um "natürliche" Preisänderungen handelt, wie sie in Reifemodellen unterstellt werden (Wein, Cognac), um spekulative Preisänderungen (Gold, Rohstoffe) oder um inflationäre Preisänderungen (Lohnkosten, Beschaffungs- und Absatzgüter). Diese für wirtschaftspolitische Zwecke möglicherweise interessanten Unterschiede sind für investitionstheoretische Fragestellungen methodisch irrelevant, da sie an den formalen Bedingungen für die Suche nach der optimalen Alternative nichts ändern.[187]

---

185) Vgl. etwa Stefanic/Allmayer (1952), S. 19.

186) Vgl. auch Busse v. Colbe (1957), S. 87, Wahl (1966), S. 83.

187) Vgl. auch H. Hax (1967b), S. 74, Heigl (1967), S. 34 ff., Niemann (1970), S. 107 ff.

III. Der Einfluß von Preisänderungen auf den Zielstrom

Aus der vorgenommenen Differenzierung von Preisänderungen ergab sich, daß nur Preisänderungen aus dem Bereich der Einkommensverwendung Einfluß auf die Zielstruktur haben können. In der Literatur wird die Auffassung vertreten, daß eine Eliminierung von Geldwertänderungen notwendig sei, weil ansonsten ein Vergleich von Geldeinheiten unterschiedlicher Kaufkraft nicht mehr vorgenommen werden könne.[188)]

Hinter diesem Einwand verbergen sich zwei Probleme, die verschiedene Aspekte eines ökonomischen Vergleichs berühren: Zunächst soll gefragt werden, ob die Notwendigkeit besteht, die Dimension des Vorteilhaftigkeitskriteriums, die auch als "numéraire" oder "Maßgut" bezeichnet wird, zu ändern. Diese Frage ist unabhängig von der Struktur des Zielstroms und daher auch unabhängig vom Ziel der Kapitalerhaltung. Sie soll deshalb zur Vereinfachung an einem point-input-point-output-Fall untersucht werden. Das zweite Problem betrifft die Struktur des Zielstroms bei gegebenem Maßgut. Es geht darum, inwiefern ein Vergleich der Kaufkraft von Zielstromeinheiten zu verschiedenen Zeitpunkten des Planungszeitraums durch Preisänderungen beeinträchtigt wird.

1. Die Relevanz von Preisänderungen für die Wahl des Maßgutes

Zur Maßguteignung von Geld werden in der Literatur verschiedene Auffassungen vertreten. Zum einen wird behauptet, neben speziellen Preisänderungen seien Geldwertänderungen in Zeiten steigender Preise schon bei der Wahl des Maßgutes zu berücksichtigen, dessen Funktion Geld nicht mehr erfüllen könne. Vermutet wird, daß Geld als Maßgut zu Kapitalfehlleitung führen könne. Kosiol verdeutlicht diesen Standpunkt: "A l l-

---

188) Vgl. hierzu Chambers (1965b), S. 249, Mathews/Grant (1969), S. 204, Fabricant (1971), S. 120, Kosiol (1973a), S. 146.

g e m e i n e Preisveränderungen beruhen auf Veränderungen des Geldwertes, zum Beispiel durch Inflation. Sämtliche Preise werden generell auf einen höheren oder auch niedrigeren Stand gehoben beziehungsweise gesenkt. Dies zeigt an, daß die Maßeinheit der Währung ihren Wert verändert hat. Nicht allein die Preise der Güter als solche haben sich verändert, sondern auch die Skaleneinheit, der Maßstab, auf den sie bezogen sind."[189)] Eine ähnliche Auffassung vertritt Chambers: "Such a change is the obverse of a change in the purchasing power of money and, hence, in the dimension of the unit of measurement and account."[190)]

In solchen Fällen wird der Schluß gezogen, es sei anstelle von Geld als Maßgut ein anderes zu wählen, das diese Mängel der Schwankung des Maßgutes nicht aufweise.[191)]

Zum anderen wird auch die Auffassung vertreten, daß die Wahl des Maßgutes beliebig sei, da jedes Gut als Maßgut dienen könne.[192)] Problem ist, ob die Frage nach dem Maßgut als Suche nach einer geeigneten Konvention verstanden werden kann, also nach Kriterien zu entscheiden ist, die lediglich die Konventionseignung prüfen, oder ob sie materiell zu verstehen ist. Geld als Maßgut hätte als Konvention zweifellos eine besondere Eignung, da diese Konvention allgemein bekannt und gebräuchlich ist. Dies dürfte damit zusammenhängen, daß

---

189) Kosiol (1973a), S. 146.

190) Chambers (1966), S. 223. Der Unterschied allgemeiner Preisänderungen p gegenüber speziellen Preisänderungen zum Satz q wird von Chambers besonders betont: "Unlike p in the former case, q is not a means of transforming measurements in one scale to measurements in another scale; it produces an increment measured in the same scale." (S. 225).

191) Vgl. etwa Mathews/Grant (1969), S. 204: "If the unit of measurement is itself fluctuating in value, then the values at which costs and revenues are recorded in determining profit are not consistent." Teilweise wird auch der Schluß gezogen, daß Geld als Maßgut beizubehalten sei, wobei allerdings die Begründung sich vorwiegend in Praktikabilitätsüberlegungen erschöpft, vgl. hierzu Schulze (1966), S. 216 ff.

192) Vgl. etwa Henderson/Quandt (1958), S. 141. Sie bezeichnen die Frage nach dem Maßgut als "truly arbitrary" und sehen jedes beliebige Gut als geeignet an: "Any good may serve as a standard of value in this sense."

Geld gleichzeitig Zahlungsmittel ist. Obwohl prinzipiell Maßgut und Tauschgut getrennt zu sehen sind,[193)] kann die Aussage Schilchers als zutreffend angesehen werden: "In der modernen Wirtschaft fallen ... die Funktionen des Zahlungsmittels und der Recheneinheit ... wohl in einem Gute zusammen."[194)]

Nun deuten allerdings empirische Phänomene wie die Wortprägung "Geldwertschwund", sowie die Tatsache, daß Geld zu bestimmten Zeiten als Zahlungsmittel nicht anerkannt wird (Zigarettenwährung), darauf hin, daß die Eignung von Geld als Maßgut nicht nur unter dem Gesichtspunkt der Eignung von Konventionen gesehen werden kann.[195)] Es müssen offenbar Gründe angebbar sein, die zur Wahl eines neuen Maßgutes führen. Ist dies der Fall, so wird die Frage aufgeworfen, anhand welcher Kriterien entscheidbar ist, ob ein Maßgut durch ein anderes ersetzt werden soll.[196)]

Das Problem ist erstmals von Engels und Stützel formuliert worden, und in Anlehnung an ein Beispiel von Stützel als "Onassis-Problem" in der Literatur diskutiert worden.[197)] Die Diskussion bezog sich auf die Frage, ob die Risikoeinstellung von Investoren maßgutabhängig sei.[198)] Die Problemstellung ist jedoch nicht auf die Maßgutabhängigkeit der Risikoneigung beschränkt, sondern kann auf die Maßgutabhängigkeit von Vorteilhaftigkeitskriterien im allgemeinen Sinne ausgeweitet werden.

---

193) Vgl. Szyperski (1962), S. 101.

194) Schilcher (1973), S. 89 oder ähnlich bei Chambers (1966), S. 93: "A monetary unit becomes a unit of account by virtue of its function as a medium of exchange."

195) Man wird die Einheiten Meter, Kilogramm, Grad C° dazu zählen können. Niemand wird die Stabilität solcher Einheiten anzweifeln und von "Meterschwund" sprechen.

196) Vgl. zu dieser Fragestellung Engels (1969), S. 8 ff.

197) Vgl. Engels (1969), S. 2, Stützel (1970), S. 12 ff., Engels (1970), S. 28 f., Laux/Schneeweiß (1972), S. 353 ff.

198) Vgl. vor allem Stützel (1970), S. 13 f.

Für die Klassifikation von Entscheidungstypen erweist es sich als nützlich, Sicherheit und Unsicherheit[199] im Hinblick auf zwei verschiedene Aspekte zu definieren:

1) Sind Ereignisse, gemessen in einer bestimmten Maßguteinheit, sicher oder unsicher?
2) Sind Relationen zwischen potentiellen Maßgütern sicher oder unsicher?

Im Hinblick auf diese beiden Vorstellungen von Sicherheit lassen sich folgende vier Typen von Entscheidungen unterscheiden:

Ereignisse gemessen in einem Maßgut \ Relationen zwischen Maßgütern	sicher	unsicher
sicher	(1) Entscheidungen unter Sicherheit	(3) Onassis-Fall unter Sicherheit
unsicher	(2) Entscheidungen unter Unsicherheit	(4) Onassis-Fall unter Unsicherheit

Abb. 5

Bezieht man diese Klassifizierung auf das hier interessierende Problem, so kommen als potentielle Maßgüter Geld oder die für den Zielstrom erhältliche Gütermenge in Frage. Andere Maßgüter scheiden aus, da die Verwendung des Zielstroms durch die Zielprämissen des personenbezogenen Unternehmensbegriffs determiniert ist. Die in den Substanzerhaltungstheo-

---

199) Auf die seit Knight übliche Unterscheidung zwischen Entscheidungen unter Risiko und Entscheidungen unter Unsicherheit kann hier verzichtet werden, da sie für die hier interessierende Problemstellung nicht relevant ist.

rien übliche Verwendung von Investitionsgütern als Maßgüter ist unbegründet, da diese weder konsumiert werden, noch in anderweitiger Form als Zielgrößen von Investitionskalkülen angesehen werden können. Die Frage nach der Sicherheit der Relation zwischen potentiellen Maßgütern kann sich daher nur auf die Sicherheit der Relation zwischen dem Zielstrom, gemessen in Geld und der dafür erhältlichen Gütermenge richten; dies ist aber nichts anderes als die Sicherheit der Konsumgüterpreise. Nur im Hinblick auf diesen Fall muß eine Differenzierung vorgenommen werden.

a) Sicherheit der Konsumgüterpreise

Sind die Konsumgüterpreise als auch die Ereignisse sicher, so bedeutet dies, daß der Preis p_1 eines Konsumgutes[200] im Konsumzeitpunkt t_1 im Entscheidungszeitpunkt t_0 bekannt ist. Zwischen der aus dem Zielstrom verfügbaren Geldmenge $y_i = y(a_i)$ $(i=1,...,m)$ und der dafür erhältlichen Konsumgütermenge x_i besteht folgende Beziehung:

$$(12) \qquad x_i = \frac{y_i}{p_1}$$

In diesem einfachsten aller denkbaren Entscheidungsprobleme sind die a_{Max} mit dem jeweils höchsten Zielbeitrag zu wählen. Da sich die Maxima, gemessen in Geld oder Gütern, jeweils nur durch den konstanten Faktor p_1 unterscheiden, kann sich durch die Wahl des Maßgutes kein Einfluß auf die Vorteilhaftigkeit der Alternativen ergeben, weil alle Alternativen in gleicher Weise betroffen sind.

Sind die Konsumgüterpreise sicher, die Ereignisse hingegen unsicher, so besteht zwischen der Geldmenge $y_{ij}=y(a_i,s_j)$, $(i=1,...,m;\ j=1,...,n)$ analog (12) die Beziehung

$$(13) \qquad x_{ij} = \frac{y_{ij}}{p_1}$$

---

200) Zur Vereinfachung wird nur der Erwerb eines Gutes unterstellt.

Verwendet man den Erwartungswert der potentiellen Zielgrößen x_{ij} und y_{ij} als Entscheidungskriterien, so erhält man als Zielfunktionen:

$$(14) \qquad \sum_{j=1}^{n} x_{ij} \cdot w_j \rightarrow \underset{i}{\mathrm{Max}}$$

und

$$(15) \qquad \sum_{j=1}^{n} y_{ij} \cdot w_j \rightarrow \underset{i}{\mathrm{Max}}$$

Da auch bei unsicheren Ereignissen sich die Entscheidungskriterien lediglich durch den konstanten Faktor p_1 unterscheiden, wird auch bei Unsicherheit die Entscheidung nicht von der Maßgutwahl beeinflußt.[201)]

Das sowohl für den Fall der Sicherheit als auch für den Fall der Unsicherheit keineswegs überraschende Ergebnis steht nun allerdings im Gegensatz zu der Behauptung, der Geldwert müsse konstant sein, um die Maßguteignung von Geld zu erhalten. Diese Aussage ist unzutreffend. Für die Frage der Maßguteignung von Geld ist die Preissteigerungsrate zwischen t_0 und t_1 belanglos; die Höhe der Inflationsrate ist deshalb auf die Maßguteignung von Geld ohne Einfluß. Entscheidend ist nicht, daß der in Gütermengen gemessene Geldwert konstant ist, sondern lediglich die Sicherheit seiner Prognose. Da für investitionstheoretische Fragestellungen häufig auch Sicherheit der Preise der Beschaffungs- und Absatzgüter angenommen wird, wäre die Annahme sicherer Konsumgüterpreise hinsichtlich ihres Prognoseoptimismus nicht unrealistischer als übliche Annahmen.

---

201) Diesen Fall hat offenbar Stützel in seinem "Mabuse-Fall" im Auge. Stützel (1970), S. 20 f. Das gleiche gilt für die Darstellung bei Henderson/Quandt (1958), S. 141 sowie Moonitz (1970), S. 466, Sterling (1970), S. 334.

b) Unsicherheit der Konsumgüterpreise

Wie die Abb. (5) zeigt, ist das "Onassis-Problem" auf den Fall der Unsicherheit der Konsumgüterpreise beschränkt. Zur Verdeutlichung des "Onassis-Problems" zunächst ein Beispiel:

Ein Investor mit einem Startkapital von DM 10'000 stehe vor folgender Entscheidung:

a_1: Die Verleihung des Betrages für eine Periode unter folgenden Bedingungen: Falls die allgemeine Inflationsrate unter 10 % liegt, eine Verzinsung von 10 %. Falls die Rate diesen Satz erreicht oder darüber liegt, wird durch eine pauschale Gleitklausel eine Verzinsung von 20 % vereinbart. Die Wahrscheinlichkeiten für das Eintreten der beiden Ereignisse s_1 und s_2, genannt w_1 und w_2 werden auf 0,45 und 0,55 geschätzt.

a_2: Anlage mit einer sicheren Verzinsung von 15,2 %

Falls s_1 eintritt, rechnet der Investor mit Preisstabilität der Konsumgüter, deren Erwerb er plant; falls s_2 eintritt, rechnet er mit einer Preissteigerung von 20 %. Der Preis p_0 beträgt in t_0 DM 10 pro Mengeneinheit.

Berechnet man die Vorteilhaftigkeit in Geldeinheiten, so erhält man folgendes Ergebnis:

w_j	$w_1 = 0{,}45$	$w_2 = 0{,}55$	$E(a_i)$
s_j / a_i	s_1 $p_1 = p_0$	s_2 $p_1 = 1{,}2 \cdot p_0$	
a_1	11'000	12'000	11'550
a_2	11'520	11'520	11'520

Das Kriterium des Erwartungswertes $E(a_i)$ spricht für a_1, Vorsichtsgründe für a_2.

Führt man die Rechnung in Konsumgütereinheiten durch, erhält man:

w_j	$w_1 = 0{,}45$	$w_2 = 0{,}55$	$E(a_i)$
s_j / a_i	s_1 $p_1 = p_0$	s_2 $p_1 = 1{,}2\ p_0$	
a_1	1'100	1'000	1'045
a_2	1'152	960	1'046.40

Der Erwartungswert rät nun zur Wahl von a_2, das Prinzip der Vorsicht zu a_1.

Daran wird deutlich, daß sowohl im Hinblick auf die Risikoneigung als auch im Hinblick auf das Erwartungswertkriterium sich die Rangfolge der Alternativen ändert. Dies bedeutet aber, daß die Frage, ob in Geldeinheiten oder Konsumgütereinheiten gerechnet wird, nicht bloße Konvention ist, sondern ein zusätzliches Problem für Investitionskalküle darstellt. Es ist deshalb zu klären, wodurch die Maßgutabhängigkeit der Entscheidung verursacht wird und unter welchen Umständen Geld als Ersatzmaßgut geeignet bzw. ungeeignet ist.

Zunächst ist offensichtlich, daß Geld nur bei unsicheren Preisen der Konsumgüter als Maßgut ungeeignet sein kann, da bei sicheren Konsumgüterpreisen die Maßgutwahl beliebig ist. Das Maßgutproblem kann nur die Entscheidungstypen (3) und (4) aus Abb. (5) betreffen. Offensichtlich hängt das Auftreten des Onassis-Problems jedoch nicht davon ab, ob gemessen im jeweiligen Maßgut, sichere oder unsichere Ereignisse vorliegen, da das Problem im Ausgangsbeispiel von Stützel[202] bei sicheren, in unserem Beispiel bei unsicheren Ereignissen sich in gleicher Weise zeigt. Damit ist gezeigt, daß ein Unterschied zwischen den Entscheidungstypen (3) und (4) im Hinblick auf das Maßgutproblem nicht notwendig ist.

202) Stützel (1970), S. 12 f.

Die Bedingung für die Maßgutabhängigkeit von Entscheidungstypen wird von Stützel allgemein formuliert: "Ein Entscheidungsfeld ist genau dann maßgutunabhängig, wenn Wertrelationen zwischen potentiellen Maßgütern nicht zu den Merkmalen gehören, durch die sich die Zustände der Umwelt, die ins Kalkül eingehen, voneinander unterscheiden."[203] Bezogen auf das hier interessierende spezielle Problem heißt dies, daß zu prüfen ist, ob zwischen der Preishöhe für Konsumgüter und den möglichen Umweltzuständen Interdependenzen bestehen oder nicht.[204]

Um dies allgemein zu zeigen, soll zunächst eine bedingte Wahrscheinlichkeit eingeführt werden, die die Konsumgüterpreise p_k in Abhängigkeit von den Umweltzuständen s_j ausdrückt. Es bezeichne

(16) $$w(p_k | s_j) =: w(k|j) \qquad (k = 1,\ldots,q)$$

Im Entscheidungskriterium, ausgedrückt in Zielgütern, muß nun berücksichtigt werden, daß bei Wahl der Alternative a_i und bei Eintritt des Zustandes s_j die Wahrscheinlichkeitsverteilung für die Konsumgüterpreise p_k beeinflußt werden kann. Dies läßt sich wie folgt schreiben:

(17) $$x_{ij} = x_{ij}\,[y(a_i, s_j),\ \{p_k, w(k|j)\}]$$

Das vollständig formulierte Entscheidungskriterium lautet entsprechend:

(18) $$\sum_{j=1}^{n} x_{ij}\, w_j = \sum_{j=1}^{n} \sum_{k=1}^{q} \frac{y(a_i, s_j)\; w(k|j) w_j}{p_k} \rightarrow \underset{i}{\text{Max}}$$

---

203) Ebenda, S. 21.

204) Vgl. Laux/Schneeweiß (1972), S. 366 f.

Aus den vorangehenden Überlegungen kann der Schluß gezogen werden, daß die Messung der Vorteilhaftigkeit in Zielgütern in allen Fällen zur Wahl der im Sinne der eigentlichen Zielsetzung des Investors richtigen Alternative führt, die Messung in Geld nur unter bestimmten Umständen. Geld ist als Ersatzmaßgut geeignet,

1. wenn die Konsumgüterpreise mit Sicherheit prognostiziert werden können oder
2. wenn bei Unsicherheit der Konsumgüterpreise sie von den Umweltzuständen unabhängig sind.

In allen anderen Fällen ist bei Verwendung von Geld als Maßgut nicht gewährleistet, daß die im Sinne einer Maximierung der Konsumgütermenge richtige Alternative gewählt wird.

Für praktische Zwecke ist jedoch anzumerken, daß unter realistischen Bedingungen ein Dominanzwechsel der Alternativen wohl nicht allzu häufig auftreten dürfte; der Dominanzwechsel ist maßgeblich durch die Wahrscheinlichkeiten für das Eintreten der Umweltzustände bestimmt: er wird um so eher auftreten, je gleichartiger die Eintrittswahrscheinlichkeiten sind und nimmt mit steigender Eintrittswahrscheinlichkeit für eine Alternative ab.[206)]

Die Klärung der Maßguteignung erlaubt auch, zu der Aussage Stellung zu nehmen, daß Geld als Maßgut untauglich sei, weil man Geldeinheiten unterschiedlicher Kaufkraft nicht vergleichen könne.[207)] Dieses Problem zerfällt in zwei Teilprobleme: einen vertikalen Zeitvergleich und einen horizontalen Alternativenvergleich.

Das Problem eines vertikalen Zeitvergleichs stellt sich bei der Formulierung von Entscheidungsproblemen nicht, weil es gar nicht darum geht, die Kaufkraft einer Geldmenge zu unter-

---

206) Nimmt man s_1 mit 0,4 und s_2 mit 0,6 an, so ist kein Wechsel der Rangfolge mehr zu verzeichnen.

207) Diese Auffassung vertreten z.B. Chambers (1965b), S. 249, Mathews/Grant (1969), S. 204, Fabricant (1971), S. 120.

schiedlichen Zeitpunkten zu vergleichen.[208] Durch die Vorgabe des Zielzahlungsstroms mit einer bestimmten zeitlichen Struktur wird nicht das Problem des Zeitvergleichs der Kaufkraft gestellt, sondern ein horizontaler Vergleich der Kaufkraft des Zielzahlungsstroms verschiedener Objekte angestrebt. Da alle Objekte im Hinblick auf eine vorgegebene zeitliche Struktur des Ziels untersucht werden, wird von allen Objekten Kaufkraft zum gleichen Zeitpunkt gefordert; das Problem unterschiedlicher Kaufkraft des Geldes zu verschiedenen Zeitpunkten wird dadurch ausgeschaltet.[209]

Da die Frage der Maßguteignung prinzipiell geklärt ist, soll für die weiteren Überlegungen von der Prämisse einer sicheren Preisentwicklung ausgegangen werden, das Maßgutproblem also nicht mehr berührt werden. Dies bedeutet, daß Geld als Maßgut verwendet werden kann. Nicht gesagt ist damit jedoch, daß sich die hinter der Preisentwicklung verbergende Konsumstrukturprobleme nicht auf die Struktur des Zielstroms und die Höhe des Endvermögens gerechnet in Geld auswirken. Die Frage der gewünschten Höhe des Zielstroms gerechnet in Geld ist von der Frage des Maßgutes streng zu trennen. Trotz der Rechnung in Geld ist es möglich, daß dic Höhe und die Zeitstruktur des Zielstroms in realen Einheiten geplant wird. Welche Modifikationen sich in Zeiten steigender Preise gegenüber dem Fall stabiler Preise ergeben, ist nun zu untersuchen.

2. Der Einfluß von Preisänderungen auf die Struktur des Zielstroms

Ist Kapitalerhaltung Ziel beim personenbezogenen Unternehmungsbegriff, so enthält das Zielsystem zwei Bestandteile:

---

208) Vgl. hierzu auch das Beispiel bei Niemann (1970), S. 103 f.

209) Ein ganz anderes Problem berührt die Frage, inwiefern man aus vergangenen Gewinnen zum Zwecke der Trendextrapolation die Geldentwertung herausrechnen sollte. Dieses Problem würde jedoch im Rahmen der Eignung von Geld als Maßgut diskutiert. Die Fragen der Prognose müssen von der Maßguteignung von Geld jedoch getrennt werden. Vgl. hierzu auch Engels (1962a), S. 139 f.

Das Endvermögen und die Struktur des Entnahmestroms. Beide Zielbestandteile können in Abhängigkeit von erwarteten Preisänderungen der jeweiligen "final-goods" variiert werden.

a) Die Höhe des Endvermögens bei Preisänderungen

In bezug auf das Ziel der Kapitalerhaltung wurde unterschieden zwischen dem Fall der Gleichheit von Planungs- und Handlungszeitraum und dem Fall, daß der Planungszeitraum kürzer als der Handlungszeitraum ist.[210)]

aa) Sind Planungszeitraum und Handlungszeitraum gleich, so wird bei Kapitalerhaltung als Nebenbedingung der Entnahmemaximierung ein Endvermögen in Höhe des Anfangsvermögens gewünscht. Da das Endvermögen in diesem Fall selbst Zielgröße ist, kann es nicht durch dahinterliegende Zielsetzungen erklärt werden. Die Höhe des Endvermögens läßt sich nur durch die Präferenzen des Individuums rechtfertigen und ist insofern willkürlich. Wenn also ein Individuum das Ziel der Kapitalerhaltung verfolgt, so ist auch der Maßstab, in dem die Erreichung des Ziels gemessen werden soll, subjektiv zu wählen. Zwar wurde gezeigt, daß Geld auch bei Preisänderungen Maßgut bleiben kann, doch wurde dadurch nicht ausgeschlossen, daß sich bei Preisänderungen ein Individuum trotz Rechnung in Geld an realen Größen orientieren kann. Beschließt nun ein Individuum, die Kapitalerhaltung danach zu beurteilen, ob das Endvermögen dem Anfangsvermögen im Hinblick auf dessen Kaufkraft gleich ist, so ist ihm freigestellt, die Kaufkraft an Indices seiner Wahl zu messen. Er kann also sämtliche in der Literatur vorgeschlagenen Indices (Großhandelsindices, allgemeine Preisindices, Rohstoffindices oder auch Konsumgüterindices) verwenden, muß sich allerdings bewußt sein, daß die Wahl des Index dann nicht durch dahinterliegende Ziele begründ-

---

210) Die Unterscheidung zwischen Zielplanungs- und Objektplanungszeitraum, die speziell für die Explikation des Bewertungsproblems vorgenommen wurde, erweist sich im Zusammenhang mit Preisänderungen als unerheblich. Es wird hier davon ausgegangen, die Struktur der finanziellen Zielsetzung sei für den gesamten Handlungszeitraum gegeben, der Planungszeitraum also gleich dem Objektplanungszeitraum.

bar wäre. Wählt er z.B. einen Konsumgüterindex, so könnte die Begründung nicht in der Transformation des Endvermögens in Konsumgüter gesehen werden, da ja gerade für das Endvermögen kein Konsum beabsichtigt ist.[211] Man könnte sich eher denken, daß die Indexwahl habituellen Denkweisen entspricht, daß ein Grundbesitzer sein Vermögen etwa in Hektar mißt und ein Viehzüchter in der Zahl seiner Rinder. Wann jemand glaubt, daß sein Zustand "as well off"[212] wie zu Beginn sei, läßt sich nicht generalisieren: "'Well-offedness' is a purely psychological, subjective concept for which there is no absolute, no correct answer."[213]

Diese Frage nach der Art der Güter, aus der die geforderte und in Geld berechnete Höhe des Endvermögens abgeleitet wird, ist mit der Frage nach dem Maßgut nicht zu verwechseln: Während die Wahl des Maßgutes prinzipieller Art ist und für jede beliebige finanzielle Zielsetzung in gleicher Weise gilt, geht es hier um die H ö h e der finanziellen Zielsetzung.

Bei steigenden Preisen für das Gut, in dem die Kapitalerhaltung gemessen werden soll, ist es erforderlich, wegen des entsprechend höheren für das Endvermögen zu reservierenden Geldbetrages die Entnahmen für Konsum während des Planungszeitraums zu kürzen. Hierbei geht es zunächst einmal um eine relative Kürzung der Entnahmen im Vergleich zum Endvermögen, also nur um die Relationen der beiden Ziele in der Zielfunktion. Ob sich im Handlungsoptimum tatsächlich eine Kürzung der Entnahmen infolge des höheren Endvermögens gegenüber dem Fall stabiler Preise ergibt, hängt auch von der Preisentwicklung des Güteraustausches zwischen Unternehmung und Umwelt ab. Der geänderte Wertansatz in der Zielfunktion zusammen mit den Änderungen der Objektzahlungsströme bestimmen die Höhe der Zielerreichung im Optimum.

---

211) Auf diesen Punkt wird noch eingegangen auf S. 173.

212) Hicks (1946), S. 172.

213) Nelson (1967), S. 76. Daß "well-offness" eine psychologische Größe ist, die abhängig ist vom Informationsstand des Individuums, wird besonders deutlich herausgestellt bei Sprouse (1966), S. 109.

(2) Substantielle Kapitalerhaltung

In diesem Falle ist es Absicht des Investors, den Betrag zu bestimmen, der entnommen werden kann, ohne die durch die Gütermenge $\overline{OB}$ gegebene Ausgangsposition zu verringern.

Die ursprüngliche Gütermenge würde nun den Betrag $\overline{OK}$ kosten. In Geld gemessen ist deshalb die Position K der von B äquivalent. Soll eine Kombination realisiert werden, die mit K äquivalent ist, so darf der Anteil $\overline{AK}$ des nominellen Gewinns $\overline{AD}$ nicht ausgeschüttet werden, sondern nur $\overline{FK}$. Es wird also bei der Ausschüttung des Gewinns bei substantieller Kapitalerhaltung der Punkt L realisiert, der aufgrund der Bewertung zum Veräußerungspreis mit K äquivalent ist. Dieser ist aufgrund der Wiederbeschaffungshypothese aber mit B äquivalent. Damit ist die mengenmäßige Ausgangsposition nach Vornahme der bei substantieller Kapitalerhaltung zulässigen Entnahmen erreicht.

Die grafische Darstellung zeigt besonders deutlich, daß die Vermutung, nominelle Kapitalerhaltung sei mit dem Anschaffungswertprinzip und substantielle Kapitalerhaltung mit dem Wiederbeschaffungswert logisch verbunden, unzutreffend ist. Die Frage der Bewertung des Vermögens und die Festlegung der Höhe des Endvermögens sind streng getrennt zu betrachten.

ab) Überschreitet der Handlungszeitraum den Planungszeitraum, so ist die Kapitalerhaltung am Ende des Planungszeitraums Subziel und dient dem Zweck, den Entnahmestrom nach Ende des Planungszeitraums zu speisen. In diesem Fall ist die Art der Kapitalerhaltung Argumenten bezüglich ihrer Zweckmäßigkeit zugänglich. Soll das Endvermögen in T^* dazu dienen, einen Konsumstrom gleicher Höhe wie während des Planungszeitraums auch nach dem Planungszeitraum zu ermöglichen, so hängt bei gegebener Preisentwicklung für Konsumgüter die Höhe des notwendigen Endvermögens von der Preisentwicklung ab. Anderenfalls würde das Individuum unter Geldillusion planen. Da Aussagen bezüglich der Struktur der Entnahmen gesondert behandelt werden, soll zunächst einmal angenommen werden, daß die Preise während des Planungszeitraums von t=0 bis $t=T^*$ konstant sind und von $t=T^*$ bis t=T ebenfalls konstant sind, die Preisänderung sich also in T^* ereignet. Beträgt die Preisänderungsrate k, so würde dies bedeuten, daß das Endvermögen V_{T^*} um den Satz k auf den Betrag $V_{T^*}(1+k)$ erhöht werden muß, um die Aufrechterhaltung des Konsumniveaus nach T^* in realen Einheiten zu ermöglichen. Dies erzwingt aber eine Verringerung der Entnahmen bis T^*.

Da jedoch die Annahme der Begrenzung des Planungszeitraums impliziert, daß die für die Korrektur des Endvermögens notwendigen Informationen über die Preisentwicklung nicht verfügbar sind, hätte diese Überlegung lediglich hypothetischen Charakter. Korrekturen des Endvermögens wegen erwarteter Preisänderungen nach dem Planungszeitraum können daher nicht explizit erklärt, sondern allenfalls durch Vorsichtsüberlegungen begründet werden, weil zu befürchten ist, daß jemand wegen zu hoher Entnahmen während des Planungszeitraums bei unerwarteten Preisänderungen nach T^* nur noch Entnahmen unterhalb seines Existenzminimums erzielen könnte. Eine präzisere Erklärung der Vermögenskorrekturen ist in diesem Fall nicht möglich.

In bezug auf das Ziel der Kapitalerhaltung ergibt sich somit unter Einbeziehung von Preisänderungen keine prinzipiell neue Überlegung, sondern lediglich eine Modifikation dessen, was bereits allgemein zur Kapitalerhaltung bemerkt wurde. Für den Fall der Gleichheit von Planungs- und Handlungszeitraum zeigt sich, daß die Höhe des Endvermögens und damit der angewendete Kapitalerhaltungsmaßstab nicht weiter begründet werden kann. Dies läßt den Schluß zu, daß jede Form der Kapitalerhaltung denkbar und sinnvoll ist, sofern es nur mit den Präferenzen des Individuums vereinbar ist. Eine Diskussion über den "richtigen" Kapitalerhaltungsmaßstab erübrigt sich dann.

Überschreitet hingegen der Handlungszeitraum den Planungszeitraum, gerät man wieder in das bei der Bewertung bereits erörterte Dilemma: Präzise Aussagen sind immer mit der Ausweitung des Planungszeitraums verbunden; dies ist aber definitorisch ausgeschlossen. Strengere Kapitalerhaltungsmaßstäbe lassen sich dann nur noch durch Vorsichtserwägungen begründen, nach T^* nicht durch einen unerwarteten Anstieg der Konsumgüterpreise Gefahr zu laufen, gravierende Einschränkungen des Konsumstandards hinnehmen zu müssen.

b) Die Struktur der Entnahmen bei Preisänderungen

Zwar ist diese Frage nicht mehr Gegenstand der Anpassung der Kapitalerhaltung an die Geldentwertung, doch scheint es zweckmäßig, sie mitzuerörtern, weil sie Probleme betrifft, deren Lösung von den Kapitalerhaltungskonzeptionen zwar angestrebt, aber nicht erreicht wird.[216)]

Während im Fall eines einperiodischen Planungszeitraums in bezug auf die Entnahmen kein Strukturproblem entsteht, muß im Mehrperiodenfall die Relation der Entnahmen zueinander in Abhängigkeit von Preisänderungen bestimmt werden. Formal besagt dies, daß die Entnahmestruktur angepaßt werden muß, die Zielfunktion also folgendes Aussehen hätte:

(20) $c \rightarrow \text{Max}$

unter der Nebenbedingung

$$c_t = c(1 + k)^{t-1} \qquad (t = 1,\ldots,T)$$

wobei c die Entnahme der ersten Periode und k die als konstant angenommene periodische Preissteigerungsrate der Zielgüter darstellt.[217)]

Würde man bei Preisänderungen für Konsumgüter auf diese Korrekturen der Struktur gegenüber dem Fall stabiler Preise verzichten, so würde lediglich der Strom mit dem nominell höch-

---

216) Vgl. hierzu S. 195 dieser Arbeit.

217) Vgl. ähnlich auch Koch (1968), S. 419, Strobel (1976a), S. 221.

sten Niveau gewählt, eine Entscheidung, die sich bei Berücksichtigung der Kaufkraft des Stroms als falsch erweisen könnte. Die Bestimmung der real gleichbleibenden Struktur des Stroms verlangt allerdings, daß die Optimierung bis zu den unmittelbaren Konsumentscheidungen der Individuen zurückverfolgt werden müßten. Der personenbezogene Unternehmensbegriff wäre also um die Konsumentscheidungen des Haushalts zu erweitern. Dies wird teilweise in der Literatur explizit abgelehnt.[218)]

Es scheint jedoch nicht angebracht, eine solche Problemstellung prinzipiell zu vernachlässigen, da dies problematische Konsequenzen haben könnte. Zweckmäßiger dürfte es sein, zunächst zu prüfen, inwiefern es für das Handlungsoptimum abträglich ist, wenn man die Konsumentscheidungen des Haushalts isoliert betrachtet. Erst dann läßt sich entscheiden, ob die Vernachlässigung der Konsumentscheidungen erheblich ist.

Als Ausgangspunkt der Überlegungen wird folgende Nutzenfunktion angesehen:

(21) $$U = U(x_{11},\dots,x_{1n},\dots,x_{t1},\dots,x_{tj},\dots,x_{tn},\dots,x_{T1},\dots,x_{Tn})$$

wobei x_{tj} die Gütermenge des Konsumgutes j während der Perioden t bezeichnet ($j=1,\dots,n; t=1,\dots T$). Die Nutzenfunktion besitzt also ausschließlich Gütermengen als Argumente.

Die Frage ist nun, inwiefern es möglich ist, anstelle dieser unmittelbar auf Konsumgütern basierenden Nutzenfunktion eine solche zu verwenden, die den Nutzen von Alternativen in Geld mißt und das Problem des Güternutzens erst in einer zweiten gedanklichen Stufe angeht.

---

218) Vgl. D. Schneider (1968a), S. 18. Erkannt wird das Problem bei Adam (1970), S. 159.

terms of physical units will be possible only under the condition that its c o m p o s i t i o n r e m a i n s c o n s t a n t ."[222] Dies bedeutet, daß auch der Fall, daß die Zusammensetzung der Konsumgüter fest vorgegeben ist und von der Höhe der c_t nicht abhängt, eine Strukturentscheidung zulassen würde, da selbst bei unterschiedlichen Preissteigerungen die für die Struktur relevante Rate als Durchschnitt aller Raten der in Frage kommenden Güter gebildet werden könnte. Sowohl die Bedingung von Hicks, als auch die Bedingung von Leontief sind jeweils ausreichend, um die Strukturfrage des Zielstroms von Rückwirkungen freizuhalten, die aus der Höhe des Zielstroms resultieren.

Sind diese auf recht unwahrscheinlichen Prämissen basierenden Spezialfälle gegeben, so ist es möglich, die finanziellen Strukturentscheidungen vorzugeben. Auf der ersten Stufe der Entscheidung wird dann die optimale Alternative im Hinblick auf die Vorteilhaftigkeit (gerechnet in Geld) bestimmt; die Aufteilung des Geldbetrages auf die Güter ist das Problem der zweiten gedanklichen Stufe der Optimierung. Kann man mit dem Vorliegen solcher Prämissen nicht rechnen - sind die periodischen Nutzenfunktionen also nicht separabel - so kann das Problem der Optimierung nicht mehr in der Dimension Geld formuliert werden, weil dies zu einem Zirkelschluß führen würde. Es ist dann eine Nutzenfunktion zu formulieren, die die Vorteilhaftigkeit von Handlungsalternativen in Mengen von konkreten vom Individuum gewünschten Konsumgütern ausdrücken muß. Eine Vernachlässigung der Konsumsphäre hätte dann negative Folgen, weil nicht verhindert werden könnte, daß das im Anschluß an die Alternativenwahl auf der Basis finanzieller Zielgrößen noch anstehende Wahlproblem des Konsums lediglich zu suboptimalen Lösungen führen würde. Das üblicherweise in der Haushaltstheorie diskutierte Konsumproblem könnte bei der Wahl zwischen unternehmerischen Handlungsmöglichkeiten nicht mehr ausgeklammert werden.

---

222) Leontief (1936), S. 55.

Als Konsequenz dieser Überlegungen müßte dann eine intertemporale Nutzenfunktion bestimmt werden, die an Komplexität die bekannten Simultanmodelle noch übertreffen würde, weil sie zusätzlich das Konsumproblem zu bewältigen hätte. Sie würde das Individuum vor eine große Zahl von Wahlmöglichkeiten und Interdependenzen stellen, für deren rationale Durchdringung zum Zwecke einer simultanen Optimierung die menschliche Problemverarbeitungskapazität kaum ausreichen würde.

Wenn daher das Problem in zwei Stufen zerlegt wird und zunächst das vorläufige Optimum im Hinblick auf den Zielzahlungsstrom bestimmt wird, bevor die Aufteilung der Entnahmen auf die Konsumgüter vorgenommen wird, sollte man sich allerdings der Tatsache bewußt sein, daß es sich dabei nicht um eine denknotwendige Trennung der Problemstellung handelt, sondern um eine unerwünschte aber unumgängliche Notlösung.

Hinsichtlich der Bedeutung von Preisänderungen für das Ziel der Kapitalerhaltung ergibt sich folgende Zusammenfassung:

Die Analyse der Auswirkungen von Preisänderungen auf die Zielstruktur unter der Annahme, Kapitalerhaltung sei Ziel, schafft keine grundsätzlich neuen Aspekte. Ist der Planungszeitraum gleich dem Handlungszeitraum, so ist die Wahl des Endvermögens und damit des Kapitalerhaltungsmaßstabes beliebig. Überschreitet der Handlungszeitraum den Planungszeitraum, so lassen sich bei tendenziellen Vorstellungen über die Preisentwicklung vor und nach T^* tendenzielle Korrekturen bezüglich der Höhe des Endvermögens begründen; exakt berechnen lassen sie sich wegen der Ausgangsprämissen nicht.

Drittes Kapitel: Die Leistungsfähigkeit bilanztheoretischer Erfolgs- und Erhaltungskonzeptionen

Im vorangehenden Kapitel wurde gezeigt, unter welchen Bedingungen Kapitalerhaltung ein sinnvolles Ziel ist, wann die Frage nach der Zweckmäßigkeit des Kapitalerhaltungsmaßstabs unentscheidbar ist und welchen Einfluß Preisänderungen auf die Struktur des Zielstroms und auf die Höhe des Endvermögens und somit die Kapitalerhaltung haben. Die bislang in der Literatur vorliegenden Kapitalerhaltungskonzeptionen basieren zumeist nicht auf investitionstheoretischen Überlegungen, sondern entstammen den Bilanztheorien. Deren Zweckspezifikation ist nicht so eindeutig wie die der Investitionstheorie. Würde man in den Bilanztheorien Meßkonzeptionen mit nicht spezifizierten - also nicht an den Zielen potentieller Adressaten orientierten - Rechenzwecken sehen, so könnten in bezug auf die Zweckmäßigkeit von Erfolgs- und Vermögenskorrekturen infolge Preisänderungen keine eindeutigen Aussagen gewonnen werden: Man könnte feststellen, daß in bezug auf die Ausschüttungsbemessungs- und Kompetenzabgrenzungsfunktion die eine Erhaltungskonzeption dieser, die andere jener Interessentengruppe Vorteile verschafft. Eine Aussage mit allgemeinem Geltungsanspruch kann wegen der divergierenden Gruppeninteressen nicht getroffen werden.

Da gezeigt wurde, daß jede über die gläubigerschützende Nominalkapitalerhaltung hinausgehende Form der Kapitalerhaltung eine Umverteilung der Kompetenz zwischen Verwaltung und Aktionären herbeiführt und für diese Aufteilung keine verbindlichen betriebswirtschaftlichen Beurteilungsmaßstäbe bereitstehen, wäre eine Beurteilung von Bilanzkonzeptionen unter den Aspekten externer Rechnungslegung nicht sinnvoll, da nur eine unscharfe

Abstufung ihrer Zweckmäßigkeit möglich ist. Im Grunde betrifft die Frage der Kompetenzregelung die Anwendung gesamtwirtschaftlicher Lenkungsmechanismen und damit Grundsatzfragen der Wirtschaftsordnung.

Möglich ist allerdings zu prüfen, inwieweit eine Orientierung des Ausschüttungsverhaltens an den von den Bilanztheorien verwendeten Kapitalerhaltungsmaßstäben für die interne Rechnungslegung sinnvoll ist. In diese Richtung zielt ein interessanter Vorschlag von Engels und Müller, Kapitalerhaltungskonzeptionen als betriebswirtschaftliche Versionen von Konsumtheorien zu interpretieren.[1)]

Man könnte einem solchen Vorhaben mit Skepsis begegnen, da Bilanzkonzeptionen zumindest nicht als Entscheidungsrechnungen mit hoher Zweckeignung betrachtet werden können. Doch würde man bei einem Verzicht auf dieses Vorhaben die auch in der jüngsten Literatur häufig anzutreffenden Vorschläge der Berücksichtigung von Preissteigerungen im Rechnungswesen nicht in die Systematik eines Kalküls einordnen können und die Verbindung zwischen Bilanzkonzeptionen einerseits und Investitions- und Finanzierungstheorie andererseits abschneiden. Vielversprechender scheint ein anderes Vorgehen, nämlich entsprechend dem angedeuteten Vorschlag von Engels und Müller die Bilanzkonzeptionen als Ansätze für die Lösung des Problems der Strukturierung des Zielstroms zu betrachten und die Implikationen bezüglich der Verwendung der Konzeptionen als Entscheidungsrechnungen herauszuarbeiten. Die Frage richtet sich dann auf die Bedingungen, die gegeben sein müßten, um Bilanzen als Entscheidungsrechnungen verwenden zu können.

Generell wird die Eignung von bilanztheoretischen Konzeptionen eher negativ zu beurteilen sein, wenn ihre Anwendung sich auf sehr restriktive Prämissen stützt und die meisten realitätsnahen Problemkonstellationen als Anwendungsmöglichkeiten aus-

---

1) Engels/Müller (1970), S. 349 ff.

schließt, bzw. die Anwendung in bezug auf plausible Zielsetzungen zu zielwidrigem Verhalten führen würde.

Dies erweist sich als vorteilhaft auch für diejenigen Problemstellungen, bei denen man eine entscheidungslogische Interpretation der Bilanzkonzeptionen gar nicht beabsichtigt, sondern die Konzeptionen für Zwecke des "equity-accounting" einsetzen will.[2)] Was entscheidungslogisch als Deutung der Zielstruktur eines Individuums sich niederschlägt, erweist sich nämlich im "equity-accounting" als Wertung von Interessen bestimmter Gruppen: Wenn z.B. eine entscheidungslogische Konzeption dem Entscheidungssubjekt rät, die Ausschüttungen zu verringern, so führt die Interpretation dieser Konzeption als Konfliktlösung zur Deutung, die Einkommensinteressen der Aktionäre zu vernachlässigen. Die Anwendung der Konzeption in den Händen des Managements führt also eine Machtverlagerung zugunsten der Verwaltung herbei.[3)] Insofern ist auch für Zwecke des "equity-accounting" die Kenntnis der entscheidungstheoretischen Implikationen Voraussetzung, wenn man davon ausgeht, daß auch eine Regel zur Konfliktschlichtung nicht völlig willkürlich sein darf und die vorgenommene Wertung der Interessen transparent sein soll.

Unterschiede in den Bilanzauffassungen sind häufig dadurch zu erklären, daß Bilanzen verschiedene Aufgaben gestellt werden. Es ist hier nicht beabsichtigt, allen Aspekten der Bilanzkonzeptionen gerecht zu werden. Die Beschränkung auf das Problem der Kapitalerhaltung erscheint insoweit gerechtfertigt, als die Frage, wann ein Gewinn als Überschuß über ein wertmäßig erhaltenes Anfangskapital vorliegt, allen Bilanzauffassungen gemeinsam ist. Während Bilanzen in den Darstellungen der Klassiker wegen der damals noch fehlenden Grundlagen der Entscheidungstheorie als Informationsinstrument für eine große Zahl von Informationszielen angesehen werden,[4)] ist die Berechnung

---

2) Vgl. Ijiri (1967), S. 67.

3) Vgl. S. 44 dieser Arbeit.

4) Vgl. z.B. die umfassenden Kataloge bei le Coutre (1957), Sp. 2555 ff.

der Kapitalerhaltung praktisch das einzige Ziel, das der Bilanz für interne Zwecke noch zugebilligt wird. Die ursprünglich umfangreichen Kataloge von Anforderungen an Bilanzen sind in dem Maße bescheidener geworden, als zweckspezifische Informationsinstrumente ehemals den Bilanzen zugedachte Aufgaben übernehmen konnten. Die Frage, welcher Betrag entnommen werden kann, ohne daß die Kapitalerhaltung dadurch gefährdet wird, wird jedoch nach wie vor als ein Problem angesehen, für das man von einer Bilanz Antwort erwarten kann.[5)]

Da gezeigt werden konnte, daß Kapitalerhaltung als Ziel nur im Zusammenhang mit Ausschüttungen bzw. Entnahmen sinnvoll definiert werden kann, besteht die Frage darin, inwiefern Bilanzkonzeptionen mit bestimmten Varianten der Kapitalerhaltung zur Berechnung der Ausschüttungen im Sinne von Zielgrößen verwendbar sind. D. Schneider verdeutlicht den prinzipiellen Charakter der Frage: "Der Streit 'Kapitalerhaltung gegen Substanzerhaltung' stellt das Kernproblem der Gewinndefinition schlechthin dar, denn Gewinn ist ein Überschuß über ein zu erhaltendes 'Kapital' bzw. 'Vermögen', eine zu erhaltende 'Substanz' bzw. 'Unternehmung' ... Die Überschußgröße 'Gewinn' kann nur bestimmt werden in Abhängigkeit von den Zielgrößen der betroffenen Personen."[6)]

A. Die relevanten Definitionsmerkmale der Konzeptionen

Da besonders die klassischen Bilanzkonzeptionen als zweckpluralistische Rechnungen angelegt waren, wobei über die Zwecke kein Konsens bestand, erscheint es für Vergleichszwecke sinnvoll, die Konzeptionen nach einheitlichen Merkmalen zu unter-

---

5) K. Hax (1926) weist beim "Gewinnbegriff vom Standpunkt des Unternehmers" bereits auf Kapitalerhaltung als wichtigstes Ziel der Bilanz hin, (S. 108). Heinen nennt unter den Einzelaufgaben der Bilanz die Ermittlung des Erfolgs und den Nachweis der Kapitalerhaltung. Vgl. Heinen (1974b), S. 31, sowie Moxter (1974), S. 387.

6) D. Schneider (1973a), S. 56.

scheiden, da eine Beurteilung der Leistungsfähigkeit ansonsten sehr erschwert wäre. Im Hinblick auf das gewählte Problem wird im folgenden zwischen den nachstehenden Merkmalen unterschieden:

1. Abrechnungsrichtung
2. Zugrundeliegendes Entscheidungsfeld
3. Liquiditätsmäßige Ausschüttbarkeit

Die übliche Unterscheidung in Bilanztheorien, die auf Einzelbewertung und solche, die auf Gesamtbewertung beruhen, die meist automatisch mit einer retrospektiven bzw. prospektiven Abrechnungsrichtung assoziiert wird, ist demgegenüber weniger zweckmäßig, da sie das Problem des Entscheidungsfeldes übersieht.

Zu 1. Abrechnungsrichtung

Die Planung als Bestimmung des Beitrages von Handlungsalternativen im Sinne einer zeitlich bestimmten finanziellen Zielstruktur ist, wie gezeigt wurde, durch den Planungszeitraum T^* beschränkt. Gegenüber diesem maximal einsehbaren Zukunftsabschnitt ist es auch möglich, sich mit kürzeren Prognosezeiträumen zu begnügen oder auf Prognosen ganz zu verzichten. Für die Dokumentation von Entscheidungen gegenüber externen Adressaten kann der Verzicht auf Prognosen insofern sinnvoll sein, als die Bekanntgabe von Planungen es Konkurrenten ermöglichen könnte, sich in unerwünschter Weise an die Planungen anzupassen und diese dadurch zur "self destroying prophecy" werden zu lassen.

Eine Beschränkung auf kürzere Abschnitte als den eigentlichen Planungszeitraum ist jedoch auch bei Entscheidungsrechnungen möglich: Man kann Entscheidungen an Vergangenheitszahlen orientieren, ohne daß eine explizite Planung erfolgt, etwa weil man darauf vertraut, daß alles so bleibt, wie es war. Man kann auch so verfahren, daß jeweils kürzere Abschnitte als der eigentliche Planungszeitraum in die Rechnung einbezogen werden, indem man nur die voraussichtliche Entwicklung im nächsten Kalenderjahr explizit plant, obwohl ein Zeitraum von mehreren Jahren relativ gut überblickt werden kann. Die Beschränkung des Abrechnungszeitraums kann z.B. aus Kostengründen erfolgen, weil der Informationsvorteil, der aus einer expliziten Ausweitung der Planung erwartet wird, geringer eingeschätzt wird als die damit verbundenen Kosten.[7)]

Sieht man von den Problemen der Informationskosten einmal ab und geht man von einem gegebenen Planungszeitraum aus,[8)] so zeigt sich, daß dessen Möglichkeiten nicht von allen Bilanzkonzeptionen genutzt werden. In den meisten Konzeptionen wird der Zeitraum, für den die Transaktionen abgerechnet werden, ohne Bezug zu den Möglichkeiten der Planung gewählt und lediglich eine retrospektive Abrechnung vorgenommen.[9)]

Die Frage der Abrechnungsrichtung ist mit der Länge der Intervalle, an deren Ende eine Bewertung des Vermögens vorgenommen wird, eng verknüpft. Die Intervalle werden in Bilanzkonzeptionen häufig nicht nach der Notwendigkeit der zeitlichen Bereichsabgrenzung bestimmt, sondern routinemäßig gewählt.[10)] Während in mehrperiodischen Entscheidungskalkülen die Länge der Periode durch die Abstände zwischen den Entnahmen bestimmt wird und eine Bewertung erst dann erfolgt, wenn eine explizite Planung nicht mehr möglich ist, wird in den meisten Bilanzkonzeptionen die Periodisierung durch eine Bewertung des Vermögens in *jeder* Periode vorgenommen.[11)] Ein solches Verfahren

---

7) Vgl. hierzu allgemein Teichmann (1975), S. 293 ff.

8) Es wäre kaum sinnvoll, Konzeptionen zu vergleichen, bei denen ein unterschiedlicher Informationsstand besteht. Vgl. Lippmann (1970), S. 81. Es muß daher unterstellt werden, daß das erreichbare Informationsniveau vorgegeben ist. Die Frage ist dann nur, inwiefern es genutzt wird.

9) Vgl. hierzu auch Hansen (1962), S. 99 f. in bezug auf das traditionelle Verfahren: "Even though in practice our inability to foresee the future means that we cannot expect to give a perfect expression to the magnitude of the invisible capital value existing at any time, complete omission of any attempt to give expression to it shows that the accountant, as regards his balance-sheet, has in view hardly any aggregate valuation of the net capital of the business as a whole."

10) Vgl. hierzu Nelson (1967), S. 76: "The one-year period, probably reflecting our agricultural past and our worship of the sun, is well-nigh universal."

11) Vgl. hierzu die Nebenbedingung (4a).

kann nur dann für die Bestimmung der zielgerechten Entnahmen unschädlich sein, wenn die Bewertung "richtig" erfolgt, d.h. im Sinne der entscheidungslogischen Wertdefinition. Dies muß notwendigerweise eine prospektive Deutung des Vermögens beinhalten.

Vorherrschend ist jedoch eine retrospektive Abrechnung, bei der nur die bereits vollzogene Geldwerdung erfaßt wird. Die Folgen bereits durch Kapitalbindung eingeleiteter, aber noch nicht abgeschlossener Transaktionen werden nicht durch eine Ergebnisprognose, sondern aus der Höhe der dafür erforderlichen Kapitalbindung gedeutet. Leffson sieht die retrospektive Abrechnung in der Natur der Bilanz begründet.[12)] Lehnt man eine prospektive Orientierung der Bilanz wegen der "Unmöglichkeit, in die Zukunft zu schauen"[13)] ab, so ist allerdings die Frage zu stellen, wie dies mit der Absicht vereinbar ist, bei der Bewertung der Nichtgeldbestände vom Prinzip des "going-concern"[14)] also der Unternehmensfortführung auszugehen. Es wäre die Frage zu beantworten, wie man eine retrospektive Rechnung zu gestalten hätte, bei der zwar die Bewertung der Nichtgeldbestände retrospektiv erfolgt, aber doch zum Ausdruck bringt, daß eine Fortführung der Unter-

---

12) Leffson (1966), S. 389: "Die Bilanz des Kaufmanns ist ihrer Natur nach ein Instrument der Nachrechnung und Kontrolle, und zwar primär für den Unternehmer selbst. Sie ist vergleichbar der Istrechnung im System der Plankostenrechnung. Sie stellt Anschaffungspreise und Erlöse gegenüber. Aus diesem Grunde ist sie geradezu zwangsläufig mit dem Anschaffungspreisprinzip verknüpft." Die Auffassung, die Bilanz solle sich nicht mit der Prognose von Zukunftserfolgen befassen, läßt sich für Informationszwecke Externer durchaus vertreten. Nicht geklärt bliebe allerdings, ob sie als Kontrollrechnung relevante Informationen für Interne liefern kann, denn der retrospektiven Bilanz als Teil einer Abweichungsanalyse hätte man wieder eine Rechnung zur Seite zu stellen, die sich mit der Prognose befaßt. Die Frage nach der Gestaltung dieser Rechnung würde also erneut auftauchen.

13) Leffson (1966), S. 375.

14) Leffson (1970), S. 131 f.

nehmung in der Zukunft geplant ist: Es wäre eine Brücke von der Vergangenheit zur Zukunft zu schlagen.[15)]

Ein Verzicht auf Prognosen könnte gerechtfertigt werden durch die Pauschalannahme: "Es bleibt alles, wie es war." In dieser Richtung zielt die Begründung von Käfer für die prospektive Deutung von Wertansätzen, die aus historischen Anschaffungsauszahlungen abgeleitet werden: Unterstellt man, daß im Zeitpunkt der Anschaffung eines Gutes der Wert des Gutes mindestens so hoch wie sein Preis eingeschätzt wurde und unterstellt man weiter, daß im Bilanzierungszeitpunkt noch keine Planrevision notwendig geworden ist, so wird durch Ansatz der Anschaffungsausgabe eine Einzahlungserwartung gleicher Höhe fingiert.[16)]

Eine Bewertung mit Hilfe von Pauschalprämissen ist zwar prinzipiell möglich, besagt allerdings nur, daß eine explizite Planung durch eine implizite ersetzt wird; ein Vorgehen, das keineswegs unproblematisch ist, da die Implikationen der Bewertung zunächst nicht sichtbar werden. Vorteile sind von einer impliziten Planung mit systematischem Verzicht auf explizite Prognose deshalb nicht zu erwarten.[17)]

---

15) Anderer Auffassung als Leffson ist Käfer (1962), der die Bilanz als Zukunftsrechnung interpretiert. Käfer interpretiert die Bilanzgüter als "Summe von mehr oder weniger zahlreichen k ü n f t i g e n Nutzleistungen" (S. 15) und stellt weiter fest: "Wir haben also in den A k t i v e n E r f o l g s q u e l l e n zu sehen, und nach dem Ausmaße, in dem sie da sind, sind sie auch zu bewerten." (S. 38). Wegen der Prognoseprobleme neigt auch Käfer dazu, trotz der I n t e r p r e t a t i o n der Bilanz als Zukunftsrechnung die Bewertung mit dem Anschaffungswert vorzunehmen. (S. 38) Vgl. hierzu auch die ausgezeichnete Übersicht der prospektiven Deutung retrospektiver Wertansätze bei Barth (1950), S. 29 ff.

16) Käfer (1962), S. 38.

17) Dies bedeutet nicht, daß es problemlos wäre, prospektive Ansätze in dem System der doppelten Buchhaltung zu verwirklichen. Dieses ist formal zwar auch prospektiven Ansätzen zugänglich, ursprünglich aber sicherlich retrospektiv konzipiert. Wenn man die "Natur" der Bilanz aus diesem Definitionssystem ableitet, ist Leffson sicherlich zuzustimmen, doch würde dies bedeuten, daß Bilanztheorie nur noch unter sehr restriktiven Prämissen betrieben werden könnte, wollte man sie von vornherein auf die Anwendung des formalen Schemas der doppelten Buchhaltung beschränken.

zwischen den künftigen Auszahlungen und Einzahlungen nicht wahrnehmen; sie können die Bewertung der Nichtgeldbestände daher nur als Ermittlung des Zielbeitrages von einzelnen Vermögensgegenständen deuten, wobei entweder eine Auszahlungsersparnis durch das Vorhandensein des Vermögensgegenstandes oder eine Einzahlungserwartung durch Veräußerung angenommen wird.[23)]

Die Interpretationsmöglichkeiten in bezug auf die Abrechnungsrichtung der Nichtgeldbestände lassen sich durch folgende Übersicht zusammenfassen:

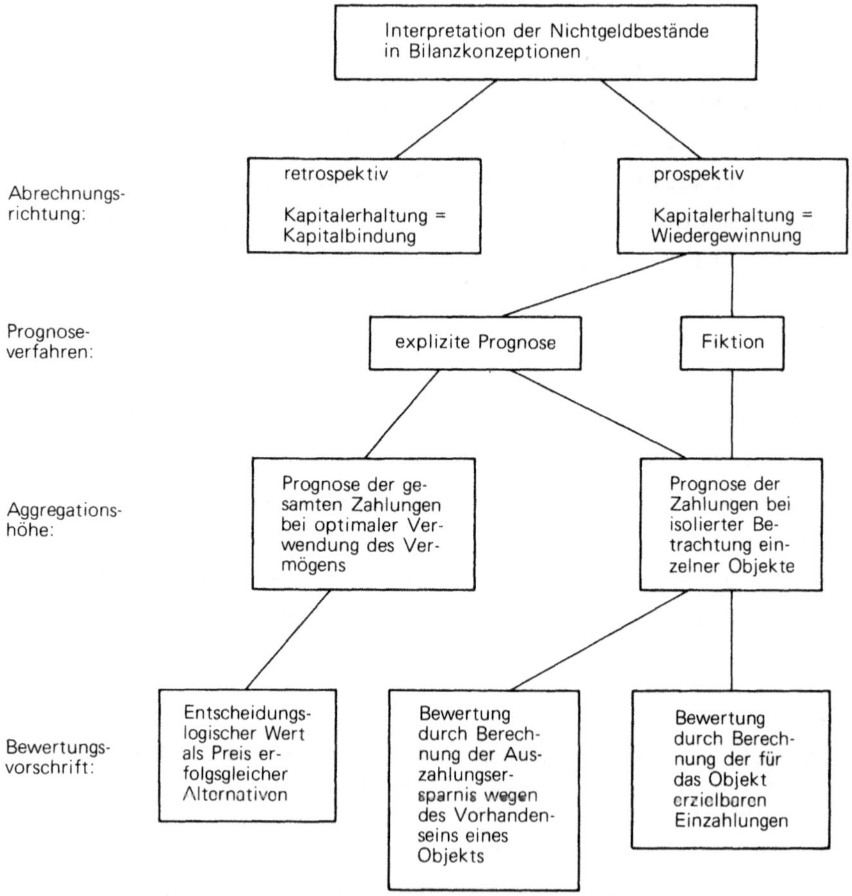

Abb. 7

23) Siehe S. 145.

Da die Abrechnungsrichtung als das wichtigste Kriterium in bezug auf die Bewertung der Nichtgeldbestände zur Berechnung der Kapitalerhaltung angesehen wird, werden die Bilanzkonzeptionen in retrospektive, partiell prospektive und total prospektive eingeteilt. Damit wird angedeutet, daß die Prognosemöglichkeiten durch die Abrechnungsrichtung in unterschiedlichem Maße ausgeschöpft werden. Das Interesse gilt der Frage, wie sich dies auf die Leistungsfähigkeit der Konzeptionen zur Verarbeitung einer sinnvollen Interpretation der Kapitalerhaltung auswirkt.

Zu 2. Zugrundeliegendes Entscheidungsfeld

Es wurde gezeigt, daß das Ziel der Kapitalerhaltung nicht in bezug auf alle Typen von Entscheidungsfeldern, sondern nur für den personenbezogenen Unternehmensbegriff sinnvoll scheint. Konzeptionen, die das Problem für den firmenbezogenen Unternehmensbegriff stellen, wären allenfalls in der Lage, ein Suboptimum für ein Individuum abzuleiten.

Obwohl der Geltungsbereich der Bilanzkonzeptionen in der Regel nicht explizit erörtert wird, kann man aus dem Zusammenhang, in dem die Diskussion geführt wird, Schlüsse auf den beabsichtigten Anwendungsbereich der Konzeptionen ziehen. Es scheint, daß die unterschiedlichen Auffassungen teilweise dadurch erklärt werden können, daß die Vertreter der Standpunkte implizit von divergierenden Vorstellungen bezüglich des adäquaten Entscheidungsfeldes der Konzeptionen ausgehen, ohne sich der Diskrepanz der Entscheidungsfeldprämissen bewußt zu sein. Um diese strittigen Diskussionspunkte aufklären zu können, sollte der Frage des Entscheidungsfeldes besondere Beachtung zukommen.

---

23) Dieser Unterscheidung entspricht die Bewertung zu Wiederbeschaffungskosten und zu Liquidationserlösen. Auf die Bewertung zu Wiederbeschaffungskosten wird im Rahmen der Konzeption von F. Schmidt im Einzelnen eingegangen. Die Bewertung zu Veräußerungspreisen wird vor allem von Chambers (1966) vertreten. Da gezeigt wurde, daß die Bewertungsregel mit der H ö h e der Kapitalerhaltung nichts zu tun hat, wird hier auf diesen Vorschlag nicht näher eingegangen. Eine kritische Beurteilung der Bewertung zu Liquidationserlösen wird auf S. 95 dieser Arbeit vorgenommen.

In der Literatur sind sowohl Konzeptionen für den firmenbezogenen als auch für den personenbezogenen Unternehmensbegriff vorgelegt worden. Zwar kann nur eine Totalbetrachtung des Entscheidungsfeldes zu sinnvollen Ergebnissen führen, doch ist es zweckmäßig, Bilanzkonzeptionen, die offensichtlich auf den firmenbezogenen Unternehmensbegriff zugeschnitten sind, nicht prinzipiell abzulehnen, da eine offensichtlich inadäquate Interpretation nicht fruchtbar wäre. Dies gilt vor allem für solche Konzeptionen, die als Dokumentation der Vorgänge in der Unternehmung zur Information Externer konzipiert sind.[24)] Sofern diese Konzeptionen aber den Anspruch erheben, selbst als Entscheidungsrechnungen oder zumindest als Vorstufe dazu interpretiert zu werden, ist es notwendig, an sie die gleichen Kriterien anzulegen, wie es bei Entscheidungsrechnungen für erforderlich gehalten wird.

Zu 3. Liquiditätsmäßige Ausschüttbarkeit des Erfolges

Moxter schlägt vor, in bezug auf die Ausschüttbarkeit zwischen den Begriffen der "Ausschüttungsoffenheit" und der "Ausschüttungsfähigkeit" zu unterscheiden.[25)] Die Ausschüttungsoffenheit ist gewährleistet, wenn die Bedingung der Kapitalerhaltung durch Bewertung des Vermögens rechnerisch eingehalten ist. Die Ausschüttungsfähigkeit im liquiditätsmäßigen Sinne verlangt zusätzlich, daß die errechneten Maximalentnahmen bei Kapitalerhaltung auch tatsächlich ausschüttbar sind, also in Geldform entzogen werden und dem Haushalt des Unternehmers zugeführt werden können.

---

24) Dieses Informationsziel steht u.a. im Mittelpunkt der der Konzeption von F. Schmidt verwandten Konzeption von Edwards/Bell (1965). Durch Spaltung in einen "current operating profit" und einen "holding gain" soll es gelingen, die Gewinnermittlung entstehungsgerecht durchzuführen und für Externe aufzuschlüsseln. Eine kritische Analyse dazu findet sich bei Coenenberg (1968), S. 459 ff.

25) Moxter (1966), S. 54.

In den Entscheidungsmodellen der Investitionstheorie wird die Liquidität durch Nebenbedingungen sichergestellt.[26] Da Bilanzkonzeptionen nicht wie Entscheidungsmodelle in strengem Sinn aufgebaut sind, ist diese Frage nicht automatisch geklärt, sondern ein weiteres Problem der Konzeptionen. Zu prüfen ist deshalb, wie bei fehlender expliziter Berücksichtigung die liquiditätsmäßige Ausschüttung implizit gesichert werden kann, also die Fragen nach den Prämissen der Ausschüttbarkeit. Je unrealistischer diese Prämissen sind, desto höher wird man den Mangel der Konzeptionen in bezug auf ihre Leistungsfähigkeit zu veranschlagen haben.

Eine Untersuchung aller bisher vorgelegten Bilanzkonzeptionen ist wegen der großen Zahl kaum möglich.[27] Es muß daher eine Auswahl getroffen werden, die jedoch keine allzu großen Probleme bereitet, da viele Konzeptionen sich nur durch relativ unwichtige Modifikationen unterscheiden.

Ausgewählt werden zunächst die Konzeptionen von Kosiol und Schweitzer, die als die präzisesten Darstellungen retrospektiver Ansätze bezeichnet werden können. Kosiols Konzeption soll nur insoweit dargestellt werden, als dies für Schweitzers weiterführende Überlegungen notwendig ist. In diesen Konzeptionen wird zwischen der Ermittlung des Erfolges und seiner Verwendung streng getrennt, die Ermittlung teils unabhängig von der Verwendung des Erfolges, teils als dessen gedankliche Vorstufe gesehen.[28] Auf diese Weise soll zwischen retrospektiver Abrechnung und prospektiver Planung eine Verknüpfung hergestellt werden. Das Interesse gilt hier der Frage, inwiefern die Verbindung von retrospektivem Ansatz und prospektiver Entscheidungsrechnung zweckmäßig ist.

---

26) Vgl. etwa H. Hax (1964a), S. 435 und S. 437, Blumentrath (1969), S. 61 ff.

27) Einen auch die neuere Literatur umfassenden Überblick gibt Börner (1975b), Sp. 2110 ff.

28) Dies gilt nur für die Konzeption von Schweitzer.

Die Einteilung in Einnahmenbestände und Ausgabengegenwerte erfolgt innerhalb der pagatorischen Konzeption nach dem Realisationsprinzip: Solange Vorgänge nicht realisiert sind, gilt die Interpretation als Ausgabengegenwerte: "Der Anschaffungswert begleitet die Realgüter bis zu ihrem Ausscheiden aus der Unternehmung. Bis dahin erscheinen die vollen oder verminderten Ausgabenwerte auch in der Beständebilanz."[37)] Werden sie realisiert, so können sie den Einnahmen zugerechnet werden. Die durchgängig retrospektive Richtung der Abrechnung bleibt erhalten.

Die Klassifikation von Kosiols Bilanztheorie als "dynamisch" zeigt sich besonders an der Art und Weise, wie Bestände behandelt werden. Für die Deutung der Bilanz ist der Begriff des Vermögens im Sinne der Bewertung von Beständen eigentlich nicht erforderlich. Kosiol bemerkt hierzu: "Der ursprüngliche Inhalt der Bilanz besteht nicht in den Bestandsgrößen, sondern in den unsaldierten Einnahmen und Ausgaben selbst. Die Bilanz ist nicht nur Hilfsmittel der Erfolgsrechnung, die unabgerechnete Bestände an die nächste Periode weitergibt, sondern selbst eine pagatorische Erfolgsrechnung."[38)] Die Interpretation der Bilanz als Rechnungsabgrenzungsposten ist hier so deutlich wie nirgendwo sonst in der Bilanztheorie. Vermögen wird begrifflich nicht wahrgenommen, es sei denn, es ließe sich pagatorisch deuten.[39)]

---

37) Kosiol (1967), S. 93. Eine Verminderung der Ausgabengegenwerte ist bei Kosiol möglich durch Abschreibungen, die als Ausgabenverteilung interpretiert werden. Die Konzeption wird dadurch jedoch nicht beeinträchtigt. Die Konzeption Kosiols erinnert in bezug auf die Bewertung an die Überlegungen von Rudolf Fischer. Auch Fischer (1909) fordert, "die durch die Buchführung gegebenen Selbstkostenziffern als die Ziffern der allein richtigen Erfolgsberechnung zu respektieren." (S. 16). Ähnlich Kosiol hat auch Fischer auf eine eigene Werttheorie verzichtet, da er die Bewertung als durch Anschaffungswerte gelöst ansieht. Vgl. hierzu auch Münch (1940), S. 113 ff., sowie Barth (1953), S. 197 ff.

38) Kosiol (1959), S. 228 f.

39) Vgl. hierzu Schweitzer (1972), S. 172.

Dies erklärt auch, warum ein Bewertungsproblem im engeren Sinne für die Nichtgeldbestände an den Bilanzstichtagen nicht entsteht. Da das Vermögen im üblichen Sinne nicht erfaßt wird, kann die Frage nach seiner Bewertung innerhalb der pagatorischen Konzeption eigentlich nicht gestellt werden, weil die Frage durch die Konzeption bereits entschieden ist: Nichtgeldbestände werden mit den dafür geleisteten Ausgaben bewertet. "Da der Verbrauchszeitpunkt unabhängig vom internen naturalen Güterverzehr durch den Zeitpunkt der Ertragsrealisation im Markt bestimmt wird, werden die Anschaffungswerte des in Einnahmenbeständen und Vorräten investierten Kapitals bis dahin unabhängig von allen Markteinflüssen fortgeführt."[40)]

Interpretiert man Bewertung als Fortführung von Anschaffungsausgaben, so können eintretende Änderungen des ursprünglichen Entscheidungsfeldes solange nicht wahrgenommen werden, bis sie sich selbst in Einnahmen niederschlagen, also aus der Sicht des Abrechnungszeitpunktes wieder Vergangenheit darstellen. Dies bedeutet, daß die Kapitalbindung in der Vergangenheit stets dem Wert des jeweiligen Gegenstandes gleichgesetzt wird. Die Aufteilung des Erfolges auf die einzelnen Perioden führt dann zu Ergebnissen, die einer "statischen" Interpretation des Vermögens widersprechen.[41)]

40) Kosiol (1967), S. 111.

41) Ein Beispiel, um die Problematik aufzuzeigen, bringt Solomons (1969), S. 111 in Anlehnung an ein Beispiel von Mc Neal (1962), S. 60 f.: Die Investoren X und Y verfügen in t=0 über DM 1000. X investiert den Betrag in t=0 in die Aktie A und Y investiert in die Aktie B. Beide Aktien verdoppeln ihren Kurs bis zum Ende der ersten Periode. X verkauft vor Periodenende seine Aktien und investiert den Erlös gleichzeitig ebenfalls in die Aktie B. Sowohl X als auch Y verkaufen ihre Aktien am Ende der zweiten Periode für DM 2000. Die Erfolgsrechnung weist für die beiden Perioden folgende Ergebnisse auf:

Periode	1	2
X	+ 1000	0
Y	0	+ 1000

Der Unterschied ergibt sich, obwohl X und Y zu Beginn, zum Ende der Periode 1 und zum Ende der Periode 2 über das gleiche "Vermögen" verfügten und zeigt in treffender Weise die Willkür der retrospektiven Konzeption in bezug auf die Zerschneidung der periodischen Erfolgsbeziehungen.

Wenn also die Rechnung Kapitalerhaltung konstatiert, so wird dies nicht aus der Aufrechterhaltung eines Zielerreichungspotentials abgeleitet, sondern aus der Höhe einer für Nichtgeldbestände geleisteten Ausgabe: "Auf diese Weise (durch Bewertung zu Anschaffungsausgaben, Anm. d. V.) wird das in der Unternehmung arbeitende Nominalkapital dem Wertbetrage nach erhalten, bevor ein Gewinn als Kapitalüberschuß ermittelt wird, so daß man auch von wertmäßiger Kapitalerhaltung sprechen kann."[42] Inadäquat wäre es, eine solche Rechnung prospektiv zu interpretieren. Dies könnte "möglicherweise zu der Vorstellung verleiten, das für Vorräte verausgabte Geld werde zwangsläufig stets wieder zurückgewonnen."[43] Wegen der retrospektiven Abrechnungsrichtung der Bewertung ist deshalb gegen die Konzeption Kosiols der Einwand erhoben worden, die "Fiktion" der Kapitalerhaltung verschleiere den "entweder irrelevanten oder empirisch gehaltlosen Charakter dieser Wertansätze."[44]

Da die Aufwandsbewertung zwangsläufig auf der Basis von Anschaffungskosten erfolgt, ist die Konzeption Kosiols automatisch mit der Nominalkapitalerhaltung als Voraussetzung der Erfolgsentstehung verbunden.[45] Diese soll jedoch nicht gleichzeitig die Ausschüttungen determinieren; zwischen Gewinnausschüttung und Gewinnermittlung besteht nach Kosiol keinerlei Zusammenhang.[46] Die Unterscheidung zwischen Ausschüttungsoffenheit und Ausschüttungsfähigkeit des Gewinns ist für die Konzeption Kosiols inadäquat, da die Gleichsetzung von Gewinn und Ausschüttung völlig aufgehoben ist.

Will man den Wert von Kosiols Konzeption im Sinne der hier untersuchten Zielsetzung beurteilen, so scheint zunächst ein Vorteil darin zu liegen, daß der Kapitalerhaltungsmaßstab, der

---

42) Kosiol (1967), S. 111, (1976), S. 540, (1977), S. 276.

43) Koch (1968), S. 411.

44) Schwiering (1973), S. 121.

45) Kosiol (1967), S. 113, sowie R.B. Schmidt (1964), S. 432 f.

46) Kosiol (1967), S. 115, (1977), S. 286.

als Restriktion der Ausschüttungen verwendet wird, frei gewählt werden kann. Durch die Trennung in Erfolgsermittlung und Erfolgsverwendung soll es gelingen, "den Erfolg der Unternehmertätigkeit unverwässert aufzuzeigen, ohne damit eine verfolgte Kapitalerhaltungsvorstellung zu inhibieren."[47] Die Orientierung der Ausschüttungspolitik an einem zu wählenden Kapitalerhaltungsmaßstab hat nach Kosiol in einem zweiten Schritt der Erfolgsermittlung zu erfolgen. Kapitalerhaltungskalküle im investitionstheoretischen Sinn, wie sie hier angestrebt werden, könnten als Nebenrechnungen im Sinne von Kosiol zur Steuerung der Ausschüttungen dienen.[48]

Wenn zwischen der vorangehenden Gewinnermittlung und der Ausschüttung gar kein Zusammenhang besteht, so wirft dies allerdings die Frage nach dem Zweck der Erfolgsermittlung auf.[49] Da gezeigt wurde, daß der Begriff der Kapitalerhaltung nur im Zusammenhang mit Ausschüttungen sinnvoll verwendet werden kann, besitzt die Erfolgskonzeption auf Basis der Nominalkapitalerhaltung für das hier interessierende Problem keinen Informationswert, da sie keinerlei Einfluß auf die Ausschüttungen hat. Insofern läßt sich die Nominalkapitalerhaltung im Rahmen der Erfolgsermittlung nur als Konvention, jedoch nicht materiell begründen, zumal die Bewertungsregel, anhand der das Erreichen der Nominalkapitalerhaltung festgestellt wird, von vornherein eine zielbezogene materielle Interpretation des Vermögens nicht zuläßt.[50]

---

47) R.B. Schmidt (1963), S. 15; vgl. auch Schulze (1966), S. 197.

48) Vgl. Kosiol (1967), S. 114 f.

49) Zur Kritik an Kosiols Konzeption vgl. D. Schneider (1973a), S. 51, Schwiering (1973), S. 120 f. Zur Forderung nach Zielrelevanz vgl. Coenenberg (1969), S. 89 f.

50) Daß Kosiol der bilanziellen Abrechnung für Entscheidungen geringe Bedeutung beimißt, geht aus der vorwiegend retrospektiven Abrechnungsrichtung hervor: "Angestrebtes Ziel ist ein möglichst simultaner Ablauf von Geschehen und dessen rechnerischer Erfassung. Da trotzdem die Erfassung dem Ereignis im Prinzip stets nachfolgt, ist die Finanzbuchhaltung eine Nachrechnung, deren Zahlen historischen Charakter tragen. Sie ist somit die Geschichtsschreibung des Wirtschaftsgeschehens in der Unternehmung." (1967), S. 9.

Dies bedeutet, daß zwar die Kapitalerhaltungsmaßstäbe für Ausschüttungen frei gewählt werden können, daß dies jedoch kein Vorteil der Konzeption ist, sondern daß dies sozusagen neben der Konzeption möglich ist, weil zwischen Erfolgsbegriff und Ausschüttungspolitik keine Beziehung besteht. Die Standardisierung des Erfolges durch die Nominalkapitalerhaltung ist daher für die Ausschüttungspolitik ohne Bedeutung. Dies gilt nicht mehr für die Konzeption von Schweitzer, die auf der Konzeption von Kosiol aufbaut, im Gegensatz zu Kosiol bemüht ist, die Verbindung zwischen Bilanz und Entscheidungskalkülen herzustellen.

2. Die Konzeption von Schweitzer

Die Konzeption von Schweitzer stellt eine Weiterentwicklung des Ansatzes von Kosiol dar.[51] Von der Konzeption Kosiols unterscheidet sich die Schweitzers vor allem dadurch, daß er die retrospektive Betrachtung im Gegensatz zu Kosiol durch das Niederstwertprinzip nicht durchbricht. Außerdem macht Schweitzer die Verbindung seiner Bilanzkonzeption zu "instrumentalen Satzsystemen höherer Ordnung,"[52] also zu Entscheidungsmodellen mit mehrperiodischem Zeitbezug deutlich.

Während sich Kosiol zu Fragen der Gewinnverwendung im Rahmen seiner Bilanzkonzeption nicht im Sinne einer Normierung äußert, nimmt Schweitzer hierzu Stellung. Seine Rechnung gliedert sich in zwei Teile: Im ersten Teil - der eigentlichen Bilanzkonzeption - entwickelt Schweitzer ein Grundmodell zur Ermittlung des Periodenüberschusses.[53]

---

51) Dies macht Schweitzer selbst im Vorwort deutlich. Schweitzers Konzeption war Gegenstand einer Kontroverse mit D. Schneider (1973a), S. 46 ff. Sie erscheint schon deshalb einer eingehenden Analyse wert, als in dieser Kontroverse elementare Grundsatzfragen der bilanztheoretischen Diskussion berührt wurden.

52) Schweitzer (1972), S. 90.

53) Schweitzer (1973) beabsichtigt, daß das Verwendungsmodell "nahtlos an das bilanzielle Grundmodell anknüpft." (S. 691).

Der durch das Grundmodell berechnete Überschuß ist im zweiten Rechenschritt - dem Verwendungsmodell - zielgerecht auf mögliche Verwendungsalternativen zu verteilen. Die Aufteilung in Überschußermittlung und Überschußverwendung bildet gleichzeitig den Bezugsrahmen für die Klassifikation der bekanntesten Bilanztheorien.[54)] Schweitzers Einwand gegenüber den bekannten Bilanztheorien stützt sich auf die seiner Meinung nach mangelnde Trennung zwischen Erfolgsermittlung und Erfolgsverwendung.

Die Konzeption Schweitzers erweckt den Eindruck, als könne eine logische Verbindung von Bilanzkonzeptionen zu den Modellen der Investitions- und Finanzierungstheorie hergestellt werden. Das Interesse gilt der Frage, inwiefern diese Verbindung von Überschußermittlung im Grundmodell und Überschußverwendung im Entscheidungsmodell gelungen ist. Da es sich um eine für die Bilanzierung grundlegende Frage handelt, soll dies im folgenden eingehend untersucht werden.

Das Grundmodell basiert auf einem in Anlehnung an Ijiri[55)] entwickelten Axiomensystem. Das System besteht aus Definitionen, Axiomen und Rechnungsregeln und soll dazu dienen, Informationen über den "Ergiebigkeitsgrad unternehmerischer Handlungen in einem bestimmten Zeitraum"[56)] zu liefern.

Zunächst wird Geld als Maßgut definiert. Die Menge der Güter, die als Maßgut erklärt werden, bezeichnet Schweitzer in Anleh-

---

54) Schweitzer (1972), S. 155 ff.

55) Die Ableitung der Axiome wird bei Ijiri (1971b), S. 13 f. wie folgt erklärt: "How were these axioms and valuation rules derived? They were derived by observing a large volume of journal entries and by trying to reduce them into a small set of categories." Sowie (1967), S. 88: "That is, we take the conventional accounting system as given rather than ab initio seeking to prescribe what we think an accounting system should be. We then view the valuation system of conventional accounting as though it consisted of a set of axioms on one hand and a set of valuation rules on the other. These are extracted from conventional accounting in such a way that they are not only necessary but also sufficient to explain most of the principles and practices in it."

56) Schweitzer (1972), S. 12.

nung an Ijiri als Basisklasse.[57] Die Wahl von Geld als Maßgut entspricht in idealer Weise der pagatorischen Bilanzkonzeption Kosiols, die alle Bilanzpositionen aus Zahlungen ableitet. Zahlungen werden deshalb als "Bewegungen in Maßeinheiten der Basis-Klasse"[58] definiert. Die Unterscheidungen zwischen verschiedenen Typen von Zahlungen werden aus der pagatorischen Bilanz übernommen.[59] Der Periodenüberschuß wird als Differenz aller erfolgswirksamen Zahlungen bestimmt und kann Gewinn oder Verlust genannt werden. Den Begriff der Erfolgswirksamkeit von Zahlungen will Schweitzer ausdrücklich als ein Problem mit Konventionscharakter diskutieren.[60]

Im Anschluß an die Definitionen erläutert Schweitzer seine Axiome. Als zentrales Axiom kann wohl die Zurechnung der Maßguteinheit Geld auf die Nichtgeldbestände angesehen werden: "Für alle Güter und Schulden gilt: Erfolgt ein Zugang (Abgang) in einer Nicht-Basis-Klasse, so ist ihm als Rechnungsmaß die Summe aller Rechnungseinheiten der Basis-Klasse zuzuordnen, die im Austausch ausgehen (eingehen). Allen Zugängen (Abgängen) in der Basis-Klasse ist als Rechnungsmaß die Summe aller Einheiten ihres Gütermaßes zuzuordnen, die im Austausch ausgehen (eingehen); hier sind Güter- und Rechnungsmaß identisch."[61] Für die Abschreibungen (Abgänge in einer Nicht-Basis-Klasse) greift Schweitzer auf "Konstatierungen" zurück, die ebenso als Konventionen zu verstehen sind, wie die Anwendung des lifo-Verfahrens für die Bewertung von Vorräten.[62]

---

57) Ijiri (1967), S. 91 nennt dies "basic class".

58) Schweitzer (1972), S. 68. Geld als Maßgut ist nach Auffassung von Schweitzer allerdings nicht zwingend, sondern eine Konvention, die auch durch beliebige andere Maßgüter ersetzt werden könnte: "Danach könnte das Rechnungssystem durchaus in Maßeinheiten von K u p f e r bzw. G o l d einer bestimmten Feinheit oder in einer f r e m d e n W ä h r u n g aufgemacht werden." (S. 71).

59) Die Wiederholung der Aussagen von Schweitzer kann hier unterbleiben; vgl. hierzu Schweitzer (1972), S. 64 - 78.

60) Vgl. Schweitzer (1973), S. 685.

61) Schweitzer (1972), S. 69 f.

62) Ebenda, S. 70.

Die Rechnungsregeln als Abschluß des Grundmodells entsprechen dem üblichen Verfahren der Saldenziehung und präzisieren die Saldenziehung im Hinblick auf die vorangehenden Definitionen. Den sich ergebenden Überschuß interpretiert Schweitzer in Anlehnung an Kosiol nochmals als "M a ß a u s d r u c k d e r E r g i e b i g k e i t des periodisch realisierten Unternehmungsprozesses."[63)]

Während Kosiol noch von einer "Bewertung" der Nichtgeldbestände spricht,[64)] betont Schweitzer, daß sein Rechnungssystem keine Bewertungsprobleme aufwirft.[65)] Abgesehen von der Zweckmäßigkeit begrifflicher Festlegungen wie "Konstatierung" ist dies insofern zutreffend, als durch die den Axiomen zugrundeliegenden Konventionen eine Bewertung im ü b l i c h e n S i n n e nicht auftritt. Wird die Zuordnung von Geldbeträgen zu Nichtgeldbeständen durch strenge konventionelle Regeln bestimmt, so ist die Frage der Bewertung als Zuordnung eines im Hinblick auf bestimmte Zielsetzungen äquivalenten Geldbetrages nicht gestellt.[66)] Das Fehlen von Bewertungsproblemen wird von Schweitzer damit begründet, daß Bewertung zielbezogen erfolgen müsse, die dafür erforderlichen Zielsetzungen in einem Beschreibungsmodell wie der Grundrechnung keinen Platz haben könnten.[67)]

Das Bewertungsproblem tritt erst in einem dem Ermittlungsmodell nachgeschalteten Verwendungsmodell auf.[68)] Das Verwendungsmodell soll dazu dienen, den mit Hilfe des Axiomensystems ermittelten Überschuß auf die Verwendungsalternativen im Sinne

---

63) Schweitzer (1972), S. 71.

64) Kosiol (1967), S. 90 ff.

65) Schweitzer (1972), S. 78. Anderer Auffassung ist Drumm (1972), S. 124. Seiner Meinung nach sind zumindest die Konstatierungen bei den Abschreibungen als Bewertung anzusprechen. Vgl. auch die kritischen Anmerkungen von D. Schneider (1973a), S. 52.

66) Vgl. hierzu S. 92 dieser Arbeit.

67) Vgl. Schweitzer (1972), S. 118 ff.

68) Vgl. hierzu Schweitzer (1972), S. 83 ff.

einer Zielfunktion so aufzuteilen, daß als Ergebnis eine optimale Verwendung erzielt wird. Gegenüber einer solchen durch explizite Ziele gelenkten Verwendung sieht Schweitzer in den traditionellen Bilanztheorien nur einseitige Konzeptionen, die zudem die Ermittlungs- und Verteilungsprobleme des Überschusses in unzulässiger Weise verquicken.[69)]

Zur Demonstration des Verwendungsmodells geht Schweitzer vom Beispiel einer Aktiengesellschaft aus. Er zeigt, wie die Unternehmensleitung bei gegebenen Anspruchsniveaus der Verwendungsinteressenten das Verwendungsproblem durch Minimierung der gewichteten Differenzen zwischen tatsächlicher und angestrebter Verwendung das Optimierungsproblem lösen kann.[70)]

Interessant sind die Vorstellungen bezüglich der Realisierung der Kapitalerhaltung. Während die pagatorische Bilanzkonzeption von Kosiol nach eigener Aussage mit der Nominalkapitalerhaltung korrespondiert, dies aber für die Gewinnverwendung folgenlos bleiben soll, macht Schweitzer über den Kapitalerhaltungsmaßstab des Grundmodells keine Angaben. Kapitalerhaltungsvorstellungen sind nach seiner Auffassung nicht Gegenstand der Ermittlungsrechnung, sondern Teil des Verwendungsmodells.[71)] Dies

---

69) Vgl. Schweitzer (1972), S. 83 ff. und die Einwände gegenüber F. Schmidt (S. 178 ff.).

70) Gegen dieses Vorgehen sind von D. Schneider Einwendungen geltend gemacht worden, die sich insbesondere auf die Feststellung des Anspruchsniveaus der Verwendungsinteressenten und die Gewichtung der Gruppeninteressen durch das Management beziehen. Vgl. Schneider (1973a), S. 52 f. Diese offensichtlichen Probleme interessieren hier jedoch nicht, zumal es sich wohl nur um ein Beispiel für ein m ö g l i c h e s Vorgehen handelt. Dies zeigt eine modifizierte Variante des Verwendungsmodells bei Dinkel (1974), S. 76 ff.

71) Dies macht folgende Aussage deutlich: "Nach der in dieser Schrift entwickelten Konzeption stellt die Kapitalerhaltung (gewünschter Ausprägung) eine eigenständige Verwendungsweise dar, die simultan mit weiteren Verwendungsweisen mittels eines Verwendungsmodells verfolgt werden kann und mit der Ermittlung eines geldmäßig realisierten Periodenüberschusses nur dadurch in Zusammenhang steht, daß der Periodenüberschuß eine Nebenbedingung neben anderen darstellt, die den Lösungsraum der realisierbaren Kombinationen von Verwendungsweisen im Verwendungsmodell festlegen." (S. 140). Vgl. hierzu auch die ähnlichen Aussagen auf S. 119.

würde bedeuten, daß das Grundmodell als die eigentliche Bilanzkonzeption Schweitzers hinsichtlich Kapitalerhaltung und Gewinnverwendung keine Ambitionen verfolgt, also hinsichtlich der vom Investor gewünschten Form der Entnahmestrukturierung und Kapitalerhaltung offen ist.

Da die zielgerichtete Überschußverwendung an die Überschußermittlung unmittelbar anknüpft, kann die Frage nach der Einordnung des Überschußverwendungsmodells in entscheidungslogische Mehrperiodenkalküle gestellt werden. Sie lautet: "Welche Funktion und Stellung hat das Entscheidungsmodell der Überschußverwendung in einem totalen (oder partialen) Entscheidungsmodell der Unternehmung als Mittel der Unternehmungspolitik?"[72]

In bezug auf die Verbindung von Grundmodell und Verwendungsmodell gibt Schweitzer folgende Interpretation: "Die Verknüpfung beider Modelle liegt darin, daß im Grundmodell ein wohldefinierter Geldmengenüberschuß ermittelt wird, der als wichtigste Nebenbedingung in das Verwendungsmodell eingeht, während das optimale Verteilungsresultat als günstigste Verteilung des ermittelten Überschusses zahlenmäßig im Grundmodell - nach Verwendungsweisen spezifiziert - ausgewiesen wird."[73] Dies besagt, daß in jeder Periode nicht mehr ausgeschüttet werden kann als die Ermittlungsrechnung des Grundmodells ausweist. Wieviel aber tatsächlich ausgeschüttet wird, hängt nun von der Zielsetzung des übergeordneten Entscheidungsmodells ab.

Für dieses soll entsprechend den Vorschlägen der Investitionstheorie eine mehrperiodige Zielfunktion bis zum Planungshorizont formuliert werden,[74] was auch den im zweiten Kapitel geäußerten Vorstellungen entsprechen würde. Es müßte daher auch möglich sein, alle gewünschten Entnahmestrukturen und die entsprechenden Formen der Kapitalerhaltung in der Zielfunktion zu berücksichtigen.

72) Ebenda, S. 92.

73) Schweitzer (1972), S. 91 f.

74) Vgl. Schweitzer (1972), S. 92 und S. 200.

Der Zusammenhang zwischen den einzelnen Rechnungen würde danach durch folgende gedanklichen Schritte hergestellt werden:

(1) Zunächst wird aus der übergeordneten Zielfunktion, die bis zum Planungshorizont formuliert ist, die optimale Handlungsfolge abgeleitet.

(2) Entsprechend dem optimalen Plan wird nun eine auf dem Anschaffungswert basierende Abrechnung erstellt, die die optimale Alternative mit Hilfe des Axiomensystems abbildet.

(3) Durch die Überschußermittlung mit Hilfe des Axiomensystems aus dem Grundmodell ergeben sich nun die Restriktionen für die Ausschüttungen.[75)]

Bei dieser Abfolge von gedanklichen Operationen kann allerdings ein Problem auftreten, das den reibungslosen Ablauf der Rechnung in Frage stellt: Da die Bestimmung der optimalen Alternative üblicherweise unter der Annahme eines Zielstroms gegebener Struktur erfolgt, kann man nur sicher sein, die optimale Alternative gewählt zu haben, wenn Entnahmen in dieser Höhe tatsächlich getätigt werden.[76)] Die maximale Entnahme ist folglich entnahmepflichtig, wenn man das Optimum nicht verfehlen will. Denkbar ist nun aber, daß die Überschußermittlung auf der Basis des Grundmodells zu einer Begrenzung der Entnahmen führt, die die laut Zielfunktion vorgesehenen Ausschüttungen gar nicht zuläßt und somit die Realisierung des ursprünglichen Optimums verhindert.

---

75) Schweitzer stellt den Prozeß in ähnlicher Weise dar, bezieht zusätzlich aber noch Abweichungen zwischen den Planungen und den Ist-Werten ein. Auf diese zusätzliche Schweirigkeit kann verzichtet werden, um die logische Struktur zu zeigen. In bezug auf Punkt (3) schreibt Schweitzer: "Die detaillierte Ist-Verwendungsrechnung des realisierten Periodenüberschusses bei ihrer Stellung zwischen Ist-Rechnung des Grundmodells und Soll-Rechnung des Prozeßabschnitts hat die Aufgabe, die S e l b s t - f i n a n z i e r u n g in einer Weise zu gestalten, daß unter Berücksichtigung der Erfahrungen aus dem Soll-Ist-Vergleich und deren Projektion in die zukünftigen Prozessabschnitte das Erreichen der als Plan vorgegebenen optimalen Entscheidungsalternative gesichert wird." (S. 94). Verzichtet man auf die Annahme von Soll-Ist-Abweichungen, so wird gefordert, die Ausschüttungen so vorzunehmen, daß die bei der Wahl der optimalen Alternativen vorgesehenen Ausschüttungen eingehalten werden können.

76) Vgl. D. Schneider (1975a), S. 242.

Man kann sich das Problem an folgendem Beispiel klarmachen: Ein Investor verfüge in t=0 über DM 1000. Sein Planungszeitraum und Handlungszeitraum betrage zwei Perioden. Er beabsichtige, während dieser Zeit uniforme Entnahmen zu maximieren und sein Kapital nominell zu erhalten. Seine Wahl kann er zwischen den folgenden Alternativen treffen:

t	0	1	2
a_1	-1000	-	+3000
a_2	-1000	+1000	+ 960

a_1 sei ein Warenkauf in t=0 mit anschließendem Verkauf in t=2. a_2 sei der Kauf einer Anlage für DM 1000 mit einer Nutzungsdauer von zwei Perioden und linearer Abschreibung, auf der in Periode 1 und 2 Produkte produziert und anschließend veräußert werden.

Ist Fremdkapital zu 10 % erhältlich und können Zahlungsüberschüsse zu 8 % angelegt werden, so besteht für den Investor die Möglichkeit, die beiden Objekte in folgende Zielzahlungsströme zu transformieren (Schritt (1)):[77)]

t		1	2
a_1	Entnahmen	+ 952,38	+ 952,38
	Vermögen		+1000,00
a_2	Entnahmen	+ 500,00	+ 500,00
	Vermögen		+1000,00

Da die Forderung nach Nominalkapitalerhaltung bei beiden Alternativen erfüllt ist, kann die Entscheidung anhand der maximal entziehbaren Entnahmen getroffen werden: zu wählen ist a_1.

---

77) Es wird folgende Rechnung angestellt:

a_1: $3000 = 1000 + x + 1{,}1x$

$x = 952{,}38$

a_2: $1000 + \frac{960}{1{,}08} = x + \frac{x}{1{,}08} + \frac{1000}{1{,}08}$.

$x = 500$

Die Abbildung dieser Alternativen mit Hilfe des Grundmodells liefert folgende Ergebnisse (Schritt (2)):

Periode	1	2
a_1	0	+1904,76 [78]
a_2	+ 500,00	+ 500,00 [79]

Betrachtet man nun die Ergebnisse der Überschußermittlung auf der Basis des Grundmodells als Restriktion für die Ausschüttungen (Schritt (3)), so würde bei a_1 die sich in t=1 ergebende Maximalentnahme von 952,38 unmöglich. Die für a_2 sich ergebende Entnahme von 500 erweist sich hingegen als durchführbar.

Für die Interpretation des Ergebnisses bestehen nun zwei Möglichkeiten:

a) Man kann den durch das Grundmodell errechneten Überschuß als Restriktion des Entscheidungsmodells interpretieren, hätte dann allerdings zu erklären, weshalb diese Restriktion eingehalten werden soll, obwohl sie dazu führt, daß die ursprünglich optimale Alternative a_1 nicht gewählt werden kann.

b) Man kann den Überschuß des Grundmodells bei der Entnahme ignorieren. Dann entstünde die Frage nach dem Sinn der Überschußermittlung im Grundmodell.

Das Problem kann auch graphisch sehr anschaulich dargestellt werden (s. Abb. 8).

Im Entscheidungskalkül gilt nur die Restriktion, daß das Endvermögen bei keiner Alternative den Betrag von 1000 unterschreiten darf. Durch das Grundmodell wird eine weitere Restriktion geschaffen, die den zulässigen Lösungsraum für Periode 1 noch weiter einengt. Bei a_1 ist überhaupt keine Entnahme zulässig,

78) 1904,76 = 2000 - 95,24.

79) 500,00 = 460 + 40,00.

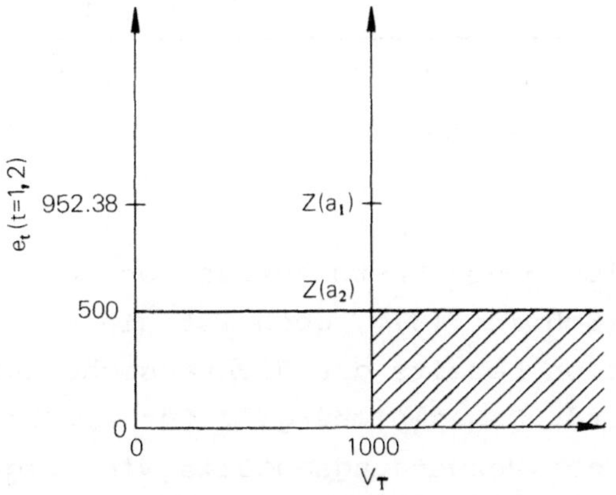

Abb. 8

bei a_2 werden Entnahmen auf den Betrag von 500 beschränkt. Da a_2 noch in der oberen linken Ecke des Lösungsraumes liegt, würde a_2 zur optimalen Alternative.

Probleme in bezug auf die Abstimmung der Ergebnisse von Entscheidungskalkül und Grundmodell ergeben sich auch bei anderen zeitlichen Strukturen des Entnahmestroms, etwa der Vermögensmaximierung ohne Entnahmen.[80] Ist Vermögensmaximierung in t=2 Ziel, so ergeben sich für das Ausgangsbeispiel folgende Zielzahlungsreihen (Schritt (1)):

t	2
a_1	+ 3000
a_2	+ 2040 [81]

Wieder wäre a_1 vorzuziehen.

Die nach dem Grundmodell berechneten Periodenüberschüsse würden entsprechend wie folgt aussehen (Schritt (2)):

80) Schweitzer nennt als Beispiel einer Zielfunktion die Gewinnmaximierung (S. 92), was jedoch gleichbedeutend ist mit der Vermögensmaximierung, wenn keine Angaben über Entnahmen gemacht werden.

81) 2040 = 960 + 1000 · 1,08.

Periode	1	2
a_1	0	2000
a_2	500	540

Zwar ist die Restriktion eines Überschusses von Null für a_1 auch diesmal wirksam (Schritt (3)), doch ist sie irrelevant, da durch die Zielfunktion bereits die Nichtausschüttung in Periode 1 gefordert wird. Das gleiche gilt für a_2: Hier greift zwar die Zielfunktion des Verwendungsmodells wie vorgesehen ein und bestimmt die Thesaurierung des laut Grundmodell ausschüttbaren Betrages, doch war auch in diesem Fall das Ergebnis des Ermittlungsmodells (Überschuß von 500) irrelevant, weil die Verwendung bereits durch die übergeordnete Zielfunktion vorherbestimmt war.

Daran zeigt sich, daß die Problematik nicht an einzelne Beispiele gebunden ist, sondern generell besteht: Entweder ist der mit dem Grundmodell ermittelte Überschuß kleiner als die sich durch Bestimmung des Zielzahlungsstroms ergebende Entnahme; dann führt die durch das Grundmodell zusätzlich gegebene Restriktion zu zielwidrigem Verhalten im Sinne des Oberziels des vorgelagerten Entscheidungsmodells. Oder der ermittelte Überschuß ist größer als die durch den Zielzahlungsstrom vorgesehene Entnahme; dann erfolgt die Aufteilung des Überschusses im Verwendungsmodell zwar wie vorgesehen, doch ist das Grundmodell überflüssig, weil die Entscheidung über die Verwendung bereits getroffen ist.

Die Problematik des sukzessiven Verfahrens besteht darin, daß zunächst die Überschußermittlung im Grundmodell auf der Basis eines auf Konventionen basierenden Axiomensystems erfolgt. Gegen dieses Vorgehen ist prinzipiell kein Einwand zu erheben, da es sich lediglich um einen axiomatisierten Meßvorgang handelt. Allerdings weisen die Ergebnisse des Grundmodells keinen Bezug zu den relevanten Zielvariablen des Entscheidungsmodells auf. Solange ein solcher Bezug nicht hergestellt wird, können beide Rechnungen nebeneinander existieren, da die Ergebnisse der

Entscheidungen das Grundmodell bestimmen, von diesem aber keine Rückwirkungen auf das Entscheidungsmodell ausgehen.

Wird nun allerdings das Grundmodell zur Restriktion für die Entnahmen erklärt, so wird eine durch Konventionen gewonnene Größe Gegenstand eines Entscheidungsmodells, das unter Relevanzgesichtspunkten entstanden ist. Da Konventionen aber nicht näher begründet zu werden brauchen und gesetzt werden,[82] wird in dem Entscheidungskalkül eine konventionelle Größe zur materiell relevanten Restriktion. Hat das Axiomensystem keinen Bezug zu den Zielen des Investors, so kann das Grundmodell einen Verstoß gegen das ursprüngliche Oberziel auch nicht wahrnehmen und seine Befolgung kann daher zu zielwidrigem Verhalten führen.[83]

Nun kann aber eine Notwendigkeit, die Ausschüttungen auf den im Grundmodell errechneten Überschuß zu beschränken, nicht gesehen werden. Selbst wenn keine Liquiditätsplanung im Sinne übergeordneter Entscheidungsmodelle erfolgt, ist eine Ausschüttung immer in Höhe des Bestandes an liquiden Mitteln zu Lasten des Kapitalkontos möglich.[84] Die Problematik dürfte darin liegen, daß trotz des konventionellen Charakters der Axiome das Ziel des Grundmodells darin gesehen wird zu prüfen, "in welchem Umfange es gelungen ist, für eine abgelaufene Periode die gesetzte Zielvorstellung zu realisieren."[85]

---

82) Vgl. Schweitzer (1973), S. 686. Schweitzer macht dies in der Zusammenfassung noch einmal deutlich, wenn er schreibt, daß sein Rechnungskalkül "semantisch" nicht interpretiert sei. (1972), S. 197.

83) So wird man auch den Einwand von D. Schneider (1973b) gegenüber der Konzeption Schweitzers zu verstehen haben: "Auch hier wird einfach eine Konvention gesetzt, ohne danach zu fragen, ob diese Konvention mit den Zielen der Rechnungslegung verträglich ist." (S. 769). Der fehlende Zielbezug der pagatorischen Bilanzkonzeption wird auch von Jaensch (1968), S. 58 f. gegenüber der ebenfalls auf Kosiol basierenden Auffassung von Schulze (1966) kritisiert. Sehr klar kommt die Kritik auch zum Ausdruck bei Lippmann (1970), S. 88 - 92.

84) Vgl. Lippmann (1970), S. 92.

85) Schweitzer (1972), S. 94.

ma errechnet werden. Die Interdependenzen zwischen den einzelnen Bereichen würden dadurch nur höchst unvollkommen sukzessiv erfaßt. Eine befriedigende Lösung bietet diese Interpretation ebenfalls nicht, da alle Einwände, die gegen das Ziel der Kapitalerhaltung in bezug auf den firmenbezogenen Unternehmensbegriff geltend gemacht wurden, auch weiterhin zutreffen.[92)]

Die Kritik gegenüber der Verwendung des Grundmodells i n n e r h a l b eines Entscheidungsmodells ist jedoch nicht als Kritik am Grundmodell selbst zu verstehen. Schweitzer hat in einer sehr präzisen Weise die Implikationen herkömmlicher Bilanzauffassungen bezüglich ihrer ungeklärten Gewichtung der Verwendung des Gewinns deutlich gemacht.[93)] Besonders wichtig erscheint die Aussage, daß die meist als wahrheitsfähige Fragen diskutierten Probleme der Periodengerechtigkeit und Erfolgswirksamkeit von Schweitzer als Konventionen dargestellt worden sind,[94)] während sie bislang in der Literatur häufig in einer nur schwer überschaubaren Mischung von Ermittlungs- und Entscheidungsmodellen diskutiert wurden.

Die Ablehnung Schweitzers gegenüber der Interpretation der Bilanz als Entscheidungsrechnung[95)] stützt sich auf seine Vermutung, daß eine Bewertung des Vermögens zur Ermittlung des ausschüttbaren Betrages auf einem Zirkelschluß basiere, da bereits in die Zielfunktion einzugehen habe, was erst Ergebnis der Rechnung sei. H. Hax hat jedoch gezeigt, daß dieser vermeintliche Zirkelschluß durchbrochen werden kann, wenn eine über den Handlungszeitraum definierte Zielfunktion be-

---

92) Vgl. S. 53 ff.

93) Vgl. Schweitzer (1972), S. 175 ff.

94) Vgl. hierzu Schweitzer (1973), S. 689.

95) Die Skepsis von Schweitzer in bezug auf prospektive Ansätze (vgl. hierzu seine Kritik an prospektiven Konzeptionen auf S. 191 ff.) ist - wie sich noch zeigen wird - weitgehend berechtigt. Es ist allerdings die Frage zu stellen, ob man aus der beschränkten Leistungsfähigkeit von Bilanzkonzeptionen nicht den weitgehenderen Schluß ziehen sollte und auf eine Verbindung zu Entscheidungskalkülen ganz verzichten sollte.

stimmbar ist.[96] Da die Periodenbegrenzung in der Bilanzkonzeption von Schweitzer jedoch nicht gleichzeitig mit dem Ende des Planungszeitraums zusammenfällt, ist eine Bewertung der Nichtgeldbestände denkbar. Sie ist allerdings, wie gezeigt wurde,[97] bei der Möglichkeit expliziter Planung entbehrlich. Insofern ist die Bewertung zwar nur bei fehlender Möglichkeit expliziter Planung n o t w e n d i g , jedoch bei über den Abrechnungszeitpunkt hinausgehender Prognosefähigkeit m ö g - l i c h .[98]

Die Ergebnisse in bezug auf die Beurteilung der Leistungsfähigkeit der pagatorischen Bilanztheorie mit einer Trennung zwischen Erfolgsermittlung und Erfolgsverwendung lassen sich nun zusammenfassen: Die Konzeption Kosiols weist zum Problem der Kapitalerhaltung keine begriffliche Beziehung auf. Zwar wird bei der Ermittlung eine Nominalkapitalerhaltung mit retrospektiver Abrechnungsrichtung zugrundegelegt, doch bleibt dies ohne Auswirkung auf die Ausschüttungen, da diese sowohl höher als auch niedriger als der berechnete Gewinn sein können. Ein Beitrag der Bilanzkonzeption in bezug auf eine bestimmte Form der Kapitalerhaltung ist nicht beabsichtigt.

Die auf der Konzeption von Kosiol aufbauende Konzeption von Schweitzer trennt zwar ebenfalls Erfolgsermittlung und Erfolgsverwendung, macht aber den als Erfolg ermittelten Betrag zur Nebenbedingung eines Modells der Erfolgsverwendung. Da die Erfolgsermittlung ebenfalls auf der Basis der nominellen Kapitalerhaltung und retrospektiver Bewertung basiert,[99] wird die Kapitalerhaltung als Begrenzung der maximalen Entnahme in einem u.U. unerwünschten Sinne normiert. Dies kann zu zielwi-

---

96) Vgl. H. Hax (1967a), S. 758.

97) Vgl. S. 85 dieser Arbeit.

98) Ob der Gedanke für Bilanzkonzeptionen fruchtbar ist, wird im Rahmen der Beurteilung prospektiver Konzeptionen noch geprüft.

99) Dies wird zwar nicht explizit angestrebt, ergibt sich jedoch implizit aus der Wahl der "Basis-Klasse".

drigem Verhalten im Sinne der Zielfunktion eines Mehrperiodenmodells führen. Da eine solche Restriktion in Entscheidungsmodellen nicht plausibel begründet werden kann, erscheint die Trennung zwischen Erfolgsermittlung und sukzessiver Erfolgsverwendung für die Verknüpfung von Bilanzkonzeption und Entscheidungsmodellen nicht ratsam. Die Trennung kann sich allerdings im Hinblick auf andere Rechenzwecke, wie die Eignung von Rechnungen als Informationskonventionen, durchaus als zweckmäßig erweisen.[100)]

II. Korrekturen retrospektiver Konzeptionen durch "reale" Kapitalerhaltung

Während die diskutierten Konzeptionen der pagatorischen Bilanzauffassung und die gesetzliche Konzeption nominale Kapitalerhaltung implizieren, also der Gleichstand von End- und Anfangsvermögen in Geld gemessen wird, soll bei den realen Kapitalerhaltungskonzeptionen die "Kaufkraft" des Eigenkapitals erhalten werden. Die Differenz zwischen dem Gewinn bei nomineller Kapitalerhaltung und dem Gewinn bei realer Kapitalerhaltung wird als "Scheingewinn" bezeichnet. Da es sich hierbei um einen Posten handelt, der nicht unter die "wirklichen"[101)] Gewinne gezählt werden soll, dürfe dieser Betrag zumindest nicht ausgeschüttet werden. Als die Begründer dieser Konzeption werden vor allem Mahlberg[102)] und Schmalenbach[103)] angesehen.

Im Gegensatz zur Substanzerhaltungskonzeption von F. Schmidt ist von Schmalenbach kein einheitliches Korrekturverfahren vorgelegt worden, sondern sowohl ein systematisches Verfahren[104)]

---

100) Vgl. hierzu besonders Ijiri (1967), S. 67.

101) Vgl. hierzu Schmalenbach (1922), S. 10. Schmalenbach sieht die Folgen des Scheingewinnausweises vor allem in zu hohem Konsum als Folge überhöhter Gewinnausschüttungen. Insofern ist die Interpretation von Engels/Müller von der Intention her zutreffend.

102) Vgl. Mahlberg (1922).

103) Vgl. Schmalenbach (1922) und (1925).

104) Schmalenbach (1926), S. 266 f.

als auch eine Reihe von partiellen, nicht systematischen Vorschlägen.[105)] Sie unterscheiden sich von der Konzeption von F. Schmidt vor allem durch drei Aspekte:

1. Die Korrektur erfolgt mit einem "allgemeinen" Index.[106)]

2. Die Bewertung basiert auf dem Anschaffungswertprinzip, das durch die Korrekturen nicht prinzipiell in Frage gestellt wird; deshalb kann das Konzept unter die retrospektiven Konzeptionen eingeordnet werden.

3. Die Korrekturen sind nicht auf die gesamte Aktivseite der Bilanz im Sinne einer Bruttokapitalerhaltung bezogen, da die "Gewinne" durch Wertverringerung der Schulden in die Berechnung des Scheingewinns einbezogen werden. Insofern kann von einer auf das Eigenkapital bezogenen Form der Kapitalerhaltung gesprochen werden.[107)]

Ohne auf die Vielzahl der für die Beurteilung der Konzeption unwesentlichen Einzelüberlegungen einzugehen, läßt sich feststellen, daß das Streben nach Praktikabilität im Vordergrund der Überlegungen Schmalenbachs steht. Daher wäre es kaum sinnvoll, die ursprüngliche Konzeption der realen Kapitalerhaltung in bezug auf ihre spezifische Zweckeignung im Sinne eines Kalküls beurteilen zu wollen.

Da die Konzeption Schmalenbachs jedoch Vorbild für neuere Varianten des "General Price-level Accounting" im anglo-amerika-

---

105) Schmalenbach (1922), S. 60 ff., (1925), S. 221 ff.

106) Schmalenbach (1925), S. 205. Daß die Wahl Schmalenbachs auf den Großhandelsindex fällt, läßt sich mit der Suche nach einem möglichst "allgemeinen" Index erklären. Vgl. ebenda, S. 221 ff. Spezielle Indices, wie sie von F. Schmidt gefordert werden, lehnt Schmalenbach explizit ab. Seine Konzeption zielt auf die Berücksichtigung des allgemeinen Geldwertes, nicht auf Preissteigerungen einzelner Güter. Dies wird deutlich in folgender Formulierung: "Verzichtet man auf Selbstfinanzierung, so ist das für die Ersatzbeschaffung nötige Geld, wenn nicht auf dem Kreditwege, durch zusätzlichen Kapitaleinschuß zu beschaffen. Es gehört eben bei gestiegenen Beschaffungskosten zum Anlagenersatz ein größeres Kapital als früher." (1962), S. 188.

107) Vgl. hierzu auch Havermann (1974), S. 430.

nischen Bereich gewesen ist,[108] scheint es notwendig, diese neueren Vorschläge in ihren Grundstrukturen etwas eingehender zu untersuchen.

Soweit die Konzepte dazu dienen sollen, mit Hilfe von Korrekturen einen "wirklichen", "richtigen", "echten" usw. Gewinn zu ermitteln, kann ihre programmatische Absicht als verfehlt bezeichnet werden: Da es bei stabilen Preisen keine Kriterien für die Wahrheitsfähigkeit von Begriffen gibt, kann dies natürlich auch nicht bei instabilen Preisen der Fall sein. Die "Bereinigung" einer Rechnung um die Geldentwertung läßt sich niemals als Suche nach der "Wirklichkeit", sondern nur als Methode zur Verbesserung von Konzeptionen im Hinblick auf bestimmte Rechenzwecke begreifen.

Neben der Absicht, die Rechnung zu "bereinigen", existieren auch Korrekturvorschläge, die die Verwendung bestimmter Indices im Rahmen von Konzeptionen "realer" Kapitalerhaltung aus den unternehmerischen Zielen ableiten. Der Vorschlag einer Verwendung von Konsumgüterindices ist besonders in der anglo-amerikanischen Literatur anzutreffen. Sterling argumentiert in bezug auf den Konsumgüterindex wie folgt: "In view of the motivation of the enterprise, it should be obvious that we think the Consumer Price Index is most appropriate. It is the closest substitute for an utility measurement that is currently available. In addition, it is a more general concept of purchasing power than any of the competing indices. We say 'more general' because the Consumer Price Index includes only final goods."[109] Und weiter: "... the u l t i m a t e purpose of an intermediate good is to garner command over f i n a l goods, and thus only final goods should be used in the construction of the index."[110]

---

108) Vgl. etwa Kirkman (1974), S. 146 ff., Parker/Harcourt (1969), Sterling (1970), S. 340 ff. In der deutschsprachigen Literatur wird sie nur selten vertreten. Vgl. z.B. Haase (1973) und (1975).

109) Sterling (1970), S. 340.

110) Ebenda, S. 341.

Die Begründung zeigt, daß der Bezug der Bilanz zu den Einkommenszielen der Informationsadressaten angestrebt ist. Ähnliche Überlegungen finden sich bei Chambers.[111] Eine solche Begründung ist der nicht begründeten Wahl möglichst allgemeiner Indices insofern vorzuziehen, als sie die Frage nach der Zielrelevanz des Index zumindest zu stellen versucht.

Um die Frage nach der sinnvollen Indexwahl entscheiden zu können, ist es erforderlich, auf die logische Struktur des Entscheidungsproblems zurückzugreifen, wie sie in Abb. 4 dargestellt ist. Die nach Auffassung der Vertreter realer Kapitalerhaltung korrekturbedürftigen Rechnungen beziehen sich auf den Strom zwischen Unternehmung und Umwelt, denn aus diesem Strom gehen die Aufwendungen und Erträge und damit auch die Bestandskonten in der Bilanz hervor. Demgegenüber sind Konsumgüterpreise relevante Variable des Transformationsvorgangs des Zielzahlungsstroms in "final goods". Wird nun gefordert, Korrekturen der Gewinn- und Verlust-Rechnung und Schlußbilanz müßten sich an Konsumgüterindices orientieren, so werden offensichtlich zwei Problembereiche vermengt. Gerade das Eigenkapital, dessen Kaufkraft, gemessen in Konsumgütern, erhalten bleiben soll, ist eine Größe, dessen Konsum nicht in Erwägung gezogen wird. Zwischen der korrigierten Größe und dem Korrekturfaktor besteht keinerlei logische Beziehung, da der Korrekturfaktor dem Bereich der Einkommensverwendung, die zu korrigierende Größe dem Bereich der Einkommenserzielung entstammt. Die zunächst plausibel scheinende Ableitung des Korrekturfaktors aus den unternehmerischen Zielen ist daher irreführend. Die Auswirkungen der Korrekturen sind daher rein zufällig und das Ergebnis weit

---

111) "... as we have also seen, the role of the firm in relation to its constituents is to provide them with gains or incomes. Whether these incomes will be devoted to consumption or to further investment, we do not know; nor, indeed, do we know what the magnitudes of those incomes will be, for the constituents may choose not to withdraw in any year the whole of the increase in the firm's residual equity. But insofar as any part of this increase withdrawn is to be devoted to consumption, a consumers' goods index is relevant; and insofar as any part is left in the firm or invested in other forms, the considerations of the first argument above make a consumers' index equally relevant." (1966), S. 229.

davon entfernt, die beabsichtigte präferenzkonforme Strukturierung der Konsumentnahmen herbeizuführen.

Da die Konzeptionen der realen Kapitalerhaltung mit Hilfe der Bilanz die grundsätzlich retrospektive Abrechnungsrichtung durch die Korrekturen der Kaufkraft des Eigenkapitals nicht in Frage stellen, ist eine Lösung des Planungsproblems von derartigen Konzeptionen auch nicht zu erwarten; die Wahl und Begründung des Index kann daran nichts ändern. Es gelten auch gegen solche Konzeptionen alle gegen retrospektive Konzeptionen bereits vorgebrachte Einwände, auf deren Wiederholung deshalb verzichtet werden kann.

Eine Steuerung der Entnahmen über nachträgliche Kaufkraftkorrekturen am retrospektiv bewerteten Vermögen geht am eigentlichen Problem vorbei, nämlich die Struktur der künftigen Konsumentnahmen in Abhängigkeit von erwarteten Preisänderungen festzulegen. Da die Korrektur des Vermögens vergangenheitsbezogen erfolgt, weil das Anfangsvermögen mit der zwischenzeitlich bereits eingetretenen Preisänderung indiziert wird, kann die Korrektur natürlich auch nicht generell als Anpassung an künftige Entwicklungen verstanden werden. Dies gilt nur dann, wenn die Entwicklung der Vergangenheit sich in der Zukunft fortsetzt. Eine Rechnung, die die Frage beantwortet, wie sich in der Vergangenheit die Kaufkraft des Vermögens entwickelt hat, kann dem Problem, wie sich in der Zukunft die Kaufkraft der für Konsumgüter vorgesehenen Entnahmen entwickelt, nur in sehr unvollkommener Weise gerecht werden.

Da die Konzeption von einer idealen Lösung des Planungsproblems weit entfernt ist, könnte allenfalls eine schwächere Version ihrer Leistungsfähigkeit geprüft werden, nämlich, ob unter bestimmten Prämissen die Konzeption zumindest die retrospektive Abrechnung bei Nominalkapitalerhaltung im Hinblick auf ihre Eignung zur Bestimmung von zielkonformen Entnahmen übertrifft.[112)]

---

112) Vgl. zu dieser Fragestellung Moxter (1974), S. 354 ff.

Diese Hypothese könnte durch folgende Überlegung begründet werden: Haben sich bereits Konsumgüterpreissteigerungen ereignet, so ist auch in Zukunft damit zu rechnen, daß sich dies wiederholt. Würde nun lediglich das Nominalkapital erhalten, so könnte sich bei anhaltenden Preissteigerungen erweisen, daß die künftigen Entnahmen nicht mehr die gleiche Kaufkraft wie die vergangenen besitzen. Insofern wäre es dann sinnvoll, bereits die Entnahmen zu reduzieren, ohne daß eine explizite Planung vorliegt.[113)]

Falls eine solche Konzeption im Einzelfall zu einer gewünschten Einkommensapproximation führt, so muß festgestellt werden, daß die Vereinbarkeit der Ergebnisse mit denen eines problemkonform konzipierten Entscheidungskalküls auf Zufall beruht. Beschränkt man den Rechenzweck aber auf die von Schmalenbach

---

113) Für die Verdeutlichung dieser Überlegungen ist folgendes Beispiel gut geeignet:

Ein Investor verfüge in t=0 über DM 200'000 und überblicke jeweils einen Planungszeitraum von einer Periode. Er sieht seine optimale Alternative in einer Investition, die eine liquiditätsmäßig verfügbare Rendite von 10% in jeder Periode abwirft. Außerdem plane der Investor Realkapitalerhaltung bei einer Steigerung der Lebenshaltungskosten von jeweils 5%. Gehen die Pläne des Investors auf, so ergibt sich folgende zahlenmäßige Entwicklung des Vermögens und der Entnahmen:

Periode	Anfangsvermögen	Endvermögen (in Geld)	Endvermögen (in Kaufkraft)	Entnahme bei realer Kapitalerhaltung
1	200'000	220'000	210'000	10'000
2	210'000	231'000	220'500	10'500
3	220'500	242'550	231'525	11'025
4	231'525	254'677,50	243'101,25	11'576,25
5	243'101,25	267'411,38	255'256,31	12'155,07
6	255'256,31			

Da in dem Beispiel das Vermögen indiziert wird, die Entnahmen jedoch als von der Höhe des Vermögens abhängig unterstellt wurden, wird die Struktur der Entnahmen in gleicher Weise beeinflußt, wie die Korrekturen am Vermögen erfolgen. Es wird deshalb gleichzeitig die Kaufkraft des Vermögens erhalten, als auch die gewünschte Struktur der Entnahmen erzielt. Dieses Ergebnis ist jedoch an die idealen Prämissen des Beispiels gebunden. Verzichtet man auf die Prämisse der konstanten Rendite und Preisentwicklung, wo wird die Zufälligkeit der Zusammenhänge deutlich.

verfolgte Absicht, einen Hinweis für die Beseitigung der Geldillusion zu geben, so kann die Korrektur des Vermögens eine nützliche Anregung sein und eine nützliche heuristische Funktion bei der Entnahmeplanung erfüllen.

Zusammenfassend kann gesagt werden, daß die Korrektur einer retrospektiven Abrechnung auch durch Einfügung von vergangenheitsbezogenen Geldwertkorrekturen nicht generell dazu führt, das Planungsproblem der Kapitalerhaltung sowie die Strukturierung der Konsumentnahmen in Zeiten steigender Preise problemadäquat zu formulieren. Vor einer Überinterpretation der Ergebnisse solcher Rechnungen muß deshalb gewarnt werden.

C. Die Kapitalerhaltung in prospektiven Bilanzkonzeptionen

I. Partiell prospektive Bilanzkonzeptionen

Wurden bisher nominelle und "reale" Erhaltungskonzeptionen diskutiert, die auf retrospektiver Betrachtungsweise basieren, so wird nun die Blickrichtung gewechselt: betrachtet werden Konzeptionen, bei denen die Bewertung der Nichtgeldbestände im Abrechnungszeitpunkt aus Vorgängen abgeleitet wird, die vom Abrechnungszeitpunkt gesehen, in der Zukunft liegen. Hierzu wird auch die Bilanzauffassung von F. Schmidt gezählt, die meist unter dem Begriff der "Substanzerhaltung" diskutiert wird. Dies führt häufig dazu, die Unterschiede zwischen der realen Kapitalerhaltung und der Konzeption der Substanzerhaltung nur in der Wahl der für Korrekturen anzuwendenden Indices zu sehen.[114] Ein solcher Vergleich läßt jedoch außer acht, daß es sich bei dem Konzept der Substanzerhaltung um eine der Intention

---

114) Vgl. etwa die Darstellung bei R.B. Schmidt (1970), Sp. 775 ff.

nach prospektive Rechnung handelt.[115)] Da Schmidt dies in der ursprünglichen Fassung jedoch nicht zum Ausdruck gebracht hat, weil er offenbar der Ansicht war, daß durch die Forderung nach Wiederbeschaffungspreisen die Praktikabilität seiner Rechnung gefährdet würde,[116)] ist seine Bilanzkonzeption mit einer Vielzahl von Dispositionsanweisungen belastet, die das zugrundeliegende Konzept nicht immer klar erkennen lassen und bei einer prospektiven Interpretation der Bewertungsvorschriften sich als überflüssig erweisen würden.[117)] Im Mittelpunkt der hier vorgetragenen Überlegungen stehen daher die Weiterentwicklungen der ursprünglichen Konzeption.[118)]

Die Bilanzauffassung von Schmidt wird unter der großen Zahl der Substanzerhaltungskonzeptionen deshalb als Ausgangspunkt gewählt, weil sie eine in ihren Grundzügen beeindruckend konsistente Systematik des Jahresabschlusses entwirft, die von neueren Vorschlägen dieser Richtung nicht mehr entscheidend verbessert worden ist.

---

115) Diese Auffassung wird vertreten bei K. Hax (1957), S. 64 und (1959), S. 106; Dietz (1971), S. 119. Schmidt vertritt die Meinung, die organische Bilanzauffassung sei "a u f d i e G e g e n w a r t e i n g e s t e l l t , weil die Unternehmung alle ihre Wertbeziehungen in die Gegenwart im Sinne der jeweiligen Produktionsperiode hineinbaut und aus dieser Gegenwart heraus alle ihre Maßstäbe empfängt." (1951), S. 89.

116) Vgl. F. Schmidt (1951), S. 73.

117) Die Konzeption von Schmidt kann in dem hier interessierenden Zusammenhang nur teilweise beurteilt werden, da die organische Tageswertbilanz kein entscheidungslogisch klar abgegrenztes Konstrukt ist, sondern eine Vielzahl von Verbindungen zu anderen Fragestellungen aufweist, die vor allem volkswirtschaftliche Relevanz besitzen. Sie entspricht der Auffassung, eine Unternehmung nicht ausschließlich als Einkommensquelle eines Unternehmers zu betrachten, sondern funktional innerhalb des volkswirtschaftlichen Systems zu erklären. Da diese Überlegungen einer anderen methodologischen Position als der hier vertretenen entspringen, soll nicht der Versuch gemacht werden, sie prinzipiell in methodologischer Hinsicht zu kritisieren. Andererseits ist es unvermeidbar, will man die Konzeption überhaupt mit anderen vergleichbar machen, sie unter den für die Themenstellung relevanten Aspekten kritisch zu untersuchen.

118) Weiterentwicklungen der ursprünglichen Konzeption finden sich z.B. bei Liebl (1952), K. Hax (1957), Eckardt (1963), Sieben/Schildbach (1973), aber auch in einer großen Zahl weiterer Beiträge, die sich nur geringfügig unterscheiden und daher nicht im einzelnen vorgestellt werden sollen.

ü b e r den ausgehenden Vermögens-wert hinaus gezahlt wird."[127]

Die Beziehung zur Substanzerhaltung wird klar, wenn man sich der dualistischen Interpretation der Konzeption erinnert: Da der Verbrauch als Verzehr von G ü t e r n interpretiert wird, wird durch die Verrechnung des Aufwandes zu Wiederbeschaffungskosten erreicht, daß ein für die Wiederbeschaffung der gleichen Gütermenge notwendiger Geldbetrag thesauriert wird. Insofern ist die Interpretation der Konzeption als "substanzerhaltend" berechtigt.[128)]

Obwohl Schmidt selbst stets von der Bewertung des Aufwandes zu Tagesbeschaffungspreisen spricht, ist dies meist als Forderung nach Ansatz von Wiederbeschaffungswerten interpretiert worden.[129)] Diese nicht wortgetreue Wiedergabe scheint jedoch im Hinblick auf die verfolgte Interpretation sinnvoll, da die Wiederbeschaffung veräußerter Bestände nicht immer im Veräußerungszeitpunkt erfolgt. Dies gilt vor allem für die Abschreibungen auf Anlagen. Schmidt sah für diesen Fall, um das Problem der Nachholabschreibungen auszuschalten, eine sofortige Investition der Erlöse in Sachgüter mit gleicher Preisentwicklung wie die wiederzubeschaffenden Güter vor.[130)] Diese zusätzliche Dispositionsanweisung ist zwar für die Systematik der Konzeption von Schmidt, nicht aber als Entscheidungsregel sinnvoll. Daher scheint es angebracht, den Aufwand nicht mit Tagesbeschaffungskosten am Umsatzstichtag, sondern mit tatsäch-

---

127) Ebenda, S. 242.

128) Dies zeigt auch die folgende Definition von Schmidt (1921). "Reinerfolg der Unternehmung ist der Rest, der vom Verkaufserlös der umgesetzten Güter verbleibt, nachdem alle Ersatzkosten der Erzeugung gedeckt sind." (S. 100). Es geht also um die Möglichkeit, durch Aufwandsverrechnung einen Ersatz für den V e r b r a u c h von Gütern zu schaffen.

129) Vgl. z.B. K. Hax (1957), S. 20 ff.

130) Vgl. hierzu F. Schmidt (1951), S. 199 f., sowie K. Hax (1957), S. 203 ff.

lichen Wiederbeschaffungskosten zu bewerten.[131] Dies macht auch die prospektive Abrechnungsrichtung bei der Bewertung des Aufwandes deutlicher.

Ein weiteres Problem liegt darin, daß die Korrekturen in der Konzeption von Schmidt die Kapitalstruktur auf der Passivseite nicht berücksichtigen. Nun wurde aber Kapitalerhaltung bislang stets interpretiert als Erhaltung des Eigenkapitals. Das Problem besteht darin, die Korrekturen des Aufwands mit der Passivseite der Bilanz in Verbindung zu bringen, da der Verzicht auf Korrekturen zu einer "Bruttoerhaltung" führen würde. Schmidt löste dieses Problem durch seine berühmte Dispositionsregel, nämlich auf Aktiv- und Passivseite gleichhohe Bestände von Geldmitteln und Fremdkapital zu halten.[132] Diese zwar von der Systematik bestehende Methode erweist sich aber als Dispositionsanweisung ebenfalls als sinnlos, da sie jede Beziehung zwischen Fremdkapitalzinsen und Investitionsrenditen mißachtet.[133]

Um die offensichtlichen Nachteile dieser Dispositionsregel zu vermeiden, wird in der neueren Literatur versucht, die Aufwandskorrekturen auf den Verbrauch von eigenfinanzierten Vermögensteilen zu beschränken.[134] Dieses Verfahren wirft allerdings die Frage nach der Zuordnung der Kapitalseite zur Vermögensseite auf. Die bisher vorgelegten Verfahren können eine befriedigende Lösung des Problems nicht bieten, da eine Zuordnung logisch nicht möglich ist. Da die Zielsetzung solcher Korrekturen sehr

---

131) Vgl. auch Schuhmacher (1973), S. 565.

132) Vgl. F. Schmidt (1951), S. 358 ff.

133) Vgl. hierzu die Kritik von Engels (1962a), S. 75 f.

134) Vorschläge dieser Art finden sich bei Sieben/Schildbach (1973), S. 577 ff., Seicht (1970b), S. 160, Coenenberg (1975), S. 116 ff.

vage bleibt,[135] erscheint es nicht notwendig, auf diese Vorschläge näher einzugehen. Sie können am ehesten als Partialkorrekturen mit Kompromißcharakter eingestuft werden, wobei allerdings die implizite Interessenwertung unklar bleibt.

Die Frage nach der Berücksichtigung der Finanzierungsstruktur ist aber geeignet, Licht auf das relevante Entscheidungsfeld der Konzeption von Schmidt zu werfen. So deutlich wie sonst bei keiner Konzeption tritt zutage, daß vom firmenbezogenen Unternehmensbegriff ausgegangen wird. Unter diesen eindeutigen Umständen wäre es nicht zweckmäßig, die Übertragbarkeit auf den personenbezogenen Unternehmensbegriff überhaupt zu prüfen. Die weiteren Überlegungen sollen zunächst darauf beschränkt werden, trotz der bekannten Einwände gegen die Verwendung des firmenbezogenen Unternehmensbegriffs die Konzeption zumindest an ihrer eigenen Zielsetzung zu messen.

Würde man die Bilanzauffassung von Schmidt lediglich als "Substanzerhaltungskonzeption" interpretieren, so wäre die mengenmäßige Kapitalerhaltung Selbstzweck. Gegen die Konzeption müßten dann die gleichen Einwände geltend gemacht werden, wie gegen die anderen retrospektiven Ansätze. Für die Einordnung unter die partiell prospektiven Ansätze spricht jedoch, daß die Substanzerhaltung nicht als das eigentliche Ziel angesehen wird, sondern als Subziel für das Oberziel, "jede Unternehmung in ihrem relativen Werte, nämlich in dem Maße bei Wert zu erhalten, i n d e m s i e f ü r d i e B e d ü r f n i s b e -

135) Sieben/Schildbach (1973), S. 581, begründen ihren Vorschlag zur Nettosubstanzerhaltung wie folgt: "Zum anderen bildet der auf Basis der Nettosubstanzerhaltung bestimmte Überschuß eine gute Verteilungsgrundlage, weil an ihm orientierte anteilige Ausschüttungen an Eigner und Fiskus unter allen Bedingungskonstellationen deren Interessen nachkommen, ohne die Interessen anderer Gruppen zu verletzen, und weil zugleich anteilige Überschußthesaurierungen den Interessen der auf Unternehmungsausweitung ausgerichteten Beteiligten entsprechen, ohne die Ansprüche der an Ausschüttung interessierten Eigner in unzumutbarer Weise schmälern zu müssen." Ob sich ein solches Maß an Eintracht zwischen den Beteiligten ergibt, wird man allerdings sehr stark bezweifeln müssen.

f r i e d i g u n g d e r V e r b r a u c h e r j e w e i l s D i e n s t e l e i s t e t ."[136]

Sieht man von den unüberwindlichen Schwierigkeiten einer operationalen Definition der gesamtwirtschaftlichen Bezüge einmal ab, so scheint es mit den Intentionen von Schmidt vereinbar, als Ziel die "dauerhafte Erhaltung der Unternehmung als Produktionsstätte und Einkommensquelle"[137] zu betrachten. Da die "substanzerhaltenden" Maßnahmen ausschließlich durch Korrekturen der GuV-Rechnung erfolgen, soll das Ergebnis durch eine Aufwandsverrechnung erreicht werden, die durch folgende Überlegungen begründet werden könnte: Da ein bestimmter mengenmäßiger Werteverzehr in der Abrechnungsperiode notwendig war, um die zurechenbaren Einnahmen zu erzielen, muß auch für die künftigen Perioden dafür gesorgt werden, daß ein Betrag zur Reproduktion der verbrauchten Güter reserviert wird. Zu erhalten wäre nicht die Substanz im Sinne des vorhandenen Vermögens, sondern die Fähigkeit zur Wiederholung des mengenmäßigen Güterverbrauchs.[138]

Zu fragen ist, ob eine solche Erhaltung der "wirtschaftlichen Leistungsfähigkeit" im genannten Sinne einen Bezug aufweist zu den Problemstellungen, die im Zusammenhang mit der Kapitalerhaltung als sinnvoll angesehen werden können. Eine solche Fragestellung erscheint besonders deshalb notwendig, weil auch jüngere Beiträge stets auf die klassische Auffassung von Schmidt rekurrieren.

Das Problem besteht darin, die durch die "Substanzerhaltungskonzeptionen" beabsichtigte Erhaltung der Unternehmung als Einkommensquelle in die Zielsetzung der Entnahmemaximierung bei gegebener Kapitalerhaltung einzuordnen. Für den Fall, daß der

---

136) F. Schmidt (1951), S. 395.

137) Diese Interpretation wählt K. Hax (1957), S. 22; zu ähnlichen Interpretationen vgl. Eckardt (1963), S. 12 ff., Münstermann (1963), S. 70, Endres (1967), S. 7 - 11, Ketzscher (1969), S. 19, Wegmann (1970), S. 92.

138) Vgl. Fußnote 128 dieser Arbeit.

Handlungszeitraum den Planungszeitraum übersteigt, wurde gezeigt, daß Kapitalerhaltung selbst nur Zwischenstufe des dahinterliegenden Problems der Bestimmung der Entnahmestruktur über den gesamten Handlungszeitraum ist. An diesen Fall könnte bei der Wahl eines Bezugspunktes zur Beurteilung der Konzeption von Schmidt angeknüpft werden.

Es ist offensichtlich, daß die Befürworter der Substanzerhaltung für die Lebensdauer der Unternehmung keine zeitliche Grenze vorgesehen haben. Ihren Absichten am nächsten dürfte daher die Interpretation kommen, den ausschüttungsfähigen Betrag bei Erhaltung der Leistungsfähigkeit so zu definieren, daß ein Betrag in dieser Höhe während einer unbestimmten Dauer entzogen werden kann. Dies entspricht auch der Interpretation von K. Hax: "Die Produktionskraft der Unternehmung ist Voraussetzung für ihre Ertragskraft, d.h. für ihre Fähigkeit, Geldüberschüsse abzuwerfen."[139)]

Als ausschüttbarer Gewinn wird der nach Sicherstellung der Durchführung notwendiger Substanzerhaltungsmaßnahmen verbleibende Betrag angesehen.[140)] Da jedoch auch bei der Ermittlung des substantiellen Gewinns durch das definitorische System der Konzeption eine Kassenhaltung in Höhe des bei Substanzerhaltung ausschüttungsoffenen Betrages nicht gesichert werden kann, ist auch hier die Frage der liquiditätsmäßigen Ausschüttbarkeit nicht gelöst. Die Frage der Ausschüttung kann also nur im Hinblick auf die Ausschüttungsoffenheit beantwortet werden.

Da das Planungsproblem in idealer Form von der Konzeption also nicht explizit formuliert werden kann, wäre es nicht zweck-

---

139) K. Hax (1957), S. 19.

140) Schmidt (1951) schreibt in bezug auf die Ausschüttbarkeit: "Alle Gewinne, deren Berechnung auf Tageswertgrundlage erfolgt, sind im Augenblick ihrer Entstehung voll ausschüttbar, ohne den Vermögensstand der Unternehmung zu ändern." (S. 242). Das mit der Differenzierung zwischen Ausschüttungsoffenheit und Ausschüttungsfähigkeit verbundene Problem wird von Schmidt gesehen, da er betont, die liquiditätsmäßige Ausschüttbarkeit könne "sich nur auf den Augenblick beziehen, in dem der Gewinn ensteht." (S. 241).

mäßig, die Leistungsfähigkeit unter strengen Kriterien zu beurteilen. Trotzdem scheint es sinnvoll zu klären, an welche Prämissen die Konzeption geknüpft ist, wenn sie wenigstens zu einer befriedigenden Erreichung des Ziels der Erhaltung der Unternehmung als Einkommensquelle führen soll.[141)]

Es wurde gezeigt, daß das Konzept auf der Korrektur der Aufwendungen in der GuV-Rechnung basiert. Ergebnis ist die Ermittlung des bei Substanzerhaltung bzw. Erhaltung der "Ertragskraft" ausschüttungsoffenen Betrages. Es ist nun zu prüfen, unter welchen Umständen die Aufrechterhaltung dieses Betrages als Differenz verrechneter Aufwendungen und Erträge möglich ist.[142)]

1. Die Bemessung der Aufwendungen

Mit der rechnerischen Durchführung der Aufwandsbemessung sind einige Schwierigkeiten verbunden. Am häufigsten ist der Einwand vorgetragen worden, daß durch die Vorschrift, als Aufwand jeweils die Tagesbeschaffungswerte der verbrauchten Güter anzusetzen, zwangsläufig eine Identität der Ersatzbeschaffung mit den verbrauchten Gütern verlangt werde, die zwischenzeitlich eingetretene technische Neuerungen der Aufwandsgüter außer acht lasse.[143)] Die Kritik an der identischen Reproduktion verbrauchter Anlagen hat dazu geführt, die Forderung nach "Substanzerhaltung in leistungsäquivalenter und entwicklungsadäquater Form" aufzustellen.[144)]

---

141) Diese Intention ist klar ausgearbeitet bei Revsine (1970).

142) Vgl. zu diesem Kriterium Kroeber-Riel (1970), S. 361.

143) Das Problem wird ausführlich diskutiert bei K. Hax (1957), S. 43 ff. Es entsteht der Eindruck, als sei das Problem teilweise gesehen worden, durch Ausweichen in vage Formulierungen allerdings umgangen worden. Dies wird besonders deutlich bei denjenigen Autoren, die der Kapitalerhaltung volkswirtschaftliche Bezüge verleihen wollen, wie z.B. bei Liebl (1952), S. 585 ff., Eckardt (1963), S. 47 ff.

144) Vgl. Eckardt (1963), S. 37 f.

Ein Urteil darüber, wie die Aufwendungen zu berechnen sind, die diesen Anforderungen genügen, kann sich nur auf eine Planung stützen, die die zu lösenden Probleme als gelöst voraussetzt: Was leistungsäquivalent ist, läßt sich erst entscheiden, wenn die nötige Aufwandsbemessung als Funktion der eigentlichen Zielsetzung angegeben werden kann. Dies verlangt jedoch, daß neben der Aufwandserfassung die Einnahmen geschätzt werden können, weist also über die Erhaltung der Produktionsfaktoren hinaus. Eine Lösung dieser Probleme über die Bewertung der Aufwendungen stößt auf einen logischen Zirkel: Es ist nicht möglich, einen ausschüttbaren Gewinn unter der Zielsetzung der Erhaltung der Leistungsfähigkeit zu ermitteln, wenn die Formulierung des Ziels selbst erst Ergebnis der Rechnung ist.[145)]

a) Die quantitative Abgrenzung der prospektiven Abrechnung des Aufwandes

Könnte man sich über solche Probleme noch durch den Hinweis hinwegsetzen, daß für praktische Problemstellungen Näherungslösungen wie etwa Branchenindices ausreichen würden, so erweist sich ein anderer Einwand auch für ein bescheideneres Anspruchsniveau in bezug auf logische Konsistenz als folgenschwerer: Obwohl die Korrektur der Aufwendungen dem Zweck dienen soll, die "betriebliche Leistungsfähigkeit" und die Aufrechterhaltung der Produktionskapazität zu gewährleisten, erfaßt die Rechnung nur einen Teil der Produktionsfaktoren: Erfaßt werden nur solche Produktionsfaktoren, bei denen die Aufwandsbuchungen zu Gegenbuchungen auf Konten mit Nichtgeldbeständen führen.

Dies läßt sich durch die gütermäßige Interpretation des Aufwandes erklären. Da die Vermögensrechnung in Gütereinheiten aufgestellt wird, ist für die Erhaltung der Substanz zunächst eine Aufwandsverrechnung erforderlich, die die Wiederbeschaffung der verbrauchten Güter erlaubt. Stellt man aber die Er-

---

145) Dieser Einwand wird besonders klar herausgearbeitet von Schweitzer (1972), S. 121.

haltung der betrieblichen Leistungsfähigkeit, interpretiert als Fähigkeit, Ersatzbeschaffungen für die v e r b r a u c h - t e n G ü t e r vorzunehmen, gedanklich in den Vordergrund, so wird das Problem zur leistungsäquivalenten Ersatzbeschaffung hin verlagert. Wegen der gleichzeitigen Forderung der gütermäßigen Substanzerhaltung können bei dieser Rechnung nur die Ersatzbeschaffungen der verbrauchten G ü t e r berücksichtigt werden. Eine prospektive Deutung des Aufwandes kann sich jedoch auf diese enge Auslegung des Güterverzehrs nicht mehr beschränken, sondern muß dem Ersatz wie z.B. bei Lohnaufwendungen, sämtlicher Produktionsfaktoren berücksichtigen.

Findet kein Güterverbrauch statt, so schlagen sich Gegenbuchungen des Aufwandes in der Verringerung aktiver oder der Erhöhung passiver Bestandskonten monetären Inhalts nieder.[146)] Diese Posten werden bei einer rein gütermäßigen Interpretation des Aufwandes vernachlässigt. Eine Rechnung, die das Ziel der Erhaltung der betrieblichen Leistungsfähigkeit konsequent verfolgt, hätte die Erlöse um s ä m t l i c h e Aufwendungen bewertet zu Wiederbeschaffungskosten zu kürzen, um den ausschüttungsfähigen Betrag zu errechnen. Geschieht dies nur zum Teil, so muß mit der Möglichkeit gerechnet werden, daß eine Wiederbeschaffung der für die Erlöserzielung notwendigen Produktionsfaktoren wegen zu hoher Ausschüttungen nicht möglich ist, das Ziel der Konzeption also verfehlt wird.

Wenn die partiellen Aufwandskorrekturen den Aufwand in diesem Sinne richtig erfassen sollen, so wäre dies nur unter der Prämisse möglich, daß die Preise und Mengen aller nicht erfaßten Aufwandsarten während des gesamten Betrachtungszeitraum konstant bleiben bzw. die Erlössteigerungen gerade die Preissteigerungen des nicht erfaßten Faktorverzehrs kompensieren, eine angesichts der empirischen Befunde in bezug auf die Entwicklung

146) Man könnte auch hier argumentieren, daß es sich um den Verbrauch eines realen Faktors handle, doch ist aus der Sicht des Unternehmers ein Kontraktlohn nur insoweit zu erfassen, als er zu Ausgaben führt. Vgl. zu diesem Problem Heinen (1971c), S. 203.

der Lohnkosten sicherlich unbefriedigende Implikation. Da der Anteil der nicht erfaßten Aufwandsarten - dies sind größenmäßig vor allem die Personalaufwendungen - in den einzelnen Wirtschaftszweigen sehr unterschiedlich ist, enthält die in der Literatur vorgeschlagene Rechnung einen Grad der Zufälligkeit, der auch bei geringen Anforderungen in bezug auf Präzision und Vollständigkeit nicht befriedigen kann.

b) Die zeitliche Abgrenzung der prospektiven Abrechnung des Aufwandes

Akzeptiert man die prospektive Interpretation der Substanzerhaltung mit der Bewertung des Aufwandes zu Wiederbeschaffungskosten, so wird damit die Frage nach der Beziehung des von der Konzeption erfaßten Zukunftsabschnitts zum Planungshorizont gestellt. In der ursprünglichen Konzeption von Schmidt besteht dieses Problem nicht, da jeweils zu Wiederbeschaffungskosten am Umsatzstichtag bewertet wird. Da die tatsächliche Wiederbeschaffung in den seltensten Fällen am Umsatzstichtag der den Aufwendungen zurechenbaren Einnahmen erfolgt, entsteht das Problem der Wahl des Stichtags der Wiederbeschaffung.[147] Wählt man den Stichtag der tatsächlichen Wiederbeschaffung, so hätte man wegen der unterschiedlichen Fristen bis zur Wiederbeschaffung mit mehreren Zeithorizonten zu arbeiten: sie könnten von wenigen Tagen bis zu mehreren Jahren reichen.

Noch unbefriedigender wäre allerdings die Konsequenz, wenn man einen für alle Aufwandsarten verbindlichen Wiederbeschaffungsstichtag einführen würde, etwa den Zeitpunkt der kleinsten gemeinsamen Wiederbeschaffungsdauer. Dies würde bei steigenden Wiederbeschaffungspreisen dazu führen, daß für Aufwandsarten, deren tatsächliche Wiederbeschaffung vor dem unterstellten Zeitpunkt erfolgt, ein gemessen an den tatsächlichen Wiederbeschaffungskosten zu hoher Betrag als Aufwand verrechnet würde.

---

147) Vgl. auch Feuerbaum (1966), S. 121 ff.

Beide Lösungen sind unbefriedigend, weil die von der Rechnung erfaßten Zukunftsabschnitte ohne Bezeichnung zu den Möglichkeiten des Planungszeitraums gewählt werden, sondern von der Nutzungsdauer der Einzelgüter gesteuert werden. In der Regel bleibt dieses Prognoseverfahren wohl hinter den Möglichkeiten einer expliziten Gesamtplanung zurück. Da die Sichtweite auf die Wiederbeschaffung der e i n z e l n e n Güter beschränkt wird, kann die Rechnung nicht mehr erfassen, was danach geschieht, auch wenn dies möglich wäre. Zwar wird gegenüber retrospektiven Ansätzen die Zukunft in einzelnen Punkten aufgehellt, doch bleiben wegen der Einzelbewertung die Interdependenzen unberücksichtigt. Die gegen retrospektive Konzepte vorgebrachten Einwände sind insofern auch hier aktuell.

In bezug auf die Bemessung der Aufwendungen läßt sich zusammenfassend festhalten, daß sowohl in quantitativer als auch in zeitlicher Hinsicht eine relativ willkürliche Abgrenzung des verrechneten Aufwandes stattfindet, die allenfalls vage Bezüge zur Aufrechterhaltung der Leistungsfähigkeit im Sinne der Möglichkeit zur Erneuerung des Produktionsfaktorpotentials herstellt.

2. Die Erfassung der Erträge

Soll die Unternehmung als "Einkommensquelle" erhalten werden, so kann bei Fehlen einer expliziten Strukturplanung des Zielzahlungsstroms das Problem nur darin gesehen werden, einen konstanten durchschnittlichen Strom aufrechtzuerhalten. Mangels expliziter Planung muß man das Zielkriterium in einer "einkommensapproximativen Periodengewinnermittlung"[148] sehen. Dies verlangt, daß neben den Aufwendungen auch die Prämissen bezüglich der Erträge untersucht werden. Da eine explizite Berücksichtigung der Erträge nicht stattfindet, muß sich diese Untersuchung auf die impliziten Prämissen beschränken. Eine solche Untersuchung ist von Kroeber-Riel vorgenommen worden. Um eine

148) Vgl. zu diesem Begriff Moxter (1974), S. 245 ff. und S. 362.

operationale Ausgangsgröße für die betriebliche Leistungsfähigkeit zu gewinnen, unterstellt Kroeber-Riel, das Ziel der substanzerhaltungsorientierten Konzeptionen könne als "Erhaltung eines (absoluten oder relativen) Überschusses"[149] interpretiert werden. Als Erhaltungsmaßstab wird der Überschuß der ersten Periode als Maßstabsperiode betrachtet.[150]

Kroeber-Riel zeigt anhand eines alle denkbaren Konstellationen der Preisentwicklung umfassenden Schemas, daß die mengenmäßige Substanzerhaltung nur dann zur Erhaltung des Erfolges der Basisperiode in den kommenden Perioden führt, wenn die absolute Preissteigerung für alle Absatzpreise gleich der absoluten Preissteigerung für die Beschaffungspreise ist.[151]

In allen anderen Fällen kann nicht automatisch davon ausgegangen werden, daß die Überschüsse der Basisperiode auch in

---

149) Kroeber-Riel (1970), S. 361.

150) Hier interessiert nur der Fall des absoluten Überschusses. Da der Fall des relativen Überschusses als Rendite interpretiert wird, besitzt er für das hier interessierende Problem keine Bedeutung.

151) Die sehr umfangreiche Begründung bei Kroeber-Riel läßt sich sehr leicht darstellen. Sind:

a_t = Absatzpreise der Periode t,

b_t = Beschaffungspreise der Periode t,

und ist der Periodenüberschuß g_t als Differenz definiert:

$g_t = a_t - b_t$,

und gilt weiter:

$b_{t+1} = b_t + \Delta b$,

$a_{t+1} = a_t + \Delta a$,

so ergibt sich:

$g_t - g_{t+1} = \Delta b - \Delta a$.

Die weitere Überlegung ist einfach: Gilt $\Delta a - \Delta b \neq 0$, so ist auch

$g_t - g_{t+1} \neq 0$.

Dieses Ergebnis ist jedoch unabhängig vom angewendeten Erhaltungsmaßstab gültig.

Zukunft erzielt werden können.[152)] Daraus läßt sich nun das Fazit ziehen, daß ohne die impliziten Unterstellungen bestimmter Absatzpreise die Substanzerhaltungsrechnungen theoretisch nicht hinreichend determiniert sind.[153)]

Mit impliziten Pauschalprämissen zu arbeiten ist nicht sinnvoll, wenn an ihre Stelle explizite Prognosen treten können. Anstelle der pauschalen Vermutung, daß sich die Erträge in jeder Periode wiederholen, verfügt man in aller Regel über bessere Zukunftsinformationen.[154)] Deren Verarbeitung ist der Prognose mit Hilfe von Substanzerhaltungsverfahren vorzuziehen.

Ähnlich der Konzeption der realen Kapitalerhaltung wird man der Substanzerhaltung nur gerecht, wenn man sie nicht als Verfahren zur expliziten Prognose auffaßt, sondern ihre Eignung zur "Einkommensapproximation"[155)] oder "earnings-prediction"[156)] im Sinne eines "surrogate-measure"[157)] interpretiert. Die Fra-

---

152) Aus der engen Prämisse der Aufrechterhaltung eines absolut gleichbleibenden Überschusses ergibt sich bei steigenden Preisen der Effekt, daß der für die Erzielung des Überschusses notwendige Kapitaleinsatz und damit die für die Abwicklung der Leistungsprozesse notwendige Kapitalbindung wächst. Dies führt zwangsläufig zu einem Absinken der Investitionsrendite. Daraus folgt, daß eine auf Erhaltung der betrieblichen Leistungsfähigkeit im Sinne der Aufrechterhaltung eines Basiserfolges gerichtete Substanzerhaltung zu Fehlentscheidungen im Hinblick auf die Gewinnmaximierung des gesamten Entscheidungsfeldes des Investors führen muß. Vgl. hierzu auch Kroeber-Riel (1970), S. 368.

153) Vgl. Kroeber-Riel (1970), S. 367.

154) Vgl. auch Moxter (1974), S. 288.

155) Moxter skizziert diesen Gedanken wie folgt: "Der Periodengewinn soll also die durchschnittlichen Entnahmeerwartungen wiedergeben unter der Voraussetzung, daß die Bedingungen der Rechnungsperiode auch in den folgenden Perioden gelten. Zu diesen fixierten Bedingungen gehört das Preisniveau der Rechnungsperiode ... Das Preisniveau der Rechnungsperiode sollte deshalb auch ... die Höhe der Periodenaufwendungen bestimmen. Bei Preissteigerungen würde der Periodenaufwand die für die erfaßte Periodenleistung notwendigen Durchschnittsauszahlungen zu niedrig angeben, wenn er auf Vorperiodenpreisen beruhte." (1974), S. 355. Vgl. auch das dort angegebene Beispiel.

156) Vgl. hierzu Beaver/Kennelly/Voss (1968), Bierman/Davidson (1969), Frank (1969), Simmons/Gray (1969).

157) Revsine (1973), S. 34 f., S. 48 und S. 100.

ge sollte deshalb nicht lauten, ob durch die Substanzerhaltungskonzeption eine gute Prognosebasis geschaffen wird, sondern lediglich, ob dadurch eine bessere Prognose des nachhaltig erzielbaren Einkommensstroms erreicht wird als durch das retrospektive Konzept der Nominalkapitalerhaltung. Da aus den genannten Gründen die Frage nicht entscheidungslogisch beantwortet werden kann, weil sich so eine Dominanz der Substanzerhaltungskonzeption nicht nachweisen läßt, könnte dieser Beweis nur auf empirischem Wege geführt werden.[158)]

Ansätze in dieser Richtung sind bisher nur aus der amerikanischen Literatur bekannt geworden. Die empirische Untersuchung von Frank[159)] am Beispiel von 76 Firmen während der Jahre 1947-1965 vergleicht die Prognosefähigkeit des traditionellen "accounting income" auf der Basis von Nominalkapitalerhaltung und retrospektiver Bewertung und des "current operating profit" auf der Basis von Wiederbeschaffungskosten.[160)] Als Prognoseverfahren bedient sich Frank der Methode der gleitenden Durchschnitte und der Regressionsanalyse. Mit beiden Verfahren kommt Frank zu dem Schluß, daß eine Überlegenheit des Substanzgewinns gegenüber dem Nominalgewinn als "earnings predictor" nicht nachgewiesen werden kann.[161)]

Obwohl man wegen der Periode relativ stabiler Preise während des Untersuchungszeitraums die Ergebnisse nicht überbewerten darf, sind sie doch geeignet zu zeigen, daß von einer generellen Überlegenheit des Substanzgewinns hinsichtlich der Prognoseeignung nicht gesprochen werden kann. Dies wird durch die Simulationsstudie von Simmons und Gray[162)] bestätigt, die für

---

158) Vgl. in diesem Sinne auch Drake/Dopuch (1965), S. 202.

159) Frank (1969).

160) Dies entspricht dem "Leistungsgewinn" einer auf Wiederbeschaffungskosten basierenden Rechnung und enthält nicht die "holding gains". Vgl. hierzu auch Coenenberg (1968), S. 458 ff.

161) Frank (1969), S. 130 ff.

162) Simmons/Gray (1969).

verschiedene Annahmen hinsichtlich der Preisentwicklung ebenfalls keine signifikante Überlegenheit preiskorrigierter Rechnungen ermitteln konnten.[163)]

Insofern ist auch die Interpretation des Substanzgewinns als Ersatzmaßstab des nachhaltig entziehbaren Betrages von recht zweifelhaftem Wert; zumindest entspricht die Leistungsfähigkeit dieser Rechnung nicht annähernd den an sie gestellten Erwartungen.

3. Die Zielrelevanz der Korrekturen

Die Beurteilung von retrospektiven und partiell prospektiven Bilanzkonzeptionen läßt sich somit zusammenfassen: Das Planungsproblem unter der Zielprämisse der Kapitalerhaltung würde verlangen, für ein durch den personenbezogenen Unternehmensbegriff charakterisiertes Entscheidungsfeld die gewünschte Struktur zwischen Endvermögen und Entnahmen während des Planungszeitraums bestimmen zu können. Das Problem kann weder von retrospektiven noch von partiell prospektiven Ansätzen begrifflich adäquat erfaßt werden. Dies können auch Korrekturen retrospektiver Ansätze mit Anpassungen für die sinkende Kaufkraft des Eigenkapitals nicht entscheidend ändern. Auch die partielle Berücksichtigung von zukünftigen Vorgängen ist wegen der unklaren Beziehung solcher Korrekturen zu den finanziellen Zielen der Kapitaleigner mit Skepsis zu beurteilen.[164)] Es kann nicht von der Hand gewiesen werden, daß solche Konzeptionen wegen ihrer nur schwer durchschaubaren, versteckten Dispositionsanweisungen sowohl zu Fehlentscheidungen führen können, als auch dazu führen, die Ausschüttungsinteressen der Anteilseigner zu mißachten, obwohl innerhalb der Firma keine lohnenden Anlagen existieren.

---

163) Ebenda, S. 773.

164) Vgl. auch die Kritik von Revsine (1973), S. 93.

Erweist sich der Wert der Kapitalerhaltungskonzeptionen als zweifelhaft, so gilt dies in gleichem Maße für die korrespondierenden Gewinnbegriffe. Gegenüber dem Begriff des "Scheingewinns" ist daher Skepsis angebracht. Angesichts der Schwächen der vorgestellten Konzeptionen führt die Eliminierung von Scheingewinnen nicht etwa zur "Realität", sondern zu Artefakten von höchst zweifelhaftem Wert.

Die Unterscheidung zwischen "echten" Gewinnen und "Scheingewinnen" erweckt nicht selten den Augenschein, als sei die Relativität der Begriffsbildung nicht immer bewußt geworden. Wegen der begrenzten Leistungsfähigkeit der Konzeptionen dürfte es auch nicht zweckmäßig sein, den Begriff des "Scheingewinns" für die dargestellten Kapitalerhaltungs-Konzeptionen zu reservieren. Sinnvoller scheint es, einen Begriff zu schaffen für die Abweichungen zwischen dem Einkommensbegriff der "idealen" Formulierung des Planungsproblems und den "nichtidealen" Lösungen der Bilanzkonzeptionen. Dann würde sich herausstellen, daß auch die scheinbar "echten" Gewinnbegriffe der vorgestellten Konzeptionen sowohl "Scheingewinne" als auch "Scheinverluste" im Sinne von Abweichungen zu diesem neu formulierten "echten", sprich: präferenzkonformen Gewinn enthalten können. Die irreführenden Assoziationen, die der Begriff des "Scheingewinns" in den vorgestellten Konzeptionen wecken kann, sind besonders deshalb bedenklich, als der Eindruck erweckt wird, es werde ein "betriebswirtschaftliches" Konzept der Bilanz geboten.[165)] In Wirklichkeit handelt es sich bestenfalls um Rechnungen, die unter günstigen Umständen zu einer besseren Einkommensapproximation führen können, als die traditionellen Rechnungen auf der Basis der Nominalkapitalerhaltung.

---

165) Die unreflektierte Übernahme dieser Überlegungen in der Praxis zeigt sich besonders in dem von Kruk herausgegebenen Sammelband "Unternehmensführung in der Inflation." (1975). Die Substanzerhaltung wird dort als a priori richtige Form der Kapitalerhaltung quasi axiomatisch eingeführt. Ihre Vernachlässigung soll zur "Gefahr der Kapitalfehlleitung" (S. 31) ebenso führen, wie zur "falschen Verteilung des Gewinns." (S. 40). Werden Fragen der Unterstützung von Interessen mit den Kriterien "richtig" und "falsch" beurteilt, so kann von einer wertfreien Betrachtung im Sinne der Bekanntgabe der den Urteilen zugrundeliegenden Zielprämisse nicht mehr die Rede sein.

In bezug auf die Ausgangsfrage, inwiefern die betriebswirtschaftlichen Bilanzkonzeptionen als betriebswirtschaftliche Ansätze zur Konsumtheorie zu interpretieren seien, zeigt sich, daß für die Feststellung einer solchen Beziehung eine sehr liberale Formulierung des Prüfkriteriums notwendig ist. Zwar kann eine liberale Interpretation verschiedene - je nach Umständen des Beispiels mehr oder weniger starke - Parallelen nicht leugnen, doch ist die für eine Interpretation als Konsumtheorie notwendige Ausweitung der Konzeptionen auf den personenbezogenen Unternehmensbegriff von den Befürwortern der einzelnen Kapitalerhaltungsvarianten nicht beabsichtigt gewesen. Die Interpretation der Bilanzkonzepte als "Thesen über das optimale Konsumverhalten von Individuen"[166] kommt der ursprünglichen Absicht ihrer Befürworter nicht sehr nahe und ist auch bei weitester Formulierung des Kriteriums an so spezielle Voraussetzungen gebunden, daß ernsthafte Zweifel an der Berechtigung dieser Ausgangsvermutung geweckt werden. Von einer Bewährung der Hypothese wird man daher nicht sprechen können.

II. Prospektive Erfolgs- und Erhaltungskonzeptionen

Die Untersuchung prospektiver Konzeptionen gilt vor allem dem Konzept des "ökonomischen Gewinns", dem nicht nur wegen seiner irreführenden Bezeichnung wohl am häufigsten mißverstandenen Erhaltungskonzept der jüngeren Literatur.[167] Die Bezeichnung "ökonomisch" als Übersetzung des "economic concept of profit"

---

166) Engels/Müller (1970), S. 358.

167) Als wichtigste neuere Literaturbeiträge hierzu können angesehen werden: Hansen (1962), Chen Chang (1962), D. Schneider (1963), Honko (1965), Edwards/Bell (1965), S. 24 ff., Münstermann (1966b), Asztêly (1967), D. Schneider (1968a), Wegmann (1970), Lippmann (1970), Kahsnitz (1970), Wegenast (1971), S. 116 ff., Jaensch (1972), Drukarczyk (1973b), Schwiering (1973), S. 97 ff., Franz (1974), S. 166 ff., Barton (1974), Siegel (1976), S. 199 ff. Die von Albach (1965) und Seicht (1970a), S. 558 ff., vorgelegten, auf dem internen Zinsfuß basierenden Konzeptionen mit Nominalkapitalerhaltung bieten keine wesentlich veränderten Aspekte und werden daher nicht gesondert behandelt.

diese Fragestellung zu normieren. Da sein Einkommensbegriff sich mit dem tatsächlichen, aber nicht mit dem möglichen Einkommen befaßt, kann er nur als Vorläufer, aber kaum als Begründer der kapitaltheoretischen G e w i n n k o n z e p t i o n bezeichnet werden. Vom Begriff des Einkommens zum Begriff des Gewinns fehlt noch die durch einen Erhaltungsmaßstab gesetzte Bedingung.

Eine Zielvorstellung bezüglich einer sinnvollen Struktur des Einkommens ist erst später von Lindahl und Hicks entwickelt worden.[179)] Hicks unterscheidet von Fisher vor allem die Fragestellung: Während Fisher vorwiegend um begriffliche Klärung bemüht war, liegt das Bestreben von Hicks darin, "the purpose of income calculations in practical affairs"[180)] zu bestimmen.

Die geänderte Fragestellung wird am klarsten bei Kaldor herausgearbeitet: "It is desirable to have a concept which ... shows ... not the actual yield, but the 'potential net yield' of capital: The yield that would obtain if individuals neither saved nor dis-saved - or, in other words, the potential yield which, in a n y g i v e n s i t u a t i o n , could be permanently maintained."[181)] Durch diese Fragestellung wird es möglich, den Begriff des Einkommens in die unternehmerischen Zielsetzungen einzuordnen.

Der Zielbezug des Einkommensbegriffs wird bei Hicks zum ersten Mal deutlich, wenn Einkommen "as a guide for prudent conduct,"[182)] also als Zielgröße inhaltlich definiert werden soll. Hicks' Zielvorstellung ist an der Erhaltung des Einkommens orientiert:

---

179) Vgl. hierzu Lindahl (1969) und Hicks (1946), S. 171 ff. Da die Darstellung von Lindahl für das hier gestellt Problem keinen unmittelbaren Beitrag liefert, beschränken wir uns auf die uneingeschränkt akzeptabel scheinende Darstellung von Hicks.

180) Hicks (1946), S. 172.

181) Kaldor (1955), S. 57.

182) Hicks (1946), S. 172.

"The purpose of income calculations in practical affairs is to give people an indication of the amount which they can consume without impoverishing themselves. Following out this idea, it would seem that we ought to define a man's income as the maximum value which he can consume during a week, and still expect to be as well off at the end of the week as he was at the beginning."[183] Erklärungsbedürftig ist lediglich die "well-offness" als Ausdruck des Erhaltungsziels. Sie wird von Hicks in einem bestimmten Sinne normiert: "We now define income as the maximum amount the individual can spend this week, and still expect to be able to spend the same amount in each ensuing week."[184]

Während Fisher noch der Auffassung ist, zwischen "capital" und "income" könne unterschieden werden, da das Einkommen aus einer gegebenen und abgrenzbaren Quelle fließe, verschwindet in der Definition von Hicks der Begriff des Kapitals hinter dem des Einkommens. Kapital ist nichts anderes als die Summe der diskontierten Einkommenszahlungen:[185] Kapitalerhaltung deshalb die Erhaltung dieses Einkommens.[186] Die Definition von Hicks ist das Fundament der weiteren Diskussion der kapitaltheoretischen Gewinnkonzeption. Sie ist geeignet, an die Diskussion der Kapitalerhaltung in personenbezogenen Entscheidungsmodellen anzuknüpfen: Für den Fall, daß der Handlungszeitraum den mög-

---

183) Hicks (1946), S. 172.

184) Ebenda, S. 174.

185) Klar kommt dies bei Kaldor (1955) zum Ausdruck: "In Hicks' approach the source or corpus from which the income is derived disappears altogether as a separate entity-capital appears only as the capitalized value of a certain future prospect and income as the 'standard stream equivalent' of that prospect. Capital and income are thus different ways of expressing the same thing, not two different things." (S. 64 f.). Vgl. hierzu auch Barton (1974), S. 675.

186) In jüngeren Veröffentlichungen unterscheidet Hicks zwischen zwei Interpreten des Kapitalbegriffs: "Fundists" und "Materialists". Der Unterschied zwischen beiden wird wie folgt skizziert: "If fundism is forward-looking, materialism is backward-looking, for it is concerned with the capital goods existing at the moment, goods which have been brought into being in the past." (1974), S. 309 und 315.

lichen Planungszeitraum überschreitet, die Zielformulierung jedoch für den gesamten Handlungszeitraum möglich ist, wurde Kapitalerhaltung am Ende des Planungszeitraums als Subziel interpretiert, um den Konsumstrom nach T^* zu speisen. Auf diesen Fall kann man das Konzept von Hicks beziehen. Vermögen ist dann nur durch spätere Absichten der Einkommenserzielung zu erklären; andere Erklärungsmöglichkeiten werden durch die Definition ausgeschlossen.

Mit der Definition von Hicks sind auch Implikationen bezüglich der Struktur des Entnahmestroms und der Länge des Handlungszeitraums verbunden: "... to spend the same amount in each ensuing week" bedeutet zweierlei: Einmal wird das Verhältnis der Entnahmen zueinander festgelegt und zum andern wird damit ein Handlungszeitraum von unendlicher Dauer festgelegt. Während die erste Einengung des Begriffs noch relativ gut begründet werden kann,[187)] erscheint die zweite Annahme nicht selbstverständlich, bedeutet sie doch, daß das Begriffsystem nur Individuen dienen kann, die für unendliche Zeiträume planen bzw. handeln.

Diese Einschränkungen werden jedoch nicht als Grund angesehen, das Konzept prinzipiell abzulehnen, da nur die Frage beantwortet werden soll, ob die Konzeption leistungsfähig im Sinne der von ihr selbst verfolgten Ansprüche der Kapitalerhaltung ist. Es soll deshalb die Leistungsfähigkeit der Konzeption nur in bezug auf diese spezielle Zielsetzung beurteilt werden. Andererseits kann die Einschränkung des Konzepts auf diese durch die Annahmen gekennzeichneten Zielstrukturen nicht unerwähnt bleiben, da die auf dem Konzept von Hicks aufbauende kapitaltheoretische Gewinnkonzeption teilweise als dem "betriebswirtschaftlichen Standpunkt"[188)] entsprechende Ermittlung des Gewinns interpretiert wird. Eine solche Beurteilung würde - von der Gefahr ökonomistischer Trugschlüsse[189)] solcher Begriffsbildungen einmal abgese-

---

187) Vgl. S. 87 dieser Arbeit.

188) Huch (1972), S. 237.

189) Vgl. hierzu Katterle (1966), S. 290 f.

hen - nur dann zu rechtfertigen sein, wenn die Mehrzahl der Adressaten für derartige Gewinninformationen die implizierten Zielvorstellungen tatsächlich verfolgt; dies wird man jedoch bezweifeln können.

Die ursprünglich ausschließlich für die Konsumplanung von Individuen gedachte Konzeption wurde erst später auf die Rechnungslegung von Unternehmungen übertragen[190) und dem "accounting concept of profit" gegenübergestellt. In der von Hicks formulierten Weise der Bestimmung der Zeitstruktur des Konsums wurde eine Möglichkeit gesehen, anstelle der bekannten Formen der Kapitalerhaltung eine "Erfolgskapitalerhaltung" zu setzen.[191)

Die Idee wird von Chen Chang so umschrieben: "In economics, the value of any asset or firm must be measured by the present value of its expected future net receipts. To be as well off economically, a firm must maintain intact the present value of the expected future net receipts of the capital."[192)

Diese Erfolgskapitalerhaltung im Sinne der Erhaltung des Ertragswertes einer Unternehmung ist nicht zu verwechseln mit der Erfolgserhaltung selbst: Während die Erhaltung des Erfolgskapitals lediglich Vorschriften in bezug auf die Höhe der möglichen Entnahmen macht, würde die Beibehaltung des Erfolges verstanden als periodische Zahlungsüberschüsse einer Basisperiode etwas ganz anderes besagen, nämlich daß der Unternehmer sich in bezug auf die Höhe der künftigen Erfolge als satisficer verhält.[193) Erfolgskapitalerhaltung bedeutet hingegen lediglich, daß bei gegebener Zukunftsschätzung die Ausschüt-

---

190) Sieht man von der frühen Arbeit von Canning (1929) ab, so ist die neuere Diskussion vorwiegend auf die Arbeiten von Hansen (1962) und Chen Chang (1962) zurückzuführen.

191) Der Begriff wird erwähnt bei Busse von Colbe (1960b), Sp. 5314.

192) Chen Chang (1962), S. 643.

193) Ein solches Mißverständnis besteht offensichtlich bei Wegmann (1970), S. 92, der sich auf Münstermann (1966b), S. 15, beruft. Vgl. auch Kroeber-Riel (1970), S. 270.

t u n g e n sich an der Möglichkeit ihrer Wiederholung orientieren sollen; eine Änderung der Planung ist dabei nicht beabsichtigt.

Während die Auffassung, die kapitaltheoretische Konzeption entspreche der Erfolgskapitalerhaltung, weite Verbreitung gefunden hat, wird auch die Meinung vertreten, die Konzeption habe mit dem Ziel der Kapitalerhaltung keine Gemeinsamkeiten.[194)] Die unterschiedlichen Auffassungen sind auf bislang ungeklärte verschiedene Interpretationen des Konzepts zurückzuführen. Es läßt sich jedoch zeigen, daß sich die vermeintlichen Widersprüche auflösen lassen.

In der deutschsprachigen Literatur ist der kapitaltheoretische Gewinn von D. Schneider benutzt worden, um die Frage zu stellen, wie der "ausschüttungsfähige Gewinn nach dem Kriterium wirtschaftlicher Unternehmenserhaltung[195)] bestimmt werden könne. Die von Schneider entwickelte Fassung des kapitaltheoretischen Gewinns weicht allerdings vom ursprünglichen Konzept in entscheidenden Punkten ab; in der Literatur ist darauf bislang nicht eingegangen worden. Es erscheint deshalb zweckmäßig, zunächst die ursprüngliche Fassung und im Anschluß daran die Version von Schneider vorzustellen.

1. Kapitaltheoretische Erfolgskonzeptionen bei zeitlich begrenzter Lebensdauer der Anlageobjekte

Der Kapitalerhaltungsmaßstab wird im Ertragswert der Unternehmung im Planungszeitpunkt gesehen. Der Ertragswert wird bestimmt als Barwert der mit der Unternehmung erzielbaren Zahlungsüberschüsse. Für die Berechnung des kapitaltheoretischen Gewinns sind zwei Verfahren möglich: Einmal kann der Gewinn als Differenz der Ertragswerte der Zahlungen zu Beginn und zum

---

194) Diese Auffassung vertritt Kahsnitz (1970), S. 39 ff.

195) D. Schneider (1968a), S. 12.

Ende der jeweiligen Periode bestimmt werden. Für den Gewinn der ersten Periode kann wie folgt geschrieben werden:

$$(25) \qquad g_1 = \sum_{t=1}^{n} z_t \cdot q^{-t+1} - \sum_{t=1}^{n} z_t \cdot q^{-t}$$

Dabei sei n die Objektlaufzeit, für die die Zahlungsüberschüsse z_t prognostiziert werden. Der "Gewinn" entsteht dann dadurch, daß die Zahlungen am Ende der Periode um eine Periode weniger abgezinst werden.[196)]

Nach der anderen Definition wird der kapitaltheoretische Gewinn als Produkt von Ertragswert zum Beginn der Periode und Zinsen bestimmt. Es gilt also:

$$(26) \qquad g_1 = \left(\sum_{t=1}^{n} z_t \cdot q^{-t} \right) \cdot i$$

Beide Definitionen führen jedoch zum selben Ergebnis.[197)]

Während die mit der Frage des Kalkulationszinsfußes verbundenen Probleme hinlänglich bekannt sind und an dieser Stelle nicht weiter diskutiert zu werden braucht,[198)] liegt das bisher umstrittene Problem in der Definition der Zahlungsüberschüsse z_t. Als Definition der Zahlungsüberschüsse sind zwei Möglichkeiten denkbar:

---

196) In der Literatur findet sich teilweise auch folgende Definition:

$$g_1 = z_1 + \sum_{t=2}^{n} z_t \cdot q^{-t+1} - \sum_{t=1}^{n} z_t \cdot q^{-t}$$

Vgl. z.B. Wegmann (1970), S. 40. Da die Entnahmen der ersten Periode im ersten Summenzeichen fehlen, ist leicht erkennbar, daß die Definitionen äquivalent sein müssen.

197) Die Äquivalenz läßt sich leicht zeigen:

$$\sum_{t=1}^{n} z_t \cdot q^{-t+1} - \sum_{t=1}^{n} z_t \cdot q^{-t} = \left(\sum_{t=1}^{n} z_t \cdot q^{-t} \right) (q - 1)$$

198) Vgl. Bröhl (1966), Franke/Laux (1968), S. 740 f., D. Schneider (1970), S. 242.

a) Die Zahlungsüberschüsse sind als Ausschüttungen der Unternehmung an die Eigner zu interpretieren.

b) Die Zahlungsüberschüsse stellen die Zahlungsreihe zwischen Unternehmung und Umwelt dar und müssen noch in eine den Zielen des Investors entsprechende Entnahmereihe gebracht werden.

Beide Interpretationen werden in der Literatur vertreten.
Zu a): Diese Interpretation findet sich am häufigsten.[199]
Wird der Ertragswert einer Unternehmung auf dieser Basis berechnet, so bleibt die Ermittlung des kapitaltheoretischen Gewinns für die Planung der Entnahmen ohne Bedeutung. Dann hätte der ökonomische Gewinn eine lediglich konstatierende Funktion, indem er aus einem vorgegebenen Zahlungsstrom hervorgeht und keinerlei Zielbezug aufweist.[200]

Dies scheint auch Fisher mit der Unterscheidung zwischen "realized income" und "standard income" gemeint zu haben.[201]
Es wäre dann allerdings die Frage zu stellen, welchem Zweck die (nachträgliche) Ermittlung des kapitaltheoretischen Gewinns diesen soll, da einen Bezug zu den unternehmerischen Konsumzielen nur die offenbar optimalen, aber bereits bestimmten Entnahmen aufweisen können, während der kapitaltheoretische Gewinn eine belanglose Größe ohne jeden Informationsgehalt wäre.

Unklar bei dieser Interpretation bleibt auch, inwiefern von der Erhaltung des Ertragswertes der Unternehmung gesprochen werden kann, da die Durchführung der Entnahmen auf eine Erhaltung des Ertragswertes keine Rücksicht nimmt, sondern offenbar anderen - wenn auch nicht explizit genannten - Plänen folgt. Die Möglichkeit, die der Gewinn als "prudent conduct" bieten könnte, wird in diesem Fall nicht genutzt.

---

199) Vgl. z.B. Honko (1965), S. 614 f., Asztély (1967), S. 292 f., Jacobs (1971), S. 19 ff., Wegenast (1971), S. 126 ff., Lücke/Hautz (1973), S. 5 f.

200) Vgl. Kahsnitz (1970), S. 39.

201) Vgl. S. 197 dieser Arbeit.

Eine Einordnung einer solchen Interpretation unter Konzeptionen der Kapitalerhaltung wird daher zu Recht als irreführend bezeichnet,[202] da die Durchführung der Entnahmen gemäß einer anderen Regel als der von Hicks angegebenen gerade besagt, daß eine zeitliche Struktur mit dem Ergebnis einer Erhaltung der Entnahmemöglichkeiten nicht beabsichtigt ist.

Zu b): Als sinnvolle Interpretationsmöglichkeit bleibt dann nur noch die Deutung des Zahlungsstroms als Ausgangsgröße, die durch Transformationen der Zahlungen zum Kalkulationszinsfuß in einen anderen Strom, nämlich den kapitaltheoretischen Gewinn, erst verwandelt wird.[203] Der kapitaltheoretische Gewinn wäre in diesem Fall als finanzielles Ziel zu interpretieren. Ist dies der Fall, so wäre allerdings zu erklären, wie die Zahlungsüberschüsse, die der Berechnung des kapitaltheoretischen Gewinns vorangehen, denn zustandekommen.[204] Nicht befriedigend wäre die Erklärung, die Struktur der Zahlungen sei beliebig, weil dies auch Folgen für die Aussagefähigkeit des daraus errechneten kapitaltheoretischen Gewinns hätte. Aus diesem Dilemma scheint folgender Ausweg möglich: Da die kapitaltheoretische Konzeption mit e i n e m Transformationszinssatz arbeitet, wird i.d.R. die Prämisse des vollkommenen Kapitalmarktes beansprucht. Geht man von dieser Prämisse aus, so kann als Entscheidungskriterium für die Wahl der optimalen Alternative das Kapitalwertkriterium verwendet werden.[205] Es ist dann möglich, zunächst die optimale Alternative unabhängig von der gewünschten zeitlichen Struktur des Entnahmestroms zu bestimmen. Die kapitalwertmaximale Alternative ist im Hinblick auf j e d e gewünschte Entnahmestruktur optimal, weil sie stets zum Entnahmemaximum führt.[206] Somit kann das Kapitalwertkriterium für die Wahl der Handlungs-

---

202) Vgl. hierzu nochmals Kahsnitz (1970), S. 40 f.

203) Beide Interpretationsmöglichkeiten werden gezeigt bei Jaedicke/ Sprouse (1965), S. 22, Coenenberg (1974), S. 448 f.

204) Dieser Einwand wird geltend gemacht bei Drukarczyk (1974), S. 766.

205) Vgl. hierzu H. Hax (1972), S. 20.

206) Vgl. Drukarczyk (1970), S. 44.

alternative verwendet werden, ohne daß es der Kenntnis der individuellen Zeitpräferenzen in bezug auf den Konsum bedürfte.

Denkbar ist nun weiterhin, daß ein Individuum bezüglich seiner Konsumstruktur Vorstellungen besitzt, die der Definition des Hicks'schen Einkommensbegriffs entsprechen. Es wäre dann nur noch erforderlich, den Ausgangszahlungsstrom der kapitalwertmaximalen Alternative durch Transformation mit Hilfe des Kalkulationszinsfußes so zu gestalten, daß die gewünschte Entnahmestruktur realisiert werden kann. Dies geschieht durch die einfache Multiplikation des Ertragswertes mit dem Kalkulationszinsfuß. Da zum Kalkulationszinsfuß beliebige ertragswertunschädliche Transformationen durchgeführt werden können, muß der Barwert der Zahlungsreihe der kapitaltheoretischen Gewinne gleich dem Barwert der ursprünglichen Zahlungsüberschüsse sein. Es gilt:

$$(27) \qquad \sum_{t=1}^{n} z_t \cdot q^{-t} = g + g \cdot q^{-1} + g \cdot q^{-2} + \cdots + g \cdot q^{-T}$$

Wird der Planungszeitraum O-T, für den die Entnahmen in Höhe des kapitaltheoretischen Gewinns gewünscht sind, entsprechend der Definition von Hicks unendlich angesetzt, so vereinfacht sich die rechte Seite der Gleichung zum Ausdruck $\frac{g}{i}$, also zur bekannten Formel für den Barwert einer unendlichen Rente.

Da der kapitaltheoretische Gewinn als Ziel einen Entnahmestrom von gleichbleibendem Niveau und unendlicher Dauer anstrebt, besteht auch die Möglichkeit, die Konzeption unter der Prämisse des vollkommenen Kapitalmarktes als Anwendung des Annuitätenkriteriums des unendlichen Planungszeitraums zu interpretieren. Wegen der Prämisse des vollkommenen Kapitalmarktes führen bekanntlich Kapitalwertkriterium und Annuitätenkriterium zu identischen Entscheidungen. Bei der Interpretation des kapitaltheoretischen Gewinns als Annuität kann der Zwischenschritt der Bestimmung der optimalen Alternative und der erst darauf folgenden Bestimmung des Zielstroms entfallen.[207] Die prinzipielle Möglichkeit, das Optimierungsproblem unter den Bedingungen des vollkommenen Kapitalmarktes in zwei Stufen zu zerlegen, wird dadurch allerdings nicht so gut sichtbar. Erkennt man die Struktur des Problems als Möglichkeit, die Bestimmung der Entnahmen im Anschluß an die Bestimmung des Optimums zu lösen, so wird man sich nicht der Auffassung von Lippmann anschließen können, die Ermittlung des kapitaltheoretischen Gewinns könne nicht als Entscheidungsmodell interpretiert werden, sondern lediglich als "definitorisches System".[208] Interpretiert als Annuitätenkriterium kann der kapitaltheoretische Gewinn durchaus als Entscheidungskriterium angesehen werden. Die gegen die Konzeption vorgetragenen Einwände scheinen deshalb logisch nicht hinreichend begründet.[209]

Problematisch erscheint indessen die Bestimmung der Zahlungsüberschüsse im Zusammenhang mit der Bestimmung des Zeithorizontes der Entnahmereihe in den Literaturbeispielen. Es wird regelmäßig davon ausgegangen, daß Objekte mit endlicher und meist recht kurzer Dauer vorliegen. Die Beispiele sind charakterisiert durch Sachinvestitionen, die am Ende der Objektdauer liquidiert werden. Übersteigt der Planungszeitraum die Objektdauer, so ist die unterstellte Liquidation der Objekte problematisch. Ist die Liquidation nicht tatsächlich geplant, sondern nur fingiert, so stellt der Liquidationswert keine Zahlungsgröße, sondern lediglich eine W e r t g r ö ß e als Aus-

---

207) Die Bemerkung von Wegmann (1970), S. 91, daß die Verrentung des Kapitalwertes keine neuen Erkenntnisse vermittle, obwohl sie zu zusätzlichen Rechenoperationen führe, ist insofern unzutreffend, als durch die Multiplikation des Ertragswertes mit dem Kalkulationszinsfuß erst die Frage beantwortet wird, wieviel ein Individuum konsumieren kann, ohne die Fähigkeit zur Wiederholung dieser Entnahme zu beeinträchtigen.

208) Vgl. hierzu Lippmann (1970), S. 30.

209) Auf den Einwand, die Ermittlung des kapitaltheoretischen Gewinns sei unter den angegebenen Prämissen zwar möglich, doch sei sie überflüssig, wird auf S. 215 bei der Betrachtung des für die Konzeption relevanten Entscheidungsfeldes noch eingegangen. Vgl. zu diesem Einwand Drukarczyk (1974), S. 767.

druck möglicher Zahlungen dar. Dann aber entstehen die mit der Bewertung zum Liquidationswert verbundenen Probleme, die bereits ausführlich diskutiert wurden.[210] Das Ergebnis solcher Irrealprämissen sind in der Regel Verzerrungen bezüglich der eigentlich angestrebten zeitlichen Verteilung der Entnahmen. Insofern erweist sich die zunächst als unwesentlich scheinende Prämisse der begrenzten Objektdauer als zentrale Bedingung für die rechnerisch einwandfreie Ermittlung des kapitaltheoretischen Gewinns. Hebt man diese Prämisse auf, so ist die einfache Berechnung des kapitaltheoretischen Gewinns gemäß dem beschriebenen Verfahren nicht mehr möglich, weil Fragen der Bewertung des Vermögens aufgeworfen werden.

Ist aber eine Beendigung der Objektlaufzeit laut optimalem Plan vorgesehen, so wird die Beschränkung der Konzeption sichtbar: Es handelt sich dann bei der Rechnung nur darum, mittels eines Kalkulationszinsfußes eine u n g l e i c h m ä ß i g e e n d - l i c h e Objektzahlungsreihe in eine g l e i c h m ä ß i g e u n e n d l i c h e Entnahmereihe zu transformieren. Man hat sich das Ganze vorzustellen als eine zeitlich begrenzte Sachinvestition, die nach und nach in eine Finanzinvestition überführt wird, so daß am Ende der Objektdauer lediglich eine Finanzinvestition besteht, die zeitlich unbefristet weitergeführt wird und deren Verzinsung als bekannt vorausgesetzt wird.

Unklar bleibt dann allerdings, wieso der Eindruck entstehen konnte, es handle sich bei dieser Konzeption um die Frage der Erhaltung des Erfolgskapitals einer Unternehmung im Sinne des firmenbezogenen Unternehmensbegriffs. Es ist natürlich irreführend, von der "langfristigen Erhaltung des Unternehmungsprozesses"[211] zu sprechen, denn eine solche Erhaltung im Sinne der Erhaltung des Bestandes an Produktionsfaktoren findet nur bis zum Ende der Objektdauer ($t=n$), also einem relativ kurzen Abschnitt eines als unendlich angenommenen Handlungszeitraumes T statt. In den Perioden $n < t \leqq T$ existiert die Unternehmung nur

210) Vgl. S. 95 dieser Arbeit.

211) Wegmann (1970), S. 91.

noch in Form einer Finanzinvestition, die Zinsen in Höhe des Kalkulationszinses abwirft.

Faßt man das Ergebnis für den Fall der zeitlich begrenzten Objektdauer zusammen, so läßt sich feststellen, daß das Konzept geeignet ist, unter der Prämisse der unbegrenzten Anlage und Ausleihung von Geld zum einheitlichen Zinsfuß des vollkommenen Kapitalmarktes, den ursprünglichen Zahlungsstrom in eine uniforme Struktur von zeitlich unbegrenzter Dauer ebenso zu transformieren, wie in jede andere gewünschte Struktur. Der Informationsgehalt der Konzeption ist an die Prämisse des uniformen Strukturwunsches gebunden; andere Motive als Konsum läßt die Konzeption als Erklärung für das Halten von Vermögensbeständen nicht zu. Die Erfolgskapitalerhaltung hat innerhalb der Berechnung des uniformen Entnahmestroms lediglich die Funktion eines rechentechnischen Zwischenschritts. Eine Beziehung zu den sonstigen Kapitalerhaltungskonzeptionen läßt sich nicht herstellen, da Bestände im Sinne einer "Substanz" in der Konzeption keine Rolle spielen.

2. Kapitaltheoretische Erfolgskonzeptionen bei nicht begrenzter Lebensdauer der Anlageobjekte

Gegenüber dem bereits vorgestellten Konzept führt D. Schneider eine differenzierte Betrachtungsweise ein, indem er zwischen dem Gewinnbegriff in der "Unternehnung auf Zeit" und dem der "Unternehmung auf Dauer"[212] unterscheidet. Im Gegensatz zur Unternehmung auf Zeit, bei dem das Endvermögen aus einer Finanzanlage besteht, versucht D. Schneider, das Endvermögen einer fortdauernden Unternehmung im Wege der Bewertung in die Berechnung einer modifizierten Variante des kapitaltheoretischen Gewinns einzubeziehen. Entsprechend der Prämisse, daß der Ertragswert am Ende des Planungszeitraums T^* erhalten sein muß, berechnet Schneider den kapitaltheoretischen Gewinn nach folgendem Verfahren:

212) D. Schneider (1970), S. 200.

$$(28) \qquad x = \sum_{t=1}^{T^*} z_t \cdot q^{-t} + x \cdot q^{-T^*}$$

wobei x den Ertragswert bezeichnet und T^* das Ende des Planungszeitraums. Durch Umformung und Auflösung nach x ergibt sich:

$$(29) \qquad x = \left(\sum_{t=1}^{T^*} z_t \cdot q^{-t} \right) \frac{i \cdot q^{T^*}}{q^{T^*} - 1}$$

Der kapitaltheoretische Gewinn errechnet sich dann gemäß dem bekannten Verfahren als Produkt von Ertragswert und Kalkulationszins. Das Ergebnis soll wie folgt interpretiert werden: "Der entziehbare Gewinn (Zinsen auf den Ertragswert) gleicht der Annuität aller Periodenüberschüsse während des Planungszeitraums."[213)]

Da in diesem Fall eine Beendigung der Unternehmung am Ende des Planungszeitraums nicht geplant ist, müssen die Periodenüberschüsse z_t neu interpretiert werden. Es sind zwei Interpretationen denkbar:

a) Die Periodenüberschüsse schöpfen a l l e Möglichkeiten der Einzahlungserzielung während des Planungszeitraumes aus.

b) Die Periodenüberschüsse schöpfen nur einen Teil der Möglichkeiten aus.

Zu a): Enthalten die z_t alle m ö g l i c h e n Einzahlungen einschließlich eines eventuellen Liquidationserlöses, so ist nach Erzielung der letzten Einzahlung in T^* kein "Vermögen" mehr vorhanden. Da das Konzept jedoch der Entnahmestrukturierung in einer Unternehmung auf Dauer dienen soll, wäre die Frage zu stellen, worauf sich die Annahme stützt, nach T^* würden Einzahlungen der gleichen Höhe auch weiterhin erzielbar sein. Da sich dies mit vernünftigen Argumenten kaum begründen läßt, scheidet diese Interpretationsmöglichkeit wohl aus.

---

213) D. Schneider (1970), S. 203.

Zu b): Wählt man die zweite Interpretationsmöglichkeit, so bedeutet dies, daß offenbar nicht alle Möglichkeiten zur Erzielung von Einzahlungen ausgeschöpft werden, da in T* "Vermögen" zurückbleiben muß, um die Hoffnung auf Erzielung von Zahlungsüberschüssen nach T^* zu stützen.[214)] Die Struktur von (29) zeigt, daß die Höhe des kapitaltheoretischen Gewinns neben dem Kalkulationszinsfuß, der als Konstante angesehen werden kann, ausschließlich von den z_t bestimmt wird.

Betrachtet man die z_t als variabel, so führt die funktionelle Abhängigkeit, die durch (29) zum Ausdruck kommt, zu der Konsequenz, daß mit der vermehrten Ausschöpfung von Einzahlungserzielungsmöglichkeiten vor T^* die Einzahlungserwartungen nach T^* ansteigen. Oder plastisch formuliert: Je mehr Vermögen zu Geld gemacht wird, desto höher sind die Zahlungserwartungen aus dem restlichen Vermögen. Diese Konsequenz stellt allerdings die Logik auf den Kopf.

Will man diese absurde Konsequenz vermeiden, so ist es notwendig, der Erzielung von Einzahlungen eine Schranke zu setzen. Dann ist es notwendig, das Konzept um eine explizite Größe für das Vermögen in T^* zu erweitern.

Dies wirft allerdings die Frage auf, w i e v i e l "Vermögen" in T^* vor der Ausschüttung bewahrt bleiben soll, um nach T^* einen Entnahmestrom in gleicher Höhe wie vorher realisieren zu können. Um dies zu entscheiden, wäre es erforderlich, einen Zustand s_{T^*} des Vermögens anzugeben, der die Fähigkeit der Einkommenserzielung sicherstellt. Es müßte folgende Beziehung konkretisiert werden:

---

214) Es ist zu vermuten, daß Schneider von dieser Interpretation ausgeht. Dies zeigt folgende Formulierung: "Eine vollständigere Gewinndefinition führt beide Male dazu, unter Gewinn den Einnahmenüberschuß zu verstehen, der verbleibt, nachdem alle notwendigen Investitions- und Finanzierungsvorhaben durchgeführt sind, um entweder das Anfangskapital oder den Ertragswert (berechnet aufgrund der geschätzten Rendite nach dem Planungshorizont) zu erhalten." (1970), S. 207.

$$(30)\qquad \sum_{t=T^*}^{T} z_t = f(s_{T^*}),$$

wobei zusätzlich gelten müßte:

$$z_{t<T^*} \approx z_{t>T^*}$$

Die Höhe des durch diese Funktion beanspruchten Vermögens würde dann für die Berechnung der Zahlungsüberschüsse während des Planungszeitraumes zu sperren sein.

Bei der Beantwortung dieser Frage stößt man jedoch auf die Ausgangsfrage: Wie hoch dürfen die Entnahmen sein, ohne die Fähigkeit, Entnahmen gleicher Höhe auch in Zukunft zu erzielen, dadurch zu beeinträchtigen? Genau diese Frage konnten aber die bisher vorgestellten Bilanzkonzeptionen nicht lösen. Da man das Problem für die Bestimmung des kapitaltheoretischen Gewinns jedoch als gelöst unterstellen muß, bedeutet dies, daß man sich im Kreise bewegt: Voraussetzung für die Anwendung der Konzeption ist die Lösung von Problemen, deren Unlösbarkeit zum Ausgangspunkt für die Formulierung der Konzeption geworden sind. Man steht somit vor einem Dilemma: Entweder ist das dem kapitaltheoretischen Gewinn gestellte Problem auch ohne die Konzeption lösbar; dann ist die Rechnung überflüssig. Oder es ist Bestandteil der Konzeption selbst; dann ist die Fragestellung auch mit der Rechnung nicht lösbar.

Eine Erklärung für diese Konsequenz liegt darin, daß im Prinzip durch die von D. Schneider vorgetragene Fassung nichts anderes gemacht wird, als einen ungleichmäßigen endlichen Zahlungsstrom in einen gleichmäßigen endlichen Entnahmestrom zu transformieren und dann zu unterstellen, daß dieser Strom für eine unendliche Zeit weiterfließen wird. Es ist offensichtlich, daß auch eine solche Konstruktion das unlösbare Bewertungsproblem des Vermögens in T^* nicht lösen kann. In einem solchen Fall kann das Problem nur darin bestehen, willkürliche Annahmen durch mehr oder minder sinnvolle zu ersetzen. Ob eine Annahme, die die gezeigten Konsequenzen zuläßt, sinnvoll ist, kann bezweifelt werden.[215)]

Schneider zieht aus alternativen Formen der Kapitalerhaltung am Ende des Planungszeitraums den Schluß, die Höhe der Kapitalerhaltung beinhalte Implikationen bezüglich des Optimismus für die Zeit nach dem Planungshorizont: "Wird ein gleichbleibender Einkommensstrom gewünscht und ein Endvermögen gesetzt, das weniger als das Anfangskapital beträgt, so wird unterstellt, nach dem Planungshorizont ergeben sich Investitionsvorhaben, die sich höher rentieren als die Investition während des Planungszeitraums."[216)] Damit wird wie folgt argumentiert: Je niedriger das Endvermögen am Ende des Planungszeitraums, desto optimistischer sind die Prämissen, die die Konzeption beansprucht.[217)]

Einen solchen Schluß kann man jedoch nur dann ziehen, wenn man von der Pauschalprämisse ausgeht, daß nach dem Planungszeitraum automatisch Entnahmen in gleicher Höhe wie vorher möglich seien. Diese Prämisse ist jedoch nicht generell in den Bilanztheorien enthalten, sondern nur dann, wenn man in bezug auf die Zielerreichung nach dem Planungszeitraum von dem Automatismus der Berechnungsformel Schneiders ausgeht, also das "Vermögen" in Abhängigkeit von den Entnahmen während des Planungszeitraums bestimmt, während es richtigerweise umgekehrt sein müßte.

Den Konsequenzen der "automatischen" Kapitalerhaltung durch entsprechend kühne Prämissen kann man nur ausweichen, indem man das Bewertungsproblem in der bereits gezeigten Weise for-

---

215) Vgl. auch die kritischen Anmerkungen bei Franz (1974), S. 200 ff.

216) D. Schneider (1970), S. 207.

217) Schneider (1970) schreibt hierzu: "Der kaufmännische Gewinnbegriff entspricht tendenziell dem Gewinnbegriff bei Anfangskapitalerhaltung - unterstellt also recht optimistische Zukunftserwartungen." S. 208.

muliert und zu Behelfslösungen greift, die zumindest besser begründet sind als die Pauschalprämissen. In bezug auf die kapitaltheoretischen Erfolgskonzeptionen bedeutet dies jedoch, daß gegenüber dem Ausgangskonzept Modifikationen vorgenommen werden müssen. Vorschläge hierzu liegen in der Literatur bereits vor.[218] Dabei zeigt sich jedoch, daß die Weiterentwicklung des Konzepts zu Konstruktionen führt, die der gezeigten Art der Problemformulierung in Entscheidungsmodellen immer ähnlicher werden. Inwiefern es dann noch zweckmäßig ist, von "Bilanztheorien" zu sprechen ist eine offene Frage.[219]

3. Das Entscheidungsfeld der kapitaltheoretischen Konzeption

Während Fisher und Hicks zweifellos den Begriff des Einkommens im Hinblick auf das Entscheidungsfeld eines Individuums definiert haben, ist seit der Übertragung auf die Rechnungslegung von Unternehmungen der Eindruck entstanden, das Entscheidungsfeld des firmenbezogenen Unternehmensbegriffs könne ebenfalls als Basis der Konzeption dienen. Da die Verfahren zur Berechnung des kapitaltheoretischen Gewinns von der Definition der Variablen her den Bezug der Konzeption nicht eindeutig erkennen lassen, soll die Übertragbarkeit der Konzeption auf beide Typen der Entscheidungsfelder geprüft werden.[220]

Bezieht man die Konzeption auf den firmenbezogenen Unternehmungsbegriff, so wäre das Konzept so zu interpretieren, daß ein ungleichmäßiger Strom zwischen Unternehmung und Umwelt von der Institution Unternehmung durch Finanztransaktionen auf dem vollkommenen Kapitalmarkt in einen gleichmäßigen Strom verwandelt wird. Gegen die Übertragung des Konzepts auf den firmenbezogenen Unter-

218) Vgl. hierzu Franz (1974), S. 202 ff.

219) Zur begrifflichen Frage vgl. Schweitzer (1972), S. 130.

220) Zur Diskussion des Problems in der Literatur vgl. Jaensch (1972), (1973), Franz (1974), S. 182 ff.

nehmungsbegriff kann nun aber eingewandt werden, unter den Bedingungen des vollkommenen Kapitalmarktes sei die Ausschüttungsentscheidung aus einzelnen Objekten bedeutungslos, da die von der Unternehmung als Institution durchgeführten Transaktionen auf dem vollkommenen Kapitalmarkt auch dem Individuum übertragen werden können.[221)] Dieser Einwand basiert auf der Überlegung, daß ein vollkommener Kapitalmarkt sowohl der Institution Unternehmung als auch dem Individuum zugänglich sein muß. Diese Überlegung ist stets dann sinnvoll, wenn zwischen der Leitung der "Unternehmung" als Institution und den Eigentümern der Unternehmung keine Konflikte bestehen, die Kapitalgeber also darauf vertrauen können, daß die Unternehmungsleitung nur Alternativen mit positivem Kapitalwert realisiert. Es geht dabei lediglich um die Frage, wer sich der Mühe unterzieht, die notwendigen Transformationen durchzuführen.

Unzutreffend wäre allerdings der Schluß, die Irrelevanz gelte auch für den personenbezogenen Unternehmensbegriff. Indem man das Problem dem Kapitalgeber zuweist, ist es noch nicht gelöst, weil die Bestimmung der maximal für Konsumzwecke entziehbaren Entnahme noch nicht erfolgt ist. Der Einwand, die Bestimmung des kapitaltheoretischen Gewinns sei stets dann bedeutungslos, wenn die Prämissen für seine Bestimmung erfüllt sind, ist für den firmenbezogenen Unternehmungsbegriff berechtigt, für den personenbezogenen Unternehmungsbegriff jedoch nicht zutreffend. Beim personenbezogenen Unternehmungsbegriff ist bei gegebenen Ausschüttungen aus Einzelobjekten das von Hicks formulierte Problem noch nicht gelöst, einen ausschüttbaren Betrag zu bestimmen, der Ausschüttungen gleicher Höhe für einen unendlichen Zeitraum ermöglicht. Der Hinweis, daß bei vollkommenem Kapitalmarkt die kapitalwertmaximale Alternative bei beliebigen Konsumstrukturen optimal ist und die Konsumplanung unabhängig von der Bestimmung des Handlungsoptimums durchgeführt werden kann, ist zutreffend: Die Frage nach dem gesuchten Betrag kann er indessen nicht beantworten. Sie wird erst durch

221) Drukarczyk (1974), S. 767.

den kapitaltheoretischen Gewinn beantwortet, auch wenn seine Berechnung noch so trivial ist.

Man kann daher folgendes Fazit ziehen: In bezug auf Unternehmungen als Institutionen ist die Ermittlung des kapitaltheoretischen Gewinns bei unvollkommenem Kapitalmarkt nicht möglich, weil die Ermittlung auf einem Zirkelschluß basiert und bei vollkommenem Kapitalmarkt nicht nötig, weil der Investor selbst für seinen Konsumstrom sorgen kann. Sinnvoll kann sie nur für den personenbezogenen Unternehmungsbegriff sein. Eine Übertragung des Konzepts von Fisher und Hicks auf die Ermittlung der optimalen Ausschüttung von firmenbezogenen Unternehmungen ist daher nicht sinnvoll.

4. Der "reale" kapitaltheoretische Gewinn

Während bei retrospektiven und partiell prospektiven Konzeptionen eine explizite Planung der künftigen Entnahmestruktur entsprechend der Kaufkraftentwicklung für Konsumgüter nicht möglich war, ist eine solche Erweiterung des kapitaltheoretischen Konzepts prinzipiell denkbar. Einen Hinweis dazu gibt bereits Hicks.[222)]

Hansen schlägt für die Lösung des Problems vor, die Zahlungsüberschüsse des ursprünglichen Zahlungsstroms zwischen Unternehmung und Umwelt in bezug auf die Kaufkraftentwicklung zu korrigieren und den kapitaltheoretischen Gewinn auf der Basis der diskontierten "realen" Werte zu ermitteln.[223)] Eine solche Korrektur kann jedoch nicht sinnvoll sein, wenn der Konsum der Zahlungsüberschüsse nicht vorgesehen ist. Problem muß deshalb

---

222) Hicks (1946), S. 174.

223) Zur rechnerischen Durchführung vgl. Hansen (1962), S. 36. Der Vorschlag von Hansen basiert auf einem von Kristensen vorgeschlagenen Verfahren. Ähnliche Vorschläge machen Chen Chang (1962), S. 641 f. und Wegmann (1970), S. 55 f.

nicht eine Korrektur der Zahlungsüberschüsse, sondern die Strukturierung der aus diesen abgeleiteten Entnahmen sein. Die Korrekturen eines "realen" kapitaltheoretischen Gewinns müssen das Ergebnis der Transformationen mittels des Kalkulationszinsfußes sein.

Es wurde bereits gezeigt, daß unter realistischen Prämissen das Strukturproblem der Entnahmen nicht lösbar ist.[224] Zur Demonstration des Ansatzes für die Formulierung des realen kapitaltheoretischen Gewinns soll zur Vereinfachung angenommen werden, die gewünschte Struktur sei bekannt; sie basiert dann auf den Preissteigerungsraten der K o n s u m g ü t e r , die mit den kapitaltheoretischen Gewinnen erworben werden sollen.

Um den realen, d.h. kaufkraftuniformen maximalen Entnahmestrom zu bestimmen, ist es erforderlich, den Barwert des Zahlungsstroms zwischen Unternehmung und Umwelt gleichzusetzen dem Barwert einer geometrisch fortschreitenden Geldrente mit einer gewünschten Zeitdauer von T Perioden:

$$(31) \qquad \sum_{t=1}^{n} z_t \cdot q^{-t} = g \cdot q^{-1} + g(1+k) \cdot q^{-2} + \cdots + g(1+k)^{T-1} \cdot q^{-T}$$

Nach der Formel für den Barwert geometrisch fortschreitender Renten erhält man für die rechte Seite der Gleichung den Ausdruck:

$$(32) \qquad g \frac{q^T - (1 + k)^T}{q^T (i - k)}$$ [225]

(31) aufgelöst nach g ergibt:

$$(33) \qquad g = \left[\sum_{t=1}^{n} z_t \cdot q^{-t}\right] \cdot \frac{q^T (i - k)}{q^T - (1 + k)^T}$$

---

224) Vgl. S. 130 dieser Arbeit.

225) Vgl. Kosiol (1973b), S. 85.

T bestimmt die Dauer, während der die Entnahmen fließen. Zu bestimmen ist nur der kapitaltheoretische Gewinn der ersten Periode, da sich wegen der als konstant angenommenen Preissteigerungsrate k die weiteren Werte automatisch ergeben.

In bezug auf die Konstellation zwischen der Preissteigerungsrate k für Konsumgüter und dem Kalkulationszinsfuß i sind folgende Konstellationen denkbar:

(1) $k = 0$

(2) $0 < k < i$

(3) $k = i$

(4) $k > i$

Nimmt man die Dauer T der Rente gemäß dem kapitaltheoretischen Gewinnkonzept als unendlich an, so ergibt sich folgendes:

(a) Für $k = 0$ erhalten wir die bekannte Formel für den kapitaltheoretischen Gewinn bei konstantem Preisniveau der Konsumgüter.

(b) Für $0 < k < i$ erhält man:

$$(34) \qquad g = [\sum_{t=1}^{n} z_t \cdot q^{-t}] \cdot (i - k)$$

also für g einen kleineren Betrag als im Fall konstanter Preise.

(c) Im Fall $k = i$ erhält man für $T \to \infty$ den Wert von Null.[226)]

(d) Ebenso erhält man im Fall $k > i$ für $T \to \infty$ den Wert von Null.[227)]

---

226) $\lim_{T \to \infty} [\frac{q}{T}] = 0$

227) $\lim_{T \to \infty} [\frac{i - k}{1 - (\frac{(1 + k)}{(1 + i)})^T}] = 0$

Während die Ergebnisse von (a) und (b) unproblematisch sind, besagen die Ergebnisse von (c) und (d), daß der kapitaltheoretische Gewinn unter den genannten Prämissen Null sein muß, weil jede positive Entnahme wegen der unbegrenzten Zeitdauer zu einem unendlichen Barwert führen müßte; dann wäre jedoch die Gleichung nicht mehr erfüllt.

Somit kann also gezeigt werden, daß die Ermittlung des kapitaltheoretischen realen Gewinns nur unter bestimmten Umständen möglich ist.

5. Die Zielrelevanz der prospektiven Konzeptionen

Da retrospektive Konzepte für die Planung des Entnahmestroms wegen der automatischen Bewertung der Nichtgeldbestände in Höhe der Kapitalbindung nur irrelevante Informationen zu bieten vermögen, blieb als Ausweg nur die Prüfung prospektiver Konzepte auf der Basis des kapitaltheoretischen Gewinns. Dabei kann unterschieden werden zwischen einem Typ mit begrenzter und mit unbegrenzter Objektdauer. Beim Typ mit begrenzter Objektdauer wird die Kapitalerhaltung interpretiert als Erhaltung eines Entnahmestroms von unendlicher Dauer. Ein Vermögen im engeren Sinne existiert nicht, da bei diesem Konzept das Halten von Vermögensbeständen nur durch Konsumabsichten erklärt werden kann. Da das Modell lediglich eine Sachinvestition von begrenzter Dauer unterstellt, die von einer Finanzinvestition abgelöst wird, basiert es auf relativ einfachen Prämissen, mit deren Vorliegen man in der Regel nicht rechnen kann.

Gibt man diese Prämissen auf, und unterstellt man keine Begrenzung der Objektdauer, so entsteht - wie immer in solchen Fällen - ein Bewertungsproblem für die Nichtgeldbestände am Ende des Planungszeitraums. Nicht sinnvoll scheint es, das Bewertungsproblem durch Verrentung der Zahlungsüberschüsse des Planungszeitraums und anschließende Fiktion deren unendlicher Dauer zu "lösen". Ebenso wenig ist es sinnvoll, das Problem als gelöst zu betrachten und in die kapitaltheoretischen Konzepte eine versteckte Form der "Substanzerhaltung" einzubauen. Als einziger Ausweg bleibt, auf die gezeigten Verfahren der Bewertung des Endvermögens in T^* zurückzugreifen. Dadurch werden allerdings die Übergänge der Bilanzkonzeptionen zu Entscheidungsmodellen fließend, denn das kapitaltheoretische Konzept unterscheidet sich dann nur noch durch die Annahme des vollkommenen Kapitalmarktes von Entscheidungsmodellen der bekannten Art.

Das Ergebnis der Überlegungen kann dann auch so verstanden werden, daß die Bilanztheorie, bereinigt um ihre Schwächen, nicht umhinkommt, sich als vereinfachte Form von Kalkülen zu verstehen. Gibt man die Vereinfachung auf, so verwandeln sich die Modelle in Entscheidungskalküle.[228)]

Für die Diskussion der Bilanztheorien verstanden als Diskussion der Bilanz zur Bestimmung der zielgerechten Ausschüttung bedeutet dies zunächst, daß sie brauchbar nur für Individuen mit sehr speziellen Zielannahmen sein können.Dies war von Anfang an zu erwarten. Daß sie aber auch unter diesen Annahmen nur sehr beschränkt leistungsfähig sind, schränkt ihre Verwendbarkeit ein. Angesichts dieses Ergebnisses wird man die Frage stellen müssen, ob es sinnvoll ist, derartige Fragestellungen weiterhin der Bilanztheorie zu überantworten.[229)] Überträgt man solche Aufgaben Entscheidungsmodellen mit hoher Zweckeignung, so wäre es möglich, die Bilanztheorie von solchen Funktionen zu entlasten. Bilanzen könnten sich dann anderen Zwecken verstärkt widmen, die bereits von Stützel angedeutet worden sind,[230)] wie Berechnung der Ausschüttungssperre, Instrument der Kompetenzverteilung usw. Diese bereits genannte Zwecksetzung des "equity accounting"[231)] wird von Ijiri so beschrieben: "For the proper functioning of our economy, it is essential to have a system which assures the investors not only that the total resources

---

228) Zu einem ähnlichen Ergebnis gelangt Lippmann (1970), S. 108 - 115.

229) Im Ergebnis stimmt dies völlig mit der Auffassung von Schweitzer überein. Vgl. Schweitzer (1972), S. 127.

230) Stützel (1967).

231) Ijiri (1967), S. 67.

invested in the firm are properly controlled (the custodianship function) but also that each investor's share is properly protected from other investors and other interested parties of the firm."[232)]

Selbstverständlich wären unter diesen Zwecksetzungen Bilanzen nach anderen Kriterien zu beurteilen, als dies hier geschehen ist. Unter diesen veränderten Aspekten wäre es auch denkbar, daß Konzeptionen mit geringer Zweckeignung für die zielgerechte Planung von Entnahmen und Kapitalerhaltung unter anderen Zielprämissen eine wesentlich höhere Zweckeignung aufweisen könnten.

Nicht übersehen werden sollte im Rahmen der Diskussion des "equity accounting", daß die Normierung jeder Bilanzkonzeption bestimmte Interessen begünstigt und andere benachteiligt. Wenn daher behauptet wird, nur bestimmte Konzeptionen der Kapitalerhaltung seien "vertretbar",[233)] die anschaffungswertorientierte Bilanzkonzeption auf retrospektiver Basis hingegen "unvertretbar",[233)] ohne daß die Kriterien für die Gewinnung dieses Urteils expliziert werden, so wird die potentielle Interessenkonstellation, für die diese Konzeptionen nützlich sind, unklar bleiben oder aber in der in der Entscheidungslogik längst überwundenen "Unternehmung an sich" zu suchen sein.

---

232) Ijiri (1971a), S. 9; vgl. auch Scott (1947).

233) Schildbach (1975b), S. 188.

Viertes Kapitel: Kapitalerhaltung und Gewinnbesteuerung

Während in Entscheidungskalkülen die Kapitalerhaltung sich als von subjektiven Präferenzen bestimmte Größe erwies, hat sie im Rahmen der Gewinnbesteuerung eine andere Funktion: Das Maßgut zur Messung der Kapitalerhaltung kann nicht mehr individuell bestimmt werden, da der steuerliche Gewinn im Sinne einer verbindlichen Definition normiert werden muß. Es wäre zwar prinzipiell möglich, entsprechend den Vorschlägen von Fisher und Kaldor die Besteuerung des Gewinns durch eine Besteuerung der Konsumausgaben zu ersetzen.[1] Dies würde jedoch zu einer tiefgreifenden Änderung des Steuersystems führen, die nicht Gegenstand einer einzelwirtschaftlichen Analyse sein kann. Im Hinblick auf die Möglichkeit der Übertragung der Überlegungen zur Kapitalerhaltung auf die Besteuerung kann die Frage sich nur auf das Problem der Gewinnbesteuerung richten.

Obwohl im Rahmen einer *betriebswirtschaftlichen* Betrachtung meist nur im Zusammenhang mit der Besteuerung des *Gewinns* stehende Fragen berührt werden, ist es im folgenden Kapitel notwendig, auch allgemeine Fragen der Besteuerung des *Einkommens* zu berühren, da wegen des Prinzips der Gleichmäßigkeit der Besteuerung eine isolierte Betrachtung bestimmter Einkunftsarten nicht möglich ist.

Die Diskussion von alternativen Gewinndefinitionen in bezug auf die verschiedenen Formen der Kapitalerhaltung wird erneut

---

1) Vgl. Fisher/Fisher (1942), Kaldor (1955), D. Schneider (1971a), Mitschke (1976), S. 163 ff.

bilanztheoretische Fragen berühren. Es handelt sich jedoch nicht um eine bloße Wiederholung bekannter Aspekte, da es nicht möglich ist, die Kriterien der bisherigen Untersuchung auf steuerliche Zwecke zu übertragen. Im Gegensatz zur Frage, inwiefern Kapitalerhaltung irgendeiner Art als Ziel für die Strukturierung des Konsumstroms eines Individuums sinnvoll ist, interessiert nun das Problem, welche Art der Kapitalerhaltung für steuerliche Zwecke normiert werden soll. Es wird sich dabei zeigen, daß eine gewisse Parallelität zwischen der Diskussion des Einkommensbegriffs als Zielgröße von Individuen und dem steuerlichen Einkommensbegriff festgestellt werden kann. Dadurch wird es möglich, einige der bisher erzielten Ergebnisse unter verändertem Aspekt auszuwerten.

In der Literatur wird häufig die Auffassung vertreten, die gegenwärtige Gewinnbesteuerung sei in inflationären Zeiten mit den Prinzipien der Besteuerung nicht zu vereinbaren. An die Stelle des Nominalprinzips habe eine Form der Besteuerung zu treten, die nur "echte" Gewinne besteuere, wobei sich die Autoren vorwiegend auf reale oder substantielle Kapitalerhaltungskonzeptionen beziehen.

Nicht zweckmäßig wäre es, diese Vorschläge schon deshalb abzulehnen, weil sich die ihnen zugrundeliegenden Konzepte für Zwecke der finanziellen Zielplanung als wenig brauchbar erwiesen haben. Man kann zumindest nicht automatisch davon ausgehen, daß für individuelle Planungszwecke nur bedingt brauchbare Konstrukte auch als Steuerbemessungsgrundlage unbrauchbar sein müssen. Während es bei der Interpretation der Kapitalerhaltung als Ziel darum ging, im Hinblick auf eine Zielsetzung Alternativen vergleichbar zu machen, geht es bei der Besteuerung von Personen darum, die Leistungsfähigkeit der Personen im steuerlichen Sinne vergleichbar zu machen; die Problemstellung ist also eine andere.

Das Problem wird nun darin gesehen, unter der Prämisse finanzwissenschaftlicher Ziele zu beurteilen, inwiefern durch Aufgabe der Nominalkapitalerhaltung und Korrekturen der Steuerbemessungsgrundlage bei Preis- und Geldwertänderungen eine sinnvollere Regelung der Gewinnbesteuerung erreicht werden könnte.[2)]

Eine Beurteilung der gegenwärtigen Konzeption der Einkommensbesteuerung gegenüber Änderungsvorschlägen erfordert zunächst, die begrifflichen Strukturen der geltenden Konzeption zu bestimmen. Die Frage, ob diese Konzeption oder eine andere mit den Grundsätzen der Besteuerung harmoniert, läßt sich nur beantworten, wenn sich über eine rein kasuistische Betrachtung von Einzelfällen hinaus eine Konzeption erkennen läßt, die eine gemeinsame definitorische Grundlage hat. Ist dies nicht möglich, so kann auch die Frage, ob der Übergang zu einer anderen Regelung bei einzelnen Einkunftsarten notwendig ist, nicht beantwortet werden. Dies wird von Musgrave sehr klar betont: "A generalized concept of taxable capacity und taxable income is needed if there is to be a meaningful discussion of the equity aspects of tax reform."[3)] Es ist deshalb erforderlich, zunächst die Strukturmerkmale der gegenwärtig geltenden Regelung herauszuarbeiten.

Die Vorschläge zur Änderung der Steuerbemessungsgrundlagen werden meist durch Demonstration bestimmter für unzulässig gehaltener Folgen der gegenwärtigen Besteuerung gestützt. Diese Folgen werden hier allgemein als Anpassung des Zielausmaßes infolge der Besteuerung interpretiert. Es wird gezeigt, wie die Präferenzordnung des Steuerpflichtigen beschaffen sein muß, damit die in der Literatur geschilderten Wirkungen auftreten.

---

2) Die bislang umfassendste Zusammenstellung der in der Rechtsprechung geäußerten Ansichten zu diesem Problem bringt Diederichs (1968). Der theoretische Beitrag der Urteile ist eher bescheiden, da das Gesetz in den Urteilen als Datum angesehen werden muß, also stets nur überprüft werden kann, ob bestimmte Fälle gesetzeskonform sind. Für eine grundsätzliche Analyse erweist sich der durch eine solche Restriktion belassene Spielraum jedoch als zu eng.

3) Musgrave (1967/68), S. 50 und an anderer Stelle: bei Musgrave (1959), S. 165: "Without such a concept as a normative standard, we have no basis from which to deal with each practical problem as it arises." Zu den Schwierigkeiten einer einheitlichen Definition vgl. Aaron (1969).

Ebenso wird gezeigt, daß die aus diesen Wirkungen gezogenen Schlüsse in bezug auf makroökonomische Aussagen nicht ohne Skepsis zur Kenntnis genommen werden können.

Im Anschluß daran sind die Alternativen, die zur gegenwärtigen Besteuerung angeboten werden, im Hinblick auf finanzwissenschaftliche Ziele zu überprüfen, wobei das besondere Interesse der Frage gilt, welche geschlossenen Konzeptionen des Einkommens gefunden werden können, und ob sich eine Gleichbehandlung für alle Typen von Einkünften verwirklichen läßt.

A. Die Konzeption der geltenden Einkommensbesteuerung

Es ist nicht beabsichtigt, eine vollständige Beschreibung der gegenwärtig geltenden Besteuerung des Einkommens zu geben. Die Fragestellung wird auf den Aspekt eingeschränkt, die dem Konzept zugrundeliegenden Formen von Periodisierung, Bewertung und Kapitalerhaltung herauszuarbeiten. Da die Beurteilung der Eignung der geltenden Regelung auch Vergleiche zwischen verschiedenen Typen von Einkünften anzustellen hat, müssen neben der Besteuerung von unternehmerischen Einkünften auch andere Einkunftstypen berücksichtigt werden. Die gesetzlichen Einkunftsarten dienen dabei als Ausgangsbasis.

Eine allgemeine Definition des steuerlichen Einkommens enthält das Einkommensteuergesetz nicht.[4] Es begnügt sich damit, einzelne Einkunftsarten kasuistisch aufzuzählen.[5] Soll trotzdem

4) Neumark weist darauf hin, daß dies weder in Deutschland noch in anderen größeren Ländern der Fall ist. Vgl. Neumark (1947), S. 37, sowie Barth (1955), S. 95 und die dort zitierte Literatur. Eine einheitliche Begriffsbestimmung fehlt auch im Gutachten der Steuerreformkommission 1971.

5) Becker (1940), S. 205 macht deutlich, daß mehr offenbar auch nicht beabsichtigt ist. Vgl. auch Klein (1951), S. 482, Rose (1975a), S. 23.

vom Steuerpflichtigen wegen der Regelmäßigkeit der Einkunftserzielung verlangt werden kann.[17)]

Akzeptiert man die Vermögenszugangstheorie als Konzeption der quantitativen Abgrenzung des Objektumfangs des Einkommensbegriffs, so erweist es sich als nicht zweckmäßig, die offensichtlichen Unregelmäßigkeiten eines Teils der Überschußeinkunftsarten[18)] hinsichtlich der Vollständigkeit der erfaßten Vorgänge als Referenzpunkt in der Diskussion der Kapitalerhaltung heranzuziehen. Genau dies wird jedoch in der Literatur getan, wenn unter Hinweis auf die steuerliche Begünstigung von Veräußerungsvorgängen im Privatvermögen gefordert wird, die Vorteile auch auf die Besteuerung der Einkünfte aus Geldvermögen im Rahmen der Gleichbehandlung zu übertragen, da diese von der Geldentwertung stärker betroffen seien.[19)] Abgesehen davon, daß die Vermutung, Sachvermögen sei in inflationären Zeiten generell vorteilhaft, auf einem Irrtum beruht,[20)] ist die Argumentation insofern bedenklich, als versucht wird, einen Ausnahmefall wie die steuerliche Behandlung der Veräußerungsgewinne im Privatvermögen, zur Regel zu machen und zur Herstellung der Gleichbehandlung dann weitere Ausnahmen zu fordern. Eine solche Argumentation läßt sich aber weder mit der Quellentheorie noch mit der Vermögenszugangstheorie, sondern theoretisch überhaupt nicht begründen.

Die unterschiedliche steuerliche Behandlung zwischen Sachvermögen und Geldvermögen liegt nicht in der Unterscheidung zwi-

---

17) Vgl. auch Albers (1957), S. 64 ff. Wollte man dem Vorschlag von Schanz entsprechend auch "Gewinne aus Lotteriespiel und Börsenspiel" (S. 11) als steuerpflichtiges Einkommen betrachten, so müßten natürlich auch entsprechend Verluste als Minderung des Einkommens angesehen werden; Lotterieeinsätze wären als Werbungskosten anzusehen.

18) Es handelt sich hier um die Einkunftsarten, die die Einkünfte als Überschuß der Einnahmen über die Werbungskosten ermitteln.

19) Dies entspricht etwa der Argumentation in: Geldentwertung (1973), S. 23. Vgl. auch Eckhardt (1973), S. 492.

20) Dies wurde im Zusammenhang mit der Frage des Maßgutes gezeigt. Vgl. S. 109 dieser Arbeit.

schen Sachvermögen und Geldvermögen an sich, sondern darin, daß Einkommen aus Geldvermögen sich in der Regel aus einem kontinuierlich fließenden Strom ergibt,[21] während Einkommen aus Sachvermögen sich zum Teil aus Preisdifferenzen zwischen Anschaffungs- und Veräußerungspreisen ergibt. Es liegen also unterschiedliche Strukturtypen von Zahlungen vor, die wohl vorwiegend aus erfassungstechnischen Gründen unterschiedlich behandelt werden, sofern sich das Sachvermögen im Privatvermögen des Steuerpflichtigen befindet.[22]

Insofern ist die Behauptung, Geldvermögen sei gegenüber Sachvermögen in Inflationszeiten steuerlich benachteiligt,[23] tendenziell zutreffend. Doch liegt dies nicht daran, daß es sich um Geld- oder Sachvermögen handelt, sondern daran, daß wegen der Relikte der Quellentheorie im Einkommensteuergesetz bestimmte Typen von Zahlungen mit periodisch unregelmäßiger Struktur vernachlässigt werden.[24] Verfehlt wäre es allerdings, daraus den Schluß zu ziehen, derartige Vergünstigungen seien auszuweiten. Näherliegend wäre, die fiskalische Tragbarkeit der Ausnahmeregelungen der Nichtbesteuerung von Veräußerungsgewinnen in Zeiten starker Preissteigerungen mit naturgemäß besonders hohen Veräußerungsgewinnen zu überprüfen. Eine Verknüpfung von erfassungstechnischen Problemen mit dem Problem der Kapitalerhaltung ist jedoch nicht sinnvoll.

Zu 2.: In bezug auf die Berücksichtigung von Kreditvorgängen besteht ebenfalls ein Unterschied zwischen den Überschußein-

---

21) Charakteristisch für Geldvermögen sind periodisch fließende Zinsen.

22) Die gegenwärtige gesetzliche Regelung findet sich in den §§ 20, 22 und 23 EStG.

23) Vgl. Flämig (1969), S. 448, Hartz (1973), S. 1522.

24) Dies kann auch insofern zu unerwünschten Ergebnissen führen, als infolge der steuerlichen Vergünstigung bestimmter Investitionstypen eine volkswirtschaftliche Fehlallokation der Resourcen infolge einer allgemeinen "Flucht in die Sachwerte" möglich ist. Vgl. Diamond (1975), S. 232.

kunftsarten, die grundsätzlich nur Zahlungen berücksichtigen,[25)] und dem Vermögensvergleich, bei dem auch Kreditvorgänge Berücksichtigung finden. Die Ursache hierfür dürfte darin liegen, daß die Berechnung der Einkünfte durch Vermögensvergleich mit Hilfe der doppelten Buchhaltung geschieht, die Aufwendungen und Erträge nicht auf der Basis von Auszahlungen und Einzahlungen, sondern aus Ausgaben und Einnahmen berechnet.[26)] Es wäre also eine gesonderte Bestandsrechnung für steuerliche Zwecke erforderlich, wenn man diese lediglich an Zahlungen orientieren würde.

Auch für diesen Unterschied bei der Behandlung der Einkunftsarten wird man kaum eine systematische Begründung angeben können, sondern höchstens erfassungstechnische Erwägungen der Vereinfachung, die durch eine Vernachlässigung von Kreditvorgängen bei den Überschußeinkunftsarten entstehen. Im Hinblick auf das hier interessierende Problem bietet dieser Unterschied in der steuerlichen Behandlung keine relevanten Aspekte.

Zu 3.: Weitere Unterschiede bestehen in bezug auf die Abrechnungsrichtung. Während bei der Überschußrechnung stets nur bereits stattgefundene Zahlungsvorgänge erfaßt werden, sind bei der Gewinnermittlung durch Vermögensvergleich prospektive Ansätze vorhanden: Es gibt z.B. die Möglichkeit der Teilwertabschreibung sowie die Möglichkeit, für bestimmte ungewisse künftige Ausgaben erfolgswirksam Rückstellungen zu bilden. Außerdem wird durch das Maßgeblichkeitsprinzip der Handelsbilanz für die Steuerbilanz[27)] noch die Möglichkeit geschaffen, das für die Handelsbilanz geltende Niederstwertprinzip auch für die Steuerbilanz zu übernehmen.

---

25) Die Begriffe "Einnahmen" und "Ausgaben" werden im Gesetz anders als im üblichen Sinne verwendet.

26) Die historische Entwicklung zeigt, daß man davon ausging, wer bereits über eine Bilanz verfügt, solle auch nach deren Ergebnis bestimmt werden. Vgl. Barth (1955), S. 194, Loitlsberger (1964), S. 156 f.

27) Dies gilt nur für den Vermögensvergleich nach § 5 EStG.

Da die Handelsbilanz vorwiegend am Vorsichtsprinzip zum Zwecke der Errichtung einer Ausschüttungssperre orientiert ist, wird die steuerliche Gewinnermittlung von Überlegungen beeinflußt, die mit der Zielsetzung finanzwissenschaftlicher Einkommensdefinitionen nicht im Einklang stehen.[28)] Die Entwicklung ist vermutlich nur historisch zu erklären, da die Übernahme der kaufmännischen Rechnung nach Barth bei der Besteuerung von Aktiengesellschaften begann.[29)] In der Annäherung an die kaufmännische Bilanz wurde ein Fortschritt gesehen.[30)]

Zu 4.: Selbst wenn man die aus grundsätzlichen Erwägungen kaum zu rechtfertigenden bislang erörterten Unterschiede beseitigen würde, so bliebe immer noch der Unterschied zwischen den Meßmethoden der Stromrechnung und der Bestandsrechnung bestehen.[31)]

Die Erfassung bzw. Nichterfassung von Vermögen in der Meßmethode ist insofern von Bedeutung, als in der Literatur die Auffassung vertreten wird, Korrekturen der Steuerbemessungsgrundlage seien nur insofern erforderlich, als Steuerpflich-

---

28) Vgl. hierzu Saelzle (1977), S. 187.

29) Vgl. hierzu Barth (1955), S. 200 ff.

30) Diese Überlegung wird näher ausgeführt bei Loitlsberger (1964), S. 156 ff.

31) Die Anwendung der beiden Methoden wird im EStG nicht von der prinzipiellen Möglichkeit abhängig gemacht, einen Vermögensvergleich durchzuführen, sondern wieder durch erfassungstechnische Überlegungen bestimmt. Ein Vermögensvergleich im Sinne eines "materialistischen" Vermögensbegriffes (vgl. hierzu Hicks (1974) wäre denkbar bei Einkunftsarten wie Einkünften aus Land- und Forstwirtschaft, Einkünften aus Gewerbebetrieb, Einkünften aus Kapitalvermögen und Einkünften aus Vermietung und Verpachtung. Diese prinzipiell bestehende Möglichkeit eines Vermögensvergleichs wird jedoch vom Gesetz aus Gründen der erfassungstechnischen Vereinfachung nicht genutzt. Ein Vermögensvergleich wird nur im Rahmen der Gewinnermittlung nach § 4 Abs. 1 und § 5 EStG gefordert. Nimmt man eine Umgruppierung der Einkunftsarten nach der prinzipiellen Möglichkeit zur Vornahme eines Vermögensvergleichs im Sinne eines materialistischen Vermögensbegriffs vor, so würde eine Stromrechnung nur bei Einkünften aus selbständiger und unselbständiger Arbeit sowie den Einkünften nach § 22 EStG notwendig sein, soweit diese nicht auf dem Einsatz von Vermögen beruhen; alle anderen Einkünfte könnten durch Vermögensvergleich ermittelt werden.

tige Einkünfte aus Vermögen beziehen.[32] Dabei wird offensichtlich nicht die gesetzliche Durchführung eines Vermögensvergleichs angesprochen, sondern die Möglichkeit der Durchführung eines Vermögensvergleichs.[33] Speziell wird die Auffassung vertreten, bei Einkünften aus Kapitalvermögen und gewerblichen Einkünften komme es bei Inflation zu den größten wirtschaftlichen Härten.[34] Wäre das relevante Merkmal für die Korrekturbedürftigkeit der Steuerbemessungsgrundlage die Erzielung der Einkünfte mit Hilfe des Einsatzes von Vermögen, so käme der Meßmethode in der Tat entscheidende Bedeutung zu.

Sieht man von den bisher genannten Unterscheidungskriterien Objektumfang, Berücksichtigung von Kreditvorgängen und Abrechnungsrichtung ab, so zeigt sich, daß Stromrechnung und Bestandsrechnung nicht völlig verschiedene Meßmethoden darstellen, sondern lediglich unterschiedliche Periodisierungsregeln vergangener Zahlungen sind. Während die Periodisierung in der Stromrechnung durch bloße periodische Saldierung der Zahlungen erfolgt, werden im doppischen System der Buchhaltung durch eine Reihe zusätzlicher Periodisierungsregeln[35] (andere) Rechnungsabgren-

---

32) Vgl. etwa Schweigert (1973), S. 138, Schildbach (1974), S. 53, Wimmer (1975), S. 363.

33) Vgl. Fußnote 31.

34) So z.B. Flämig (1969), S. 448.

35) Die Periodenzurechnung in der üblichen doppelten Buchhaltung wird nicht nach einem, sondern nach mehreren heterogenen Kriterien vorgenommen. Die Erfolgswirksamkeit im Hinblick auf die Periode wird im einzelnen entschieden nach:

(1) Zeitlicher Anfall von Ausgaben und Einnahmen (Instandhaltungskosten, Gehälter)
(2) Realisationsprinzip: Ausgaben werden erst im Zeitpunkt der Realisierung zurechenbarer Einnahmen erfolgswirksam (Warengeschäfte)
(3) Zeitliche Definition: Zahlungen werden in der Periode erfolgswirksam, für die sie vertraglich definiert sind (Zinsen, Mieten, Versicherungen)
(4) Planmäßige Verteilung über die Nutzungsdauer (AfA)
(5) Zeitpunkt der Erkennbarkeit negativer Erfolgsbeiträge (Teilwertabschreibung, Verlustantizipation nach dem Niederstwertprinzip)
(6) Zeitpunkt des körperlichen Verzehrs (Heizstoffe, Kleinmaterial)

zungen vorgenommen, die rechnerisch über die Bestandskonten der Bilanz abgewickelt werden. Zwar ist gemäß der kodifizierten Definition der Erfolg über die Bestandskosten zu ermitteln, doch ist im System der Doppik jede im Sinne des Bestandsvergleichs erfolgswirksame Buchung automatisch mit Aufwendungen und Erträgen, also einer gegenüber der Zahlungssaldierung nur zeitlich versetzten Erfolgsrechnung verknüpft.[36)] Insofern besteht zwischen den angewandten Meßmethoden kein fundamentaler Unterschied, da sie auf eine gemeinsame Ausgangsbasis zurückgeführt werden können.[37)] Dies ist insofern von Bedeutung, als dadurch in der gesetzlichen Kasuistik eine gemeinsame, wenn auch rudimentäre Definitionsbasis gefunden werden kann, die zeigt, daß die einzelnen Meßmethoden nicht völlig wesensverschieden sind. Dies hat Konsequenzen für die Beantwortung der Frage, ob Korrekturen für Geldentwertung nur bei einzelnen oder bei allen Einkunftsarten durchzuführen sind. Sieht man die gemeinsame Herkunft aller Einkunftsarten in stattgefundenen Zahlungen bzw. Zahlungssubstituten, so kann die Auffassung, durch die Geldentwertung seien nur Einkünfte aus geldentwertetem Vermögen betroffen, nicht mehr aufrechterhalten werden.

Aus der Darstellung der gesetzlichen Konzeption allein läßt sich allerdings die Frage nach der Notwendigkeit von Geldwertkorrekturen noch nicht beantworten. Sie setzt eine Normvorstellung voraus, die im Anschluß an die Darstellung der in der Literatur vorgetragenen Änderungsvorschläge entwickelt wird.

---

36) Zur Dualität von Erfolg und Vermögensdifferenzen vgl. auch Seicht (1970a), S. 460 f. Die historische Entwicklung der gegenwärtigen Besteuerung durch Vermögensvergleich aus der Einnahme-Ausgabe-Rechnung beschreibt Barth (1955), S. 131 ff. Die Auffassung von Barth, es ließe sich eine Unterscheidung bilden, daß der Quellentheorie eher die Betonung der Gewinn- und Verlustrechnung entspreche, während die Vermögenszugangstheorie sich stärker auf die Bilanz konzentriere, ist nur insoweit zutreffend, als der Ausweis des Erfolgs als Saldo der Vermögensdifferenzen nicht mehr in der Schlußbilanz nachvollzogen werden kann, während die GuV-Rechnung als Zeitraumrechnung die Herausrechnung bestimmter Posten erlaubt. (S. 102).

37) Vgl. zur Arithmetik im einzelnen Mitschke (1976), S. 74 ff.

B. Der Einfluß der Besteuerung des Nominalgewinns auf das Zielausmaß

Bei der Interpretation der Kapitalerhaltung als finanzielle Zielsetzung wurde die Besteuerung nicht berücksichtigt, um nicht den Eindruck zu erwecken, die Probleme seien zwangsläufig miteinander verbunden. Nun werden die Überlegungen zum Ziel der Kapitalerhaltung um die Besteuerung des Gewinns erweitert.

I. Die "Bedrohung" der Substanzerhaltung durch die Besteuerung

Nicht selten findet man die Vorstellung, daß "eine Nichtberücksichtigung der Geldentwertung in der Handels- und besonders in der Steuerbilanz zwangsläufig zur Zerstörung der Unternehmung führt."[38] Der Beweis für solche und ähnliche Behauptungen[39] wird in der Regel durch hypothetische Rechenbeispiele[40] geführt. Die Struktur dieser Beispiele ist insofern eng verwandt, als die Kapitalerhaltung in substantieller Form als Ausgangsprämisse verwendet und anschließend gezeigt wird, bei welchen Bedingungen Substanzerhaltung unmöglich wird, bzw. unter welchen Konsequenzen für andere Variable sie nur möglich wird. Entsprechend wird auch hier getrennt zwischen dem Fall der "Bedrohung" der Substanzerhaltung und dem Fall der Durchführung der Substanzerhaltung zu Ungunsten anderer abhängiger Variabler. Da die Konsequenzen in beiden Fällen nach Auffassung der Befürworter der Substanzerhaltung unerwünscht sind, wird daraus regelmäßig der Schluß gezogen, die Substanzerhaltung sei durch die Wahl der Steuerbemessungsgrundlage sicherzustellen.

---

38) Schildbach (1975a), S. 180.

39) Vgl. hierzu z.B. Flämig (1969), S. 436, Kreile (1971), Huch (1972), S. 248, Gemper (1972), S. 763, Feuerbaum (1973), S. 739.

40) Die Fragwürdigkeit solcher Berechnungen betont in jüngster Zeit auch Mellwig (1977). Eine Ausnahme, auf die die folgende Kritik nicht zutrifft, bilden die empirisch geschützten Simulationsstudien von Mertens et. al. (1977) und Döllinger et. al. (1977). Vgl. hierzu S. 283 dieser Arbeit.

Zunächst soll das Problem anhand der üblichen Darstellung kurz gezeigt werden. Da die Grundstruktur der Beispiele stets gleichbleibt, wird der einfachste Fall des Kaufs mit anschließender Veräußerung von Waren gewählt.

Es sollen folgende Bezeichnungen gelten:[41)]

p_a = Anschaffungspreis
p_v = Verkaufspreis
p_w = Wiederbeschaffungspreis

Dann ist der Nominalgewinn

(35) $g_n = p_v - p_a$

sowie der Scheingewinn nach substantieller Auffassung:

(36) $g_s = p_w - p_a$

Gilt der Steuersatz s, so ergibt sich bei einmaligem Warenumschlag pro Periode bei der geltenden Regelung folgende Steuerzahlung S:

(37) $S = (p_v - p_a)\, s$

Für die Wiederbeschaffung steht nur folgender Betrag zur Verfügung:

(38) $w = p_v - S$

Damit die Wiederbeschaffung der gleichen Warenmengen möglich ist, muß bei einer Entnahme in Höhe von e gelten:

(39) $w - e \geqq p_w$

41) Vgl. Seicht (1968), v. Zwehl (1973), Kaiser (1973).

Ist keine Entnahme vorgesehen, so gilt:

$$(40) \qquad w \geqq p_w$$

Setzt man die entsprechenden Beziehungen für w ein, so kann auch geschrieben werden:

$$(41) \qquad p_v - (p_v - p_a) s \geqq p_w$$

bzw.

$$(41a) \qquad p_v - p_w \geqq S$$

Dies besagt, daß die Steuer nicht höher als der Substanzgewinn sein darf.

Ist diese Nebenbedingung nicht erfüllt, so ist die Substanzerhaltung im Sinne der identischen Wiederbeschaffung von Produktionsfaktoren nicht möglich.

Dieses einfache Beispiel des Kaufs und Verkaufs von Waren in der gleichen Periode läßt sich nun beliebig um zusätzliche Variable erweitern.[42] Nicht enthalten sind in den Beispielen meist Entnahmen, da gezeigt werden soll, daß die Besteuerung des nominellen Gewinns "... trotz Verzicht der Eigentümer auf Gewinnentnahmen zu echten Substanzverlusten führt."[43] Teilweise sind auch Entnahmen vorgesehen, wobei allerdings unklar bleibt, in welchem Zusammenhang die Entnahmen bzw. die Wieder-

---

42) In der Literatur finden sich Ansätze mit Einbeziehung der Abschreibung, wobei noch differenziert werden kann zwischen Abschreibung zum tatsächlichen Wiederbeschaffungswert und zum Wiederbeschaffungswert am Abschreibungsstichtag, sowie der Einbeziehung mehrmaliger Umsatzvorgänge pro Periode. Vgl. v. Zwehl (1973), Schildbach/Schweigert (1974), S. 541 ff.

43) Seicht (1968), S. 73.

beschaffung mit den Ausschüttungspräferenzen stehen.[44)] Eine solche Beziehung kann nur durch Untersuchung der logischen Implikationen bezüglich der gesetzten Prioritäten hergestellt werden.

Wenn die Bedingung für die Bedrohung der Substanzerhaltung durch eine Ungleichung formuliert ist, ist es möglich, durch Einsetzen entsprechender Zahlenwerte Fälle zu konstruieren, bei denen die Wiederbeschaffung veräußerter Produktionsfaktoren unmöglich wird. In diesem Fall wird von einer Gefährdung der Substanzerhaltung durch die Besteuerung der Nominalgewinne gesprochen.

Unklar an dieser Argumentation ist die Begründung, mit der die Verletzung der Nebenbedingung ursächlich der Besteuerung des Gewinns zugerechnet wird. Eine solche Zurechnung ist prinzipiell nicht in eindeutiger Weise möglich.[45)] Ist sie aber beliebig, so kann die Verletzung der Nebenbedingung jeder Variablen der Ungleichung ebenso gut zugerechnet werden. Die inhaltliche Interpretation der Zurechnung hängt dann vom Vorzeichen der Variablen ab: Man könnte also sagen, daß die Ausprägung der Variablen mit positivem Vorzeichen - in unserem Beispiel der Verkaufspreise - zu niedrig sei, während die Ausprägung der negativen Variablen - also Anschaffungspreise und Wiederbeschaffungspreise - zu hoch sei. Erweitert man die Ungleichung zur Annäherung an die Realität um weitere Variable, so kann die "Schuld" für die Gefährdung der Substanzerhaltung praktisch in jeder beliebigen "Ursache" gesehen werden. Dies gilt auch für die Berücksichtigung weiterer Steuern.[46)]

---

44) So etwa Schweigert (1973), S. 125. Er führt nur Entnahmen in Höhe des realen Gewinns durch, da auch der Kaufmann sein "Scherflein" zur Unternehmenserhaltung beitragen will. Hier wird der Eindruck erweckt, daß Steuerpflichtiger und Fiskus beide an einer vage definierten Unternehmenserhaltung interessiert seien. Inwiefern diese etwas eigenartige Prämisse mit den Zielprämissen der betriebswirtschaftlichen Theorie verträglich ist, bleibt dabei im Dunkel.

45) Vgl. hierzu auch Ketzscher (1969), S. 37.

46) Rose hat darauf hingewiesen, daß die Substanzsteuern ebenso zu einer Gefährdung der Substanzerhaltung führen können. Vgl. Rose (1975b).

Die Unmöglichkeit der Zurechnung zeigt sich besonders dann deutlich, wenn die rechnerische Ungleichung ohne die Variable "Gewinnsteuer" formuliert wird. Auch dann ist es möglich, daß die Substanzerhaltung gefährdet wird, wobei man die Ursache erneut in zu niedrigen Verkaufspreisen, zu hohen Wiederbeschaffungspreisen usw. sehen könnte. Dies zeigt, daß es zur Gefährdung der Substanzerhaltung der Besteuerung gar nicht bedarf.[47)]

Die mechanische Art des Vorgehens solcher Beispiele zeigt sich besonders deutlich, wenn die Ungleichung durch eine Gleichung ersetzt wird. Die Bedingung, daß mindestens die Substanz erhalten werden soll, wird insofern präzisiert, als dadurch die exakte Variablenkonstellation für den Fall bestimmt wird, daß gerade die Substanzerhaltung realisiert wird. Zur Auflösung der Gleichung müssen alle Variablen bis auf eine als gegeben betrachtet werden. Wird eine Nebenbedingung zur Gleichung umformuliert, so nimmt die abhängige Variable stets den Charakter einer kritischen Variablen an, die je nach Vorzeichen als Höchstbetrag oder Mindestbetrag interpretiert werden kann, damit die ursprüngliche Ungleichung erfüllt ist. In bezug auf die durch die Nebenbedingung formulierte Bedingung der Möglichkeit der Wiederbeschaffung von Produktionsfaktoren als "Minimalziel" können solche kritischen Werte für alle Variablen gebildet werden, die als von den anderen funktional abhängig betrachtet werden.

In bezug auf die Höhe der kritischen Variablen unter der Nebenbedingung der Substanzerhaltung lassen sich folgende Fragen formulieren:

1. Wie hoch darf die Steigung der Wiederbeschaffungspreise maximal sein?

---

47) Man könnte nun allerdings einwenden, daß dann der Steuerpflichtige selbst "schuld" sei, während bei prinzipiell möglicher Wiederbeschaffung der Fiskus die "Schuld" trage. Es ist jedoch kaum sinnvoll, derartige Probleme als "Schuldfrage" zu behandeln, sondern zweckmäßiger, sie im Rahmen eines Einkommensbegriffs zu diskutieren. Vgl. hierzu S. 243 dieser Arbeit.

2. In welcher Höhe darf die Ausschüttung maximal erfolgen?
3. Wie hoch darf die Gewinnsteuerbelastung sein?
4. Wie hoch müssen die Verkaufspreise mindestens sein?
5. Wie hoch muß die Umschlagshäufigkeit des Kapitals mindestens sein?
6. Wie hoch muß die Abschreibung mindestens sein?

Da bei der Bestimmung der kritischen Werte die Werte aller anderen Variablen als gegeben in die Gleichung eingehen müssen, ist es zum Ausgleich negativer Variabler, wie z.B. Steuern, notwendig, daß die abhängigen Variablen entsprechend höhere positive Werte annehmen. Je höher die Steuern sind, desto höher müssen ceteris paribus die Verkaufserlöse sein, um die Wiederbeschaffung zu ermöglichen. Die kritischen Werte sind rechnerisch unmittelbar von den Annahmen über die Höhe der anderen Variablen abhängig.

Soll die Berechnung der Werte für kritische Variable mehr sein als ein Zahlenspiel, so muß der kritische Wert eine Information beinhalten, etwa der Art, daß er potentiellen Entscheidungsträgern sagt, welche Grenze sie bei der Festlegung dieser Variablen nicht über- oder unterschreiten dürfen.[48] Diese Informationen können natürlich nur für solche potentiellen Benützer relevant sein, die die jeweilige kritische Variable auch handhaben können. Es wäre sinnlos, Entscheidungsgrenzen für Variable zu berechnen, für deren Festlegung kein Adressat existiert.

Als Adressat der möglichen Empfehlung, zum Zwecke der Substanzerhaltung eine bestimmte Entnahmehöhe nicht zu überschreiten oder bestimmte Mindestverkaufspreise zu verlangen, kommen potentiell Unternehmer in Frage, die Substanzerhaltung anstreben. Als Adressat der Empfehlung bestimmte Steuerbeträge nicht zu überschreiten, kann man sich Politiker oder Gesetzgeber vorstellen. Zwar ist es formal denkbar, auch für Anschaffungs- oder Wiederbeschaffungskosten kritische Höchstwerte auszurechnen, doch

48) Eine solche Funktion erfüllt z.B. der kritische Wert von Investitionsobjekten bei der Frage des Objektwechsels. Vgl. S. 50 dieser Arbeit.

taucht hier das Problem eines Adressaten für diese Information auf. Diese Beträge werden auf dem Markt bestimmt. Eine Empfehlung an anonyme Marktpartner, die Preise doch im Sinne der Substanzerhaltung von Unternehmungen festzusetzen, würde man in einem marktwirtschaftlichen System kaum als sinnvoll empfinden. Als Adressat bleiben dann nur noch die Institutionen der Steuergesetzgebung und -rechtsprechung übrig, weil diese der einzige Adressat sind, der eine Variable beherrscht, die nicht vom Markt bestimmt wird. Wir vermuten, daß in dieser Tatsache auch die Erklärung für die ansonsten willkürliche Zurechnung zwischen Steuerzahlung und Gefährdung der Substanzerhaltung liegt.

Da sämtliche kritischen Werte wegen der zugrundeliegenden Definitionsungleichung der Substanzerhaltung an die Bedingung der Wiederbeschaffung geknüpft sind, ist auch für Unternehmer eine Empfehlung zur Gestaltung der kritischen Variablen nur dann sinnvoll, wenn sie das Ziel der Wiederbeschaffung tatsächlich verfolgen. Es werden deshalb zunächst die Implikationen der in den Demonstrationsbeispielen enthaltenen Zielprämissen untersucht. Anschließend wird gefragt, ob sich aus der Verletzung oder Einhaltung der Nebenbedingung die vermuteten gesamtwirtschaftlichen Konsequenzen ergeben.

II. Die Anpassung des Zielausmaßes als Folge der Gewinnbesteuerung

Das Problem wird treffend von Heigl formuliert: "Die Diskussion der Nachteilsauswirkungen aus Inflation und betrieblicher Ertragsbesteuerung kann letztlich nur aus der Frage heraus geführt werden, inwieweit dadurch die Erreichung von Z i e l e n tangiert wird. Wer nicht imstande ist, ein exaktes Ziel zu formulieren, kann keine Aussage über Zielgefährdungen und betriebliche Vorsorgen machen."[49]

---

49) Heigl (1973), S. 389.

Es wurde bereits bezweifelt, daß Kapitalerhaltung verstanden als Möglichkeit der Wiederbeschaffung verbrauchter Produktionsfaktoren ein sinnvolles finanzielles Ziel ist. Die Rechnungen des vorgestellten Typs sind aber stets an Zielsetzungen in der Form von Nebenbedingungen gebunden, da sonst das angewandte Verfahren, Ungleichungen durch Gleichungen zu ersetzen und die Unbekannte als kritischen Wert zu interpretieren, nicht anwendbar wäre.

Wird in ein Gleichungssystem die Gewinnsteuer als negative Zielvariable[50)] zusätzlich eingeführt, so kann dies entweder die Gleichung zerstören oder durch Anpassungsmaßnahmen von anderen Variablen ausgeglichen werden. Die Anpassungsmaßnahmen können nach bestimmten Regeln vorgenommen werden, in denen sich die Prioritäten bezüglich der Reduktion anderer Variabler ausdrükken.[51)] [52)] Würde man auf eine solche Interpretation im Hinblick auf die Zielerreichung verzichten, so wären die Beispiele belanglose Rechenmechanismen ohne erkennbare Beziehung zu unternehmerischen Zielen.

Als Zielgrößen können Entnahmen und Vermögen in Frage kommen. Wird eine dieser beiden Variablen als gegeben in die Rechnung eingeführt, so beeinflußt sie die Höhe der anderen Variablen und wird somit zur Nebenbedingung der Zielvariablen. Je nachdem, ob nun zunächst eine Entnahme vorgesehen ist und dann die Wiederbeschaffung vorgenommen wird oder zunächst die Wiederbeschaffung vorgenommen wird und dann eine eventuell verbleibende Entnahme getätigt wird, kann man das Vorgehen einmal als Vermögensmaximierung bei gegebenen Entnahmen und im zweiten Fall als Entnahmemaximierung bei Erhaltung der Substanz interpretieren.

---

50) Zu diesem Begriff: Schubert (1970), S. 94 ff.

51) Vgl. hierzu Kaiser (1973), S. 54, Mertens et. al. (1977), S. 108 f.

52) Zum Zielwandel infolge Besteuerung allgemein D. Schneider (1974a), S. 30 ff.

Da eine Gewinnbesteuerung immer dazu zwingt, die Höhe der Zielvariablen gegenüber dem Fall ohne Steuern zu verringern,[53] weil das Gleichungssystem um eine negative Variable erweitert wird, können nun entweder die Entnahmen und/oder die Vermögenssubstanz gegenüber der Planung ohne Steuern reduziert werden. Wenn nun die Auffassung vertreten wird, die Besteuerung bedrohe die Substanzerhaltung, so kann dies nur bedeuten, daß entweder die Steuer so hoch ist, daß t r o t z V e r z i c h t auf Entnahmen die Bedingung der Substanzerhaltung verletzt wird oder daß die Steuerzahlung z u s a m m e n mit einer geplanten Entnahme die Wiederbeschaffung verhindert. Im ersten Fall muß die Zielvariable der Vermögenssubstanz gezwungenermaßen reduziert werden; im zweiten Fall ist eine Entscheidung möglich, ob zuerst die Entnahmen oder das Vermögen reduziert werden.

Die Beispiele unterstellen bis auf wenige Ausnahmen[54] folgende Prioritätenskala:

1. Steuerzahlung
2. Substanzerhaltung
3. Entnahmen

Die Gefährdung der Substanzerhaltung erweist sich somit als spezieller Fall einer Hypothese über die Revision des Zielausmaßes infolge Besteuerung. Die Steuer als zwangsläufig zu befriedigende Variable beeinflußt jeweils die Zielvariablen, die nicht im vorgesehenen Ausmaß befriedigt werden können. Erstaunlich ist allerdings, daß gerade die obige Rangordnung ein solches Maß an Beachtung gefunden hat, bedeutet dies doch implizit, daß Unternehmer bereit sind, ihre Konsumpräferenzen zugunsten des zweifelhaften Ziels der Substanzerhaltung vollkommen zu vernachlässigen. Explizit wird diese Behauptung nicht einmal von den engagiertesten Vertretern der Substanzerhaltung aufgestellt.

---

53) Vgl. hierzu D. Schneider (1974a), S. 30 ff.

54) Schweigert (1973); vgl. hierzu Fußnote 44 auf S. 237 dieser Arbeit.

Da bei obiger Rangordnung der Ziele bei Verhinderung der Substanzerhaltung Entnahmen nicht mehr zum Zuge kommen, wäre auch zu erwarten, daß die "Bedrohung" der Entnahmen durch die Gewinnbesteuerung diskutiert würde. Dies wäre zumindest insofern plausibler, als Konsumentnahmen u.U. lebensnotwendig sind, die Reproduktion verbrauchter Güter hingegen von durchaus zweifelhaftem Nutzen sein kann.

Eine Erklärung für die ungewöhnliche Sensibilität gegenüber der Substanzerhaltung in der Literatur kann nur darin gesehen werden, daß das "Minimalziel der Substanzerhaltung" quasi als "Recht" interpretiert wird, dessen Geltendmachung nicht verwehrt werden darf.[55] Zwar ist in einer marktwirtschaftlichen Ordnung keine Instanz denkbar, gegenüber der dieses Recht geltend gemacht werden könnte, doch soll die Substanzerhaltung auch nicht durch die Individualnutzen legitimiert werden, sondern abermals durch Verweis auf gesamtwirtschaftliche Nutzeffekte. Inwiefern hier ein Zusammenhang besteht, muß zumindest als eine bislang offene Frage angesehen werden.

C. Vorschläge zur Anpassung der Besteuerung an die Geldentwertung in der Literatur

Das Problem wurde bereits von den betriebswirtschaftlichen Klassikern diskutiert und ist insofern nicht neu.[56] In neuerer Zeit hat es jedoch wieder verstärkte Beachtung gefunden. Meist werden die Diskussionsbeiträge nicht auf steuerliche Probleme beschränkt, sondern auf das Problem der externen Rechnungslegung ausgeweitet.

---

55) Vgl. hierzu Börner (1975a), S. 230: "Was ihr Formalziel angeht, so ist die Unternehmung also mit einer D a u e r a u f g a b e ausgestattet. Insofern erscheint es nicht nur möglich, sondern auch legitim, die Unternehmung erhaltungsbedürftig zu nennen. Diesen Anspruch erhebt letztlich nicht die auf ihre Eigenexistenz bedachte, von ihrer Umwelt abgehobene "Unternehmung", sondern eben die Umwelt, die von der Unternehmung Nutzen zieht. Somit ist die Forderung nach Unternehmenserhaltung letztlich gesellschaftlich legitimiert."

56) Vgl. etwa Schmalenbach (1922), S. 50.

"expenditure tax" weiterentwickelt,[65] ist Gegenstand eingehender Untersuchungen gewesen.[66]

D. Schneider vertritt die Auffassung, mit der Einführung einer Ausgabensteuer tauche das "Problem der Unternehmens- bzw. Substanzerhaltung steuerlich nicht mehr auf."[67] Dies ist zutreffend, wenn man den Akzent auf "steuerlich" legt, doch sollte man die Aussage nicht so verstehen, daß das Problem der Kapitalerhaltung generell nicht mehr auftaucht. Da die Besteuerung nicht mehr an das Einkommen anknüpft, und damit keiner Definition der Kapitalerhaltung mehr bedarf, ist die definitorische Verbindung zwischen Substanzerhaltung und Besteuerung zwar gelöst, das Problem der Substanzerhaltung, sofern diese als Ziel betrachtet wird, nach wie vor vorhanden, da durch entsprechend hohe Entnahmen und die dadurch verursachte Besteuerung die Substanzerhaltung unmöglich werden kann. Ob dies eintritt, liegt allerdings im Gegensatz zur Besteuerung des Einkommens beim Steuerpflichtigen. Man wird deshalb die Argumentation von D. Schneider nicht falsch verstehen dürfen, meint sie doch nur, daß ein definitorisches Problem beseitigt wird.

Zu (b): Die Vorschläge, die die Steuerbemessungsgrundlagen für die Gewinnermittlung bei steigenden Preisen entsprechend den betriebswirtschaftlichen Bilanzauffassungen modifizieren wollen, lassen sich nicht präzise klassifizieren.[68] Sie variieren allerdings die Grundmuster der realen und substantiellen Kapitalerhaltung nur geringfügig. Da im Hinblick auf die zugrundegelegten finanzwissenschaftlichen Zielsetzungen eine Abstufung der Eignung einzelner Details auch gar nicht möglich ist, wird hier nur das Grundkonzept diskutiert. Im Vordergrund der folgenden Überlegungen sollen daher die Konzeptionen der "Realkapitalerhaltung" und der "Bruttosubstanzerhaltung" stehen.

---

65) Kaldor (1955).

66) Vgl. auch Andrews (1974), D. Schneider (1971a), Mitschke (1976), S. 163 ff.

67) D. Schneider (1971b), S. 567.

68) Vgl. hierzu die umfassende Übersicht bei Albers (1957), S. 177 ff. und Bierle (1974), S. 73 ff.

Da die Kritik der geltenden Regelung (fast) ausschließlich auf gesamtwirtschaftliche Überlegungen gestützt wird, könnte man erwarten, daß sich die Vorschläge auf eine "substanzerhaltende" Besteuerungsgrenze richten. Dies würde zumindest der Intention der Kritik entsprechen. Der entsprechende Steuerbetrag würde sich ergeben, indem man die Ungleichung (41a) in eine Gleichung umwandelt. Die Korrekturvorschläge orientieren sich jedoch nicht an ihrer ursprünglichen Absicht einer substanzerhaltenden Besteuerung,[69] sondern fordern eine Besteuerung des Substanzgewinns, gehen also über den ursprünglichen Kritikpunkt hinaus.[70]

Zu (c): Auf die Diskussion von Steuervergünstigungen für Unternehmer, wie etwa die liberalere Anwendung der degressiven Abschreibung, des lifo-Verfahrens bei der Vorratsbewertung usw., wird hier verzichtet.[71] Diese Vorschläge können in bezug auf den Gewinnausweis ähnliche, erfolgsverringernde Auswirkungen haben, wie die systematischen Geldentwertungskorrekturen. Da sie jedoch auf jede theoretische Begründung verzichten, sondern nur ein Schritt in die "richtige" Richtung sein wollen, ist eine Konfrontation solcher Vorschläge mit finanzwissenschaftlichen Prinzipien von vornherein unzweckmäßig.

---

69) Lediglich Seicht (1968) sieht hierin einen theoretisch richtigen Vorschlag (S. 78), lehnt ihn dann aber doch für praktische Zwecke ab. (1970b), S. 166.

70) Der Unterschied zwischen einer "substanzerhaltenden Besteuerung" und einer "Besteuerung des Substanzgewinns" erklärt sich wie folgt:

a) Substanzerhaltende Besteuerung: $S \leq (p_v - p_w)$,

b) Besteuerung des Substanzgewinns: $S = s(p_v - p_w)$

Nur für den unrealistischen Fall s=1 stimmen die beiden Rechnungen überein. Daher ist die Steuer im Fall b) stets niedriger als bei a).

71) Vgl. etwa Gail (1965), S. 882, Martin (1972), S. 245, Gemper (1972), S. 764. Eine Zusammenstellung aller Möglichkeiten nach bisher geltendem Recht gibt Heigl (1973), S. 390 f. Vgl. auch H. Schmidt (1957), S. 79 - 193, Niehus (1973), S. 153 - 160, S. 183 - 190, Institut FSt (1973), S. 39 ff. sowie Bierle (1974), S. 91 - 160.

Man könnte das Problem auch so stellen, daß nach den Möglichkeiten der Substanzerhaltung durch die gegenwärtig geltenden Regelungen gefragt wird. Vgl. hierzu Börner (1975a) sowie Bierle (1974). Daß diese Fragestellung nicht sehr sinnvoll ist, stellt Bierle auf S. 115 fest, da zwischen den üblichen Zielen der Steuerpolitik und der Steuerbilanzpolitik zum Zweck des "Geldentwertungsschutzes" kein Unterschied besteht.

Die Beurteilung unter finanzwissenschaftlichen Zielvorstellungen konzentriert sich deshalb auf die Vorschläge zur Veränderung der Steuerbemessungsgrundlage, die Anspruch erheben, ein konsistentes und mit den Prinzipien der Besteuerung zu vereinbarendes Konzept zu liefern.

D. Die Beurteilung alternativer Kapitalerhaltungsmaßstäbe im Licht finanzwissenschaftlicher Besteuerungsprinzipien

I. Die Wahl der Beurteilungskriterien

Bei der Untersuchung der Zielprämisse im Rahmen technologischer Fragestellungen wurde gezeigt, daß eine Orientierung an "betriebswirtschaftlichen Grundsätzen" nicht sinnvoll wäre: entweder könnten aus deskriptiven Aussagen aus logischen Gründen keine Empfehlungen abgeleitet werden, oder die Aussagen müßten aus den Zielen der Unternehmer selbst abgeleitet werden. Die Auffassung, der im Sinne "ökonomischer" oder "betriebswirtschaftlicher" Fragestellungen leistungsfähigste Gewinnbegriff sei auch für steuerliche Zwecke am besten geeignet,[72] muß schon wegen der Unmöglichkeit der Reduktion möglicher Problemstellungen auf eine "betriebswirtschaftliche" ins Leere zielen.[73]

---

72) Dies würde etwa dem Vorschlag von Loitlsberger (1964) entsprechen, die "Anpassung des Steuerrechts an die Prinzipien der instrumentalen Gewinnermittlung" (S. 161 ff.) vorzunehmen. Erklärbar sind solche Vorstellungen wohl am besten durch einen lange Zeit vorherrschenden Begriffsrealismus, der glaubte, nur ein solcher Begriff könne im Steuerrecht verwendet werden, der "dem wirklichen, dem wirtschaftlichen Erkenntnisse" entspricht. Vgl. hierzu Helpenstein (1930), S. 34. Die Verwechslung von Zweckmäßigkeit der Begriffsbildung mit wissenschaftlicher Erkenntnis ist in der Wissenschaftstheorie allerdings schon seit längerer Zeit überwunden.

73) Sehr zuversichtlich hinsichtlich der Übernahme bestehender Konzepte für die Besteuerung ist Haig: "It goes without saying that taxable income under an income tax law should approximate as nearly as practicable the true net income as defined by the analysis of the economist and the accountant." (1959), S. 66. Skeptisch gegenüber dem essentialistischen "wirtschaftlichen" Standpunkt hingegen ist Alexander (1962), S. 133: "It would accordingly be arrogant to present 'the economist's view of income'."

Der Beitrag betriebswirtschaftlicher Gewinnkonzeptionen für die Entwicklung eines steuerlichen Gewinn- bzw. Einkommensbegriffs kann nur in ihrem Nutzen für die Realisierung der Ziele der Besteuerung liegen. Traditionell ist die Formulierung solcher Ziele ein Problem der Finanzwissenschaft.

Mehr noch als unternehmerische Zielkataloge bieten Sammlungen finanzwissenschaftlicher Besteuerungsprinzipien eine Fülle von in ihrem Beziehungsreichtum nur schwer durchschaubaren Normengeflechten. Die bislang umfassendste Systematisierung im deutschen Sprachraum von Neumark versucht durch die Unterscheidung zwischen fiskalisch-budgetären, ethisch-sozialpolitischen, wirtschaftspolitischen sowie steuerrechtlichen und steuertechnischen Grundsätzen eine Zuweisung zu verschiedenen Problemebenen.[74)]

Es wäre nun denkbar, entsprechend dem Vorbild eines ausgewählten Normenkatalogs die Frage, inwieweit die geltende Besteuerung bei Geldentwertung reformbedürftig ist, anhand einer Enumeration sämtlicher Einzelziele zu untersuchen. Wenn dieser Weg hier nicht beschritten wird, so geschieht dies aus zwei Gründen: Zum einen sind wichtige Auswirkungen jeder Steuer angemessen nur auf makroökonomischer Ebene zu erfassen;[75)] dieser Anspruch überschreitet die Grenzen auch solcher Analysen, die die Grenzen der Betriebswirtschaftslehre weit interpretieren. Zum anderen scheint uns die gegenwärtige Diskussion nicht in jeder Hinsicht defizitär: hinsichtlich des Prinzips der Praktikabilität beispielsweise gibt es in der Literatur keine nennenswerten Kontroversen.[76)] Strittig sind eher konzeptionelle Grundsatzfragen; diese stehen deshalb im Vordergrund der folgenden Darstellung.

---

74) Neumark (1970), S. 45; einen beispielhaften Zielkatalog mit Berücksichtigung der Zielbeziehungen hat die kanadische Royal Commission of Taxation entwickelt. Vgl. Report (1967), S. 112 ff.

75) Man denke nur an Auswirkungen auf Beschäftigung und Verteilung.

76) Eine ausführliche Darstellung des Prinzips der Praktikabilität der Besteuerung gibt Mitschke (1976), S. 33 ff.

Suche muß sich daher auf operationale Ersatzmaßstäbe richten, über die Konsens besteht, daß sie steuerliche Leistungsfähigkeit repräsentieren.

Über das Einkommen als wichtigsten Indikator steuerlicher Leistungsfähigkeit neben dem Vermögen und dem Konsum besteht seit den nationalökonomischen Klassikern weitgehend Übereinkunft.[83] Neumark kommt nach Abwägen verschiedener Interpretationen der steuerlichen Leistungsfähigkeit zu dem Schluß: "Spätestens seit A. Smith jedoch hat sich die Auffassung durchgesetzt, daß das E i n k o m m e n des Pflichtigen wenn nicht den einzigen, so doch den besten Ausdruck steuerlicher Leistungsfähigkeit darstelle."[84] Dies ist auch die Auffassung von Haller: "Als wichtigste Bestimmungsgröße des Bedürfnisbefriedigungsumfangs ist, dies bedarf keiner Erläuterung, das Einkommen zu betrachten. Durch den Einkommensbezug wird Periode für Periode die Potenz zur Bedürfnisbefriedigung erneuert, die Höhe des Einkommens wird in erster Linie die Bedürfnisbefriedigung der Periode bestimmen."[85]

Mit der Interpretation des Einkommens als Maß der steuerlichen Leistungsfähigkeit wird ein Anhaltspunkt für die Übertragung der bisherigen Überlegungen zu Gewinn und Kapitalerhaltung auf den steuerlichen Einkommensbegriff geschaffen. Voraussetzung einer solchen Übertragung ist, daß die Zielsetzungen der bisherigen Untersuchung eine Entsprechung in finanzwissenschaftlichen Prinzipien finden.

In der finanzwissenschaftlichen Diskussion des Einkommensbegriffs findet man meist einen Rekurs auf die klassischen Inter-

---

83) Vgl. z.B. Amonn (1949), S. 5, Mann (1928), S. 128, Schmölders (1965), S. 46.

84) Neumark (1970), S. 135, sowie bereits Schmoller (1863), S. 52.

85) Haller (1971), S. 42 und weiter: "Der Einkommensbegriff ist so weit zu fassen, daß das Einkommen alle in der jeweiligen Periode zufließenden Elemente einschließt, die für die Bedürfnisbefriedigung relevant sind." (S. 42). Vgl. auch Laufenburger (1956), S. 450, Mitschke (1976), S. 27 und die dort angegebene Literatur.

preten des Einkommensbegriffs wie Hermann, Schmoller und Schanz. Die Definition von Schmoller enthält bereits alle wesentlichen Merkmale: "Unter Einkommen verstehen wir ... die Summe von Mitteln, welche der Einzelne, ohne in seinem Vermögen zurückzukommen, für sich und seine Familie, für seine geistigen und körperlichen Bedürfnisse, für seine Genüsse und Zwecke, kurz für Steigerung seiner Persönlichkeit in einer Wirtschaftsperiode verwenden kann."[86] Diese auf hohem Abstraktionsniveau formulierte Definition gilt auch der neueren Finanzwissenschaft prinzipiell als akzeptabel und wird in der Literatur mit verschiedenen geringfügigen Variationen wiederholt.[87]

Die Definition des Einkommens als Zuwachs des über die Erhaltung des Anfangskapitals hinausgehenden Vermögens zuzüglich des Periodenkonsums gibt den Weg für die Anknüpfung an die betriebswirtschaftlichen Kapitalerhaltungs- und Bilanztheorien frei. Auch in der Finanzwissenschaft sind die Fragen der anzuwendenden Bewertungs- und Kapitalerhaltungsmaßstäbe nicht abschließend geklärt worden. Präzise Angaben zu diesen Fragen machen die Klassiker nicht. Teilweise scheinen Hoffnungen in die kaufmännische Rechnungslegung gesetzt zu werden, die diese nicht erfüllen kann, weil die Zweckabhängigkeit der Rechnungen eine verbindliche Ausfüllung der von der Finanzwissenschaft vertrauensvoll gelassenen Lücken nicht mehr ermöglicht.[88]

Der Beitrag betriebswirtschaftlicher Konzepte für die Problemlösung kann daher nicht in der Erarbeitung eines einzigen, sondern nur in der Vorlage alternativer Konzepte der Einkommensmes-

---

86) Schmoller (1863), S. 52.

87) Vgl. z.B. Simons (1965), S. 50: "Personal income may be defined as the algebraic sum of (1) the market value of rights exercised in consumption and (2) the change in the value of the store of property rights between the beginning and end of period in question. In other words, it is merely the result obtained by adding consumption during the period to 'wealth' at the end of the period and then subtracting 'wealth' at the beginning." Oder Haig (1959): "Income is the money value of the net accretion to one's economic power between two points of time." (S. 55).

88) Vgl. z.B. Haig (1959), S. 66.

sung liegen. Zu diesem Zweck wird geprüft, inwiefern sich aus den bisherigen investitions- und bilanztheoretischen Überlegungen Anhaltspunkte für die Eignung als Grundlage eines allgemeinen steuerlichen Einkommensbegriffs ergeben. Im Vorgriff auf den Grundsatz der Gleichmäßigkeit der Besteuerung kann unter den bekannten Konzepten eine Auswahl getroffen werden, die eine Konzentration auf zwei Idealtypen ermöglicht:[89)] Entsprechend der Abb. 4 kann sich der Einkommensbegriff an zwei Überlegungen orientieren. Einmal kann Einkommen aus dem Saldo der realisierten, nicht konsumtiven Zahlungen abgeleitet werden, die in Abb. 4 zwischen Unternehmung und Umwelt fließen. Wir wollen deshalb von einem zuflußorientierten, retrospektiven Einkommensbegriff sprechen. Zum anderen kann Einkommen als periodisch entziehbarer Betrag unter Aufrechterhaltung der Entnahmefähigkeit definiert werden. Der Begriff bezieht sich dann auf den Strom zwischen Unternehmung und Investor, und wir wollen deshalb von einem präferenzkonformen, prospektiven Einkommensbegriff sprechen. Diese beiden Konzepte bilden den gemeinsamen Nenner der in der Literatur zu findenden Vorschläge.

1. Der retrospektive Einkommensbegriff als Ausdruck steuerlicher Leistungsfähigkeit

Als retrospektiv können wir alle Konzeptionen bezeichnen, bei denen ausschließlich bereits erfolgte Zahlungen Bestandteil der Einkommensdefinition sind. Dies ist sowohl bei Stromkonzepten als auch bei Bestandskonzepten möglich. Zunächst soll jedoch nur auf das retrospektive Bestandskonzept eingegangen werden; auf die Unterschiede zwischen Bestandskonzept und Stromkonzept kommen wir bei der Beurteilung der Konzepte unter dem Aspekt der Gleichmäßigkeit zurück.

In der Finanzwissenschaft kann als Ausgangspunkt der retrospektiven Konzeption die Auffassung von Schanz dienen, der in

---

89) Einen Überblick über bilanztheoretische Ansätze bietet Mitschke (1976), S. 110 ff. Allerdings wird nicht deutlich, daß sich die einzelnen Konzepte auf verschiedene Grundideen zurückführen lassen.

bezug auf den Einkommensbegriff schreibt: "Er zeigt uns, welche Leistungsfähigkeit dieser Person in einem bestimmten Zeitmoment zugeführt worden ist. Der Begriff erweist sich als Reinvermögenszugang eines bestimmten Zeitabschnitts inkl. der Nutzungen und geldwerten Leistungen Dritter."[90)]

Schanz sieht nicht die Notwendigkeit, seinen Einkommensbegriff weiter auszuarbeiten, sondern verweist auf die kaufmännische Gewinnermittlung als Vorbild.[91)] In den wesentlichen Passagen seiner Darstellung bekennt sich Schanz zum Realisationsprinzip, "... weil der solide Geschäftsmann eine Abneigung hat, einen noch nicht realisierten Gewinn als einen bereits festerlangten anzusehen."[92)]

Die Abstinenz gegenüber detaillierten Fragen der Kapitalerhaltung und Bewertung - Schanz beruft sich auf Simon[93)] - läßt sich vermutlich nur dadurch erklären, daß die eigentliche Absicht darin lag, die Argumente der Quellentheorie durch Verweise auf die vollständige Erfassung aller Vorgänge in der kaufmännischen Buchhaltung zu widerlegen.

Trotz der teilweise vagen Ausführungen hinsichtlich der Bewertung darf Schanz als Vorläufer eines retrospektiven Einkommensbegriffs angesehen werden. Die traditionelle Quellentheorie als Gegenposition zu der von Schanz vertretenen Auffassung war nämlich insofern prospektiv orientiert, als sie die Frage stellen

---

90) Schanz (1896), S. 23.

91) Ebenda.
Die Aussagen von Schanz haben zu unterschiedlichen Interpretationen in der Literatur geführt. Insbesondere die Frage der Berücksichtigung des Realisationsprinzips gab Anlaß zu Zweifeln. Vgl. hierzu Barth (1955), S. 113 f. Man wird jedoch nicht behaupten können, daß Schanz ein Vertreter der Auffassung war, auch unrealisierte Gewinne seien zu besteuern. Vgl. in diesem Sinne auch D. Schneider (1976a), S. 109.

92) Schanz (1896), S. 43.

93) Ebenda, S. 43.

Die Verwendung eines aus der streng retrospektiven pagatorischen Bilanz abgeleiteten steuerlichen Einkommensbegriffs hätte den Vorteil, daß Ermessensfragen bei der Einkommensermittlung weitgehend ausgeschaltet wären. Die Konzeption stünde der gegenwärtig geltenden Einkommenskonzeption nahe, enthielte allerdings nicht die in der Steuerbilanz vorhandenen prospektiven Ansätze der Bewertung der Nichtgeldbestände. Ein solcher Einkommensbegriff hätte keine Ambitionen hinsichtlich der Planung künftiger Entnahmen, weil er nur als konventionelle Periodisierung vergangener Zahlungen definiert wäre.[100] Er könnte folglich auch nicht materiell interpretiert werden, da er bewußt auf jeden Bezug zu den finanziellen Zielen der Individuen verzichtet. Simons charakterisiert dies treffend: "It is indeed merely an arithmetic answer and exists only as the end result of appropriate calculations."[101]

Einwenden könnte man gegen einen solchen Einkommensbegriff, daß er die Fortführung der Einkommenserzielung völlig vernachlässige, die Frage der Erhaltung der Leistungsfähigkeit vom Konzept her nicht stellen könne. Es wäre also prinzipiell möglich, daß es bei der Verwendung dieses Einkommensbegriffs als Steuerbemessungsgrundlage zu einer "Bedrohung" der wirtschaftlichen Leistungsfähigkeit käme.

Hält man die möglichen Folgen dieses Einkommensbegriffs für nicht akzeptabel,[102] so kann versucht werden, einen anderen Einkommensbegriff unter dem Gesichtspunkt der Fortführung der Einkommenserzielung zu formulieren. Die Möglichkeiten einer dann notwendigen prospektiven Orientierung des Einkommensbegriffs sind Gegenstand der folgenden Überlegungen.

---

100) Vgl. hierzu Schweitzer (1973), S. 686.

101) Simons (1965), S. 51.

102) Auf weitere Einwände wird im nächsten Abschnitt eingegangen.

2. Der Gewinn bei Erhaltung der Leistungsfähigkeit als Interpretation der steuerlichen Leistungsfähigkeit

Bei der Diskussion der Bilanztheorien wurde gezeigt, daß der Informationsgehalt eines auf Konventionen basierenden Gewinnbegriffs sehr gering ist, wenn man den Gewinn als finanzielle Zielgröße interpretiert. Dies gilt insbesondere deshalb, weil das Realisationskriterium die Vorteilhaftigkeit bereits eingeleiteter Investitionen recht willkürlich zerschneidet. Der Gewinn, verstanden als Größe zur Bestimmung der Konsumentnahmen, muß auch Informationen über die Entwicklung nach dem Abrechnungszeitpunkt verarbeiten. Diese Überlegungen können als Ausgangspunkt einer weiteren Definition des Einkommens als Ausdruck steuerlicher Leistungsfähigkeit betrachtet werden.

Als unbefriedigend an der streng retrospektiven Abrechnung mit Hilfe des Realisationskriteriums wird in der Literatur empfunden, daß die Rechnung nichts aussagt über die finanziellen Möglichkeiten, die "true economic position" eines Individuums.[103] Das Realisationsprinzip als notwendiger Bestandteil einer retrospektiven Konzeption zeigt die Änderung der wirtschaftlichen Position erst an, wenn die Nichtgeldbestände in Geld verwandelt worden sind. Dies erscheint besonders willkürlich, wenn man bedenkt, daß das Realisationsprinzip nicht an die potentielle Geldmenge, sondern ausschließlich an die aktualisierte Geldmenge anknüpft.[104]

Der in der Finanzwissenschaft häufig anzutreffende Vorschlag, das Vermögen ohne Beachtung des Realisationsprinzips zum Marktwert zu bewerten, hat sein Pendant in der Diskussion im betrieblichen Rechnungswesen. Er führt zum Konzept des "realizable profit" oder "accretion concept of income" und fordert

---

103) Haig (1959), S. 68.

104) Vgl. Seltzer (1951), S. 4, Musgrave (1959), S. 166, sowie S. 151 dieser Arbeit.

die Übertragung dieses Konzepts auf die Besteuerung.[105] Dieses in der Finanzwissenschaft intensiv diskutierte Konzept[106] stößt allerdings auf eine Reihe von Problemen, die zum Teil schon im Zusammenhang mit der Bewertung des Endvermögens am Ende des Planungszeitraums aufgezeigt wurden.[107]

Die "economic power" eines Individuums ist eine Größe, die nicht schlechthin, sondern nur unter Angabe einer bestimmten Zielrichtung definiert werden kann. Es entspricht der verbreiteten Auffassung, diese in dem Maß an Bedürfnisbefriedigung zu sehen, das durch das Vermögen erreicht werden kann. Sieht man das Konsumpotential als Indikator für die Bedürfnisbefriedigung an, so kann die "economic power" durch den Nutzen der Konsumgüter umschrieben werden, die für das Vermögen erhältlich sind. Geht man von der realistischen Annahme aus, daß nicht der Sofortkonsum aller Mittel geplant ist, so läßt sich das Nutzenpotential, das das Vermögen gewährt, durch das Niveau eines Konsumstroms gegebener Struktur beschreiben, wobei im Regelfall der Planungszeitraum in Beziehung zur erwarteten Lebensdauer des Individuums steht.[108] Der durch die Bewertung zu Marktpreisen errechnete für den Sofortkonsum hypothetisch verfügbare Betrag liefert allerdings eine Information, die nur in Ausnahmefällen relevant ist, nämlich wenn der sofortige Konsum t a t s ä c h l i c h geplant ist. In allen anderen Fällen aber ist zu erwarten, daß die vorgeschlagene Bewertungsregel die Präferenzstruktur des Investors nicht adäquat erfaßt.[109]

In der finanzwissenschaftlichen Literatur werden die Probleme der Aggregationshöhe des Vermögens im Fall der Veräußerung

---

105) Im betrieblichen Rechnungswesen wurde das Konzept vor allem von Philips (1963) und Chambers (1971) propagiert. Für die Besteuerung wird der Vorschlag übernommen von der Royal Commission on Taxation, vgl. Report (1967), S. 133.

106) Vgl. z.B. Musgrave (1967/68), S. 47, Wallich (1965).

107) Vgl. S. 91 dieser Arbeit.

108) Vgl. S. 73 dieser Arbeit.

109) Vgl. hierzu S. 97 dieser Arbeit.

kaum angeschnitten.[110)] Unterstellt man die Einzelveräußerung, so wurde hier gezeigt, daß die Bewertung zum Liquidationswert in Kalkülen in der Regel dazu führt, daß die Entnahmen der früheren Perioden gegenüber späteren Perioden implizit mit einem zu niedrigen Gewicht versehen werden, da gemessen an Einzelliquidation meist bessere Verwertungschancen existieren. Was sich aber im Entscheidungskalkül als Verzerrung der Zielfunktion niederschlägt, wirkt sich bei der Interpretation des Gewinns als Steuerbemessungsgrundlage als deren Verzerrung aus.

Die Bewertung des Vermögens zu Marktpreisen würde deshalb nicht dazu führen, das tatsächlich intendierte Maß an Bedürfnisbefriedigung anzuzeigen, sondern eine im Sinne einer unrealistischen Zielsetzung normierte "economic power." Konkret würde dies bewirken, daß Individuen mit schwer veräußerlichen und wenig fungiblen Vermögensgegenständen steuerlich wegen entsprechend niedriger Wertansätze gegenüber Unternehmen mit marktgängigen Gütern begünstigt würden, obwohl in beiden Fällen wegen der tatsächlich gar nicht geplanten Veräußerung gleich hohe Entnahmeerwartungen bestehen.[111)] Die Vorteile einer solchen Bewertungsregel gegenüber dem retrospektiven Konzept sind daher zweifelhaft.

Man könnte natürlich einwenden, daß jede steuerliche Regelung aus Gleichheitsgründen eine Normierung der den Wertbegriffen zugrundeliegenden Zielhypothesen nicht vermeiden könne, doch würde eine auf der Veräußerungshypothese basierende Normierung der Bewertung den Einkünften aus Arbeit ratlos gegenüberstehen, da für "human capital" nur in wenigen Ausnahmefällen Marktprei-

---

110) Vgl. z.B. die sehr vage gehaltenen Formulierungen im "Memorandum of Dissent" zum Gutachten der Royal Commission on the Taxation of Profits and Income, London 1955, S. 371 f. Eine Ausnahme bildet Mitschke (1976), S. 44 ff.

111) Die Auswirkungen dieses konzeptionellen Mangels sind von Fall zu Fall verschieden. Im Hinblick auf die Besteuerung des Wertzuwachses etwa von Grundstücken wird die Abweichung zur "idealen" Rechnung wohl relativ gering sein.

se existieren.[112] Da der Anteil von Personen, die ausschließlich Einkünfte aus dem Einsatz von Arbeit beziehen, sowie ihr Anteil am Aufkommen der Einkommensteuer die Einkünfte aus Vermögen bei weitem überwiegt,[113] würde eine prospektive, auf der Veräußerungsprämisse basierende Einkommensermittlung den überwiegenden Teil der Steuerbemessungsgrundlagen nicht erfassen können.[114] Als Grundlage eines allgemeinen Einkommensbegriffs ist das Konzept der Marktpreisbewertung des Vermögens daher kaum geeignet.

Dies gilt nicht für die prospektive Interpretation des Einkommens schlechthin, da sinnvollere Normierungshypothesen existieren, die von plausibleren Zielsetzungen ausgehen. Plausibler als die Veräußerung ist die Verwendung des Vermögens zur Speisung eines Zielstroms von einer gewissen Dauer. Das Niveau dieses Stromes ist ebenfalls als Indikator steuerlicher Leistungsfähigkeit denkbar.[115] Hinweise für eine solche Interpretation könnten bereits in der Quellentheorie gefunden werden. Während der Gewinn bei retrospektiver Betrachtung Aufschluß gibt über die bis zum Abrechnungszeitpunkt gezeigte steuerliche Leistungsfähigkeit, wird die Quellentheorie auch so interpretiert, daß bereits im Zeitpunkt der Besteuerung darauf geachtet werden müsse, daß die Quelle des Einkommens erhalten bleibt. Es ist dann erforderlich, in die Definition des steuerlichen Einkommens ein

---

112) Vgl. Mitschke (1976), S. 119; Diamond (1975), S. 228, Brinner (1973), S. 565 und Zeuthen (1975), S. 137, gehen zur Vereinfachung von der Prämisse aus, daß Einkünfte aus "human capital" für die Definition des Einkommens vernachlässigt werden sollen.

113) Im Jahr 1971 betrug z.B. der Anteil der Einkünfte aus selbständiger und nichtselbständiger Arbeit an der Summe der Einkünfte im Sinne des § 2 Abs. 3, Ziff. 1-7 EStG ca. 65%. Vgl. Statistisches Jahrbuch 1976 für die Bundesrepublik Deutschland, S. 423.

114) Insofern ist auch das meist im Zusammenhang mit der Berücksichtigung von "holding-gains" vorgeschlagene Konzept der Korrektur durch die Deflationierung des Vermögens nur als Partialkorrektur anzusehen. Vgl. zu diesem Vorschlag Musgrave (1959), S. 169, Wallich (1965), S. 137, Helliwell (1969), Haller (1971), S. 59, Goode (1972), S. 193.

115) Hinweise in diese Richtung finden sich bei Haig (1959), S. 66, sowie Moxter (1966), S. 57.

"preservation-of-source criterion"[116] aufzunehmen.[117] Gegenüber der Interpretation, Einkommen könne nur aus stetig fließenden Quellen entstehen, bedeutet dies eine Akzentverschiebung: Nicht die Regelmäßigkeit des Zuflusses ist Definitionsmerkmal, sondern die Errechnung eines Betrages, der entzogen werden kann, ohne daß die Quelle versiegt.

Konnten die Vertreter der Quellentheorie den Gedanken der Erhaltung der Einkommensquelle nur im programmatischen Ansatz formulieren, so finden wir in der kapitaltheoretischen Konzeption die Ausarbeitung der Fragestellung. Hält man die prospektive Definition des Einkommens für den richtigen Ausdruck steuerlicher Leistungsfähigkeit, so wäre der Betrag als Steuerbemessungsgrundlage anzusehen, der entzogen werden kann, ohne daß die Entziehung gleichhoher Beträge in Zukunft behindert würde.

Die Interpretation der Quellentheorie nach dem "preservation-of-source criterion" kommt dem von betriebswirtschaftlicher Seite formulierten steuerlichen Einkommensbegriff sehr nahe. Dies zeigt etwa die Interpretation von D. Schneider: "Betriebswirtschaftlich kann zu versteuernder Gewinn erst dann vorliegen, nachdem so viel an Aufwand verrechnet wurde, daß die wirtschaftliche Leistungsfähigkeit der Unternehmung erhalten geblieben ist."[118]

---

116) Wueller (1969), S. 148.

117) Eine solche Interpretation der Quellentheorie gibt Barth (1955), S. 101: Seiner Auffassung nach ist der "status quo" - also das Anfangsvermögen - nur dann erhalten, wenn ein "Weiterfließen der Einkommensquelle" gewährleistet ist. Barth sieht dies als gewährleistet an, wenn das Stammvermögen erhalten ist, und stellt somit eine Verbindung zwischen Erhaltung des Stammvermögens und Erhaltung der Leistungsfähigkeit her.

118) D. Schneider (1971b), S. 566. Da man durch Verrechnen von Aufwand wohl kaum Leistungsfähigkeit erhalten kann, ist anzunehmen, daß folgendes gemeint ist: Es soll das Einkommen besteuert werden, das entzogen werden könnte, ohne daß die Erhaltung der Leistungsfähigkeit beeinträchtigt wird.

Der Unterschied gegenüber der retrospektiven Konzeption besteht darin, daß bisher von der Besteuerung der durch Einnahmen realisierten Leistungsfähigkeit die Rede war, während es hier um die künftige Erhaltung der Leistungsfähigkeit geht.[119] Während Schanz die "Fähigkeit zur Wiederkehr" als unerheblich betrachtete, wird diese nun zum konstituierenden Merkmal der Einkommensdefinition.[120]

Im Rahmen der Beurteilung von Bilanzkonzeptionen wurde eingehend untersucht, an welche Prämissen die kapitaltheoretische Konzeption gebunden ist. Trotz der Einschränkung ihres Geltungsbereichs ist nicht zu übersehen, daß die kapitaltheoretische Konzeption dem programmatischen Ideal der Erhaltung der Einkommensquelle weitgehend entspricht. So macht etwa D. Schneider deutlich, daß er die adäquate steuerliche Einkommensdefinition in der kapitaltheoretischen Gewinnkonzeption verwirklicht sieht, diese für steuerliche Zwecke jedoch wegen der Realitätsferne der zugrundeliegenden Prämissen nicht für praktikabel hält.[121]

Da die Einführung des kapitaltheoretischen Gewinns als Steuerbemessungsgrundlage nicht ernsthaft für die Besteuerungspraxis gefordert wurde, wäre es nicht sinnvoll, die Auswirkungen dieses Vorschlags im einzelnen zu verfolgen.[122] Da diese Konzeption jedoch rechnerisch als Idealtyp dessen angesehen werden kann, was nach der programmatischen Absicht von Näherungslösungen anzustreben ist, kann die kapitaltheoretische Konzeption eine nützliche Funktion als Orientierungsmaßstab erfüllen, um zu beurteilen, wie gut das Ideal der prospektiven Konzeption durch Näherungslösungen erreicht wird.

---

119) Vgl. auch Huch (1972), S. 248. Ähnlich die Formulierung bei Boecken (1974), S. 2219: "Das Prinzip der Leistungsfähigkeit fordert die Schonung steuerlicher Leistungsfähigkeit des Pflichtigen im Interesse ihrer Nachhaltigkeit und der volkswirtschaftlichen Produktivität."

120) In diesem Sinne vgl. bereits Lion (1925), S. 120 ff.

121) D. Schneider (1971a), S. 357 f. Gleicher Auffassung ist Jacobs (1971), S. 24.

122) Vgl. hierzu ausführlich Kahsnitz (1970).

Eine solche Näherungslösung wird von den Kritikern der gegenwärtigen Besteuerung in der partiell prospektiven Substanzerhaltungskonzeption auf der Basis von Wiederbeschaffungskosten gesehen. Die Analogie zwischen der Substanzerhaltung und der Erhaltung einer Einkommensquelle ist bereits bei F. Schmidt anzutreffen: "Die Quellentheorie verlangte eine Bilanz der S a c h e n m e n g e n , deren Tageswerte wohl auch ermittelt und zusammengefaßt werden können. Vermögensänderung kann in diesem Falle nur eine Änderung der Sachmenge sein."[123)]

Da Wertänderungen ohne Mengenänderungen von der organischen Bilanzauffassung nicht als Gewinn betrachtet werden, glaubt Schmidt eine Trennung von Vermögen und Einkommen auch bei Unternehmungen auf einfache Weise herstellen zu können: "Sie (die organische Bilanz, Anm.d.V.) erfaßt als Einkommen alles, was als Frucht eines Vermögensstammes entsteht."[124)] und: "Die Summe der Einzelwerte einschließlich der immateriellen Vermögensteile, die durch Kostenaufwand geschaffen worden sind, entsprechen dem Stammvermögen, der Quelle."[125)] Allerdings ist für eine solche Abgrenzung des Vermögens das "Gebundensein an die Sachmenge in konkreter Form"[126)] erforderlich. Eine solche Annahme wird allerdings nur bei Abwesenheit von Preisänderungen, technischem Fortschritt und Nachfrageverschiebungen als zutreffend zu betrachten sein. Sind diese Bedingungen jedoch nicht gegeben, so ist eine Unterscheidung in Vermögensstamm und Frucht nicht mehr mit so einfachen Mitteln möglich.[127)] Die Eignung des substantiellen Gewinns im Sinne eines "earnings predictors" seiner selbst wird dadurch erheblich relativiert.
Eine Einkommenskonzeption, die die Erhaltung der Leistungsfähigkeit auf der Basis des substantiellen Gewinns zur Richt-

123) F. Schmidt (1951), S. 364; in neuerer Zeit vgl. z.B. Wimmer (1975), S. 364.

124) F. Schmidt (1951), S. 364.

125) Ebenda, S. 364 f.

126) Ebenda, S. 365.

127) Die Ableitung des steuerlichen Einkommensbegriffs aus der agrarischen Epoche wird deutlich bei Seltzer (1951), S. 25 f., Barth (1955), S. 120 ff.

linie der Besteuerung machen würde, stünde daher auf einer wankenden Grundlage.[128)]

Als ein weiterer zentraler Einwand gegen die Verwendung der Substanzerhaltungskonzeption zur Ermittlung der steuerlichen Leistungsfähigkeit spricht die Vorstellung einer "persönlich-individuellen"[129)] Leistungsfähigkeit.[130)] Demgegenüber handelt es sich bei der Substanzerhaltungskonzeption zweifelsfrei um eine Konzeption, die an den firmenbezogenen Unternehmungsbegriff gebunden ist. Die vielschichtigen Argumente, mit denen die Forderung nach institutionenbezogenen substanzerhaltenden Korrekturen in der Besteuerung begründet wird, wie etwa Erhaltung der Arbeitsplätze, die Erfüllung sozialer Aufgaben u.ä.[131)] sollen hier nicht erörtert werden. Sie belasten den steuerlichen Einkommensbegriff mit einer großen Zahl von Anforderungen; von einer Besteuerung der persönlichen Leistungsfähigkeit der Unternehmer kann dann allerdings nicht mehr die Rede sein.

Die Ergebnisse hinsichtlich des Zusammenhangs zwischen der Besteuerung nach der persönlichen Leistungsfähigkeit und den Vorstellungen hinsichtlich der Kapitalerhaltung lassen sich kurz zusammenfassen: Folgt man der retrospektiven Interpretation des steuerlichen Einkommensbegriffs, so hat die Bewertung zum Anschaffungswert zu erfolgen; der Erfolg wird in Geld gemessen, mit der Folge einer dem Konzept inhärenten Nominalkapitalerhaltung. Für andere Formen der Kapitalerhaltung läßt das Konzept keinen Raum. Da die gegenwärtig geltende gesetzliche Regelung dieser Definition der Leistungsfähigkeit sehr nahe kommt, bestünde für eine Anpassung der Steuerbemessungsgrundlage an andere Kapitalerhaltungsmaßstäbe kein Anlaß.

---

128) Vgl. hierzu S. 194 dieser Arbeit.

129) Vgl. Neumark (1970), S. 121.

130) Vgl. hierzu vor allem Albers (1957), S. 28 f., Simons (1965), S. 47, Report (1967), S. 84 f., Goode (1972), S. 11 ff.

131) Vgl. hierzu etwa Wimmer (1975), S. 135.

Hält man diese Definition wegen der Willkür des Realisationsprinzips für ungeeignet, so kann man die Bewertung des Vermögens prospektiv vornehmen. Dabei können zwei Idealtypen - die Versteuerung im Zeitpunkt der Erkennbarkeit und die Versteuerung gemäß einer präferenzgerechten Verteilung künftiger Zahlungsüberschüsse - unterschieden werden. Gegen die erste, vorwiegend in der Finanzwissenschaft vertretene Version, bestehen Bedenken, daß die Konzeption ihr eigentliches Ziel, die Besteuerung gemäß der "true economic position" verfehlt. Die zweite Version leidet unter diesen Mängeln nicht, ist allerdings von ihren konzeptionellen Möglichkeiten her nicht in der Lage, die Intention einer Erhaltung der Leistungsfähigkeit zu realisieren; sie liefert zumindest keinen präzise bestimmbaren Beitrag zur Erhaltung der Leistungsfähigkeit. Da sie zudem die Erhaltung der Leistungsfähigkeit objektbezogen und nicht personenbezogen interpretiert, besitzt sie keinen klaren Bezug zum Beurteilungskriterium.

Da neben der Besteuerung nach der Leistungsfähigkeit ein wichtiges Prinzip in der Gleichmäßigkeit der Besteuerung gesehen werden muß, soll an dieser Stelle noch keine abschließende Beurteilung der Konzepte vorgenommen werden. Dies soll erst für beide Kriterien gemeinsam geschehen.

III. Das Prinzip der Gleichmäßigkeit der Besteuerung

Eine klassische Definition des Prinzips der Gleichmäßigkeit der Besteuerung findet sich bei Neumark: "Gemäß dem Grundsatz der Gleichmäßigkeit der Besteuerung sind Personen, soweit sie zu irgendeiner Steuer herangezogen werden und sich in gleichen oder gleichartigen steuerlich relevanten Verhältnissen befinden, in bezug auf die betreffende Steuer gleich zu behandeln."[132)]
Gleichmäßigkeit in der Behandlung ist zunächst nur ein formales Kriterium, das ohne inhaltliche Definition dessen, in bezug worauf Gleichheit hergestellt werden soll, keine Schlüsse zu-

---

132) Neumark (1970), S. 120.

läßt.[133] Da hier das Problem der Gewinnbesteuerung interessiert, kann die Aufgabe nur darin bestehen, das Relevanzkriterium für gleiche steuerliche Verhältnisse im Gewinn bzw. Einkommen zu sehen. Die Forderung, Subjekte in gleichen steuerlich relevanten Verhältnissen gleich zu behandeln, wird also spezifiziert lauten, Personen mit gleichen Einkommensverhältnissen gleich zu behandeln.

In der Literatur wird nun teilweise die Auffassung vertreten, durch den Abgang vom Prinzip der Besteuerung von Nominalgewinnen würde die Gleichmäßigkeit der Besteuerung innerhalb der Einkunftsarten verletzt, aber auch die gegenteilige Auffassung, daß durch den Übergang zur Besteuerung realer Größen Verzerrungen beseitigt und die Gleichheit erst hergestellt würde.[134]

Bei der Forderung, der Gesetzgeber müsse sich bei der Besteuerung auf die r e l e v a n t e n Größen stützen, wird häufig übersehen, daß Relevanz sich nicht durch Erkenntnis einstellt, sondern durch Betrachtung unter einem bestimmten Aspekt erst geschaffen wird.[135] Wenn nun behauptet wird, daß die eine oder andere Art der Definition der Steuerbemessungsgrundlage die "tatsächlichen" Verhältnisse "verzerrt" wiedergebe,[136] so erfolgt dies mit dem unausgesprochenen, normativ getönten Vorder-

---

133) Vgl. hierzu allgemein F. Klein (1966). Für die hier interessierende Problemstellung irrelevant sind die Negativkataloge der Ungleichheit. Vgl. hierzu Neumark (1970), S. 92 ff. Mitschke (1976), S. 26.

134) Die erste Auffassung wird vertreten bei Gail (1965), S. 879, Wöhe (1976), S. 387, Heigl (1973), S. 392, Jacobs (1974), S. 1029. Die gegenteilige Auffassung wird vertreten bei K. Hax (1962), S. 269, Ganz (1963), S. 57, Zeitel (1973), S. 252, Schweigert (1973), S. 136, Lechner (1974), S. 116, D. Schneider (1976b), S. 743. Nicht akzeptieren können wird man die Auffassung von Ganz (1963), S. 57, die Gleichbehandlung sei schon deshalb gegeben, weil jeder, der sich steuerliche Vorteile von Unternehmern verschaffen möchte, doch nur Unternehmer zu werden brauche.

135) Dies wird auch bei Eisenstein (1961) kritisiert: "But at no point are we told how to determine which circumstances or positions are 'relevant', and whether 'relevant' circumstances or positions are 'like', 'similar', or 'the same'. The generalities are available for almost any result that may be desired." (S. 149).

136) Vgl. etwa Flämig (1969), S. 436, v. Arnim (1973), S. 621.

satz, der implizit eine Definition der "relevanten Verhältnisse" beinhaltet, denn "Relevanz an sich" gibt es nicht.

Häufig entsteht der Eindruck, als sei die Relativität der Gleichheit nicht bewußt gewesen, sondern die Existenz steuerlich gleicher Verhältnisse eher im Sinne einer essentiellen Gleichheit an sich gesehen worden.[137)] Gleichmäßige Besteuerung bei gleicher steuerlicher Leistungsfähigkeit kann jedoch nicht das "Wesen" der Gleichmäßigkeit ergründen, sondern kann nur bedeuten, daß im Hinblick auf eine gegebene Definition der steuerlichen Leistungsfähigkeit Gleichbehandlung im Hinblick auf die Definitionsmerkmale verwirklicht werden soll.[138)] Die Forderung nach Gleichmäßigkeit setzt also immer schon eine implizite Definition der Leistungsfähigkeit voraus, gegenüber der jedoch eine explizite Definition vorzuziehen ist.[139)] Wird diese angegeben, so wird es möglich, die unterschiedlichen Auffassungen auf verschiedene Definitionen der steuerlichen Leistungsfähigkeit, also verschiedene Einkommenskonzeptionen zurückzuführen. Ohne die Annahme solcher Einkommenskonzeptionen bleibt die Argumentation beliebig und unentscheidbar.

Zwei denkbare Konzeptionen für die Definition des Einkommens wurden hier vorgestellt. Da Gleichmäßigkeit bedeutet, a l l e Einkunftsarten gleichmäßig zu besteuern, besteht das Problem darin, die Übertragbarkeit der Konzeptionen auf alle Einkunfts-

---

137) Vgl. hierzu auch F. Klein (1966), S. 21 f.

138) Man wird das Problem der Gleichmäßigkeit der Besteuerung allerdings nicht durch den Hinweis lösen können, es sei eine "periodengerechte" Gewinnermittlung angestrebt. Von dieser Zielprämisse geht Jacobs (1971), S. 12 ff. aus. Es gibt jedoch nicht d e n periodengerechten Gewinn, sondern lediglich Periodengewinne als Ergebnis bestimmter Periodisierungsregeln, die in bezug auf ausgewählte Zwecksetzungen mehr oder weniger geeignet sein können. Die Zahl der denkbaren Periodisierungsregeln bestimmt die Zahl der "periodengerechten", sprich: periodisierungsregelgerechten Gewinne.

139) Vgl. auch D. Schneider (1971b), S. 568: "Wer steuerliche Gerechtigkeit verwirklichen will, muß weiter dafür sorgen, daß die Einkommensermittlung bei allen Einkunftsarten aus diesem Einkommensbegriff, d.h. aus der Definition der steuerlichen Leistungsfähigkeit, abgeleitet wird." In diesem Sinne auch Mitschke (1976), S. 25 und 31.

arten zu überprüfen.[140] Gleichmäßigkeit wird dann ein "wesentliches" Kriterium, wenn sich bei der Übertragung einer bestimmten Konzeption auf alle Einkunftsarten Probleme ergeben. Man kann in der fehlenden Möglichkeit der Übertragung einen Grund sehen, der es erlaubt, die Zweckmäßigkeit der Definition selbst in Zweifel zu ziehen.

1. Die Gleichmäßigkeit der Besteuerung bei retrospektiver Interpretation des Einkommens

Hält man einen retrospektiven Einkommensbegriff bei Nominalkapitalerhaltung für den geeigneten Ausdruck steuerlicher Leistungsfähigkeit, so ist zu prüfen, ob sich dieser Einkommensbegriff auf alle Einkunftsarten übertragen läßt. Diese Frage wurde bereits insoweit untersucht, als die geltende Regelung der Einkommensbesteuerung in den Grundzügen auf einem vorwiegend retrospektiven Konzept beruht. Da es möglich ist, auch die Einkunftsermittlung durch Vermögensvergleich auf Einzahlungen und Auszahlungen zurückzuführen, könnte auf der Basis einer retrospektiven Interpretation der steuerlichen Leistungsfähigkeit Gleichmäßigkeit der Besteuerung verwirklicht werden. Eine Gleichbehandlung in strengem Sinne wäre nur zu erreichen, wenn man bei allen Einkunftsarten eine Besteuerung auf der Basis der Überschüsse von Zahlungen einführen würde.[141] Dies liegt daran, daß bei einem retrospektiven Einkommensbegriff bei Einkünften aus dem Einsatz der Arbeitskraft keine aktivierbaren "materiellen" Vermögensbestände vorliegen.

Die Einführung von Zahlungssalden als Steuerbemessungsgrundlagen würde allerdings in Perioden mit hohen Investitionen zu vergleichsweise niedrigen Einkünften und in den anderen Perioden wegen des Fehlens von Abschreibungen zu entsprechend hohen Ein-

---

140) Dies wird auch vom BFH betont. Vgl. BFH-Urteil vom 14.5.1974 VIII R 95/72, abgedruckt in: DB 1974, S. 1845 ff.

141) Auf diesen Punkt weist auch D. Schneider (1971a), S. 374 hin.

künften führen und somit zusätzlich Fragen der Progression und der Behandlung von Verlustvorträgen aufwerfen. Auf die damit zusammenhängenden Probleme von Periodenprogression, Verlustrücktrag und -vortrag soll jedoch an dieser Stelle nicht eingegangen werden.[142] Uns interessiert nicht die Frage, inwiefern dem Ziel der steuerlichen Gleichbehandlung Vorrang vor anderen Zielen gebührt, sondern die Frage, ob die Änderungsvorschläge die bestehenden Unterschiede verringern oder verstärken.

Im Rahmen der retrospektiven Konzeption sind die auf den Bestandskonten ausgewiesenen Nichtgeldbestände als vorläufig nicht erfolgswirksamer Teil vergangener Ausgaben anzusehen; das Vermögen stellt jedoch kein relevantes Definitionsmerkmal des Einkommensbegriffs dar,[143] zumal bei der retrospektiven Stromrechnung ein Vermögen in diesem Sinne gar nicht vorhanden ist.

Würde man nun den Vorschlägen folgen, die Korrekturen gemäß der realen Kapitalerhaltungskonzeption an Vermögensgrößen vornehmen wollen,[144] so würde dies eine Verletzung der steuerlichen Gleichbehandlung bedeuten, weil die Korrekturen an einer Bemessungsgröße ansetzen würden, die bei den Einkünften aus dem Einsatz von Arbeit keine begriffliche Entsprechung finden, weil Vermögen kein Definitionsmerkmal des Einkommensbegriffs ist. Knüpfen aber Korrekturen an Merkmale an, die nicht Teil der Definition einer allen Einkunftsarten gemeinsamen Bemessungsgrundlage sind, so ist dies mit dem Grundsatz der Gleichmäßigkeit der Besteuerung nicht zu vereinbaren.

Das gleiche gilt für die partiell prospektiven Konzepte der Aufwandsbewertung zu Wiederbeschaffungskosten. Es wurde bereits

---

142) Vgl. hierzu Vickrey (1947), S. 164 ff., ders. (1959), S. 77 ff., sowie Barth (1955), S. 152 ff., Mitschke (1976), S. 138 ff.

143) Vgl. auch Schweitzer (1972), S. 81.

144) Vgl. etwa v. Arnim (1973), S. 623, Flämig (1969), S. 454, Gemper (1972), S. 763, Haase (1975), S. 291.

gezeigt, daß das Konzept insofern inkonsistent ist, als es eine prospektive Aufwandsbewertung nur für solche Aufwandsarten vornimmt, bei denen der Aufwand durch Bestandsverringerungen der Nichtgeldbestände entsteht. Da derartige Bestände jedoch nicht bei allen Einkunftsarten vorhanden sind, würde bei einem Teil der Steuerpflichtigen das Einkommen auf eine prospektive Abrechnung, beim anderen Teil auf eine retrospektive Abrechnung gestützt.[145)] Auch dies steht mit der Gleichmäßigkeit der Besteuerung nicht im Einklang. Zwar bestehen auch - wie gezeigt wurde - in der gegenwärtigen Besteuerung Unterschiede in bezug auf die Abrechnungsrichtung, die sich durch das Maßgeblichkeitsprinzip der Handelsbilanz für die Steuerbilanz ergeben; würde man den Korrekturvorschlägen folgen, so würden diese Unterschiede jedoch wesentlich vergrößert.

Faßt man die Konsequenzen zusammen, so kann aus der Sicht eines retrospektiven Einkommensbegriffs keine Notwendigkeit für Korrekturen für Preis- und Geldwertänderungen gesehen werden, da sie den Grundsatz der Gleichmäßigkeit der Besteuerung verletzen würden und somit zu einer Benachteiligung der nicht korrigierten Einkunftsarten führen würden.[146)]

2. Die Gleichmäßigkeit der Besteuerung bei prospektiver Interpretation des Einkommens

Zunächst wurde die prospektive Interpretation des Einkommens bei Erhaltung der Leistungsfähigkeit nur an Einkunftsarten diskutiert, für die üblicherweise eine steuerliche Gewinnermittlung durchgeführt wird. Wenn allerdings die Gleichbehandlung aller Steuerpflichtigen verwirklicht werden soll, so ist

---

145) Vgl. D. Schneider (1971a), S. 374.

146) Vgl. hierzu auch die umfangreiche Darstellung der Rechtsprechung bei Diederichs (1968), S. 733 ff., sowie das Urteil des BFH v. 14.5. 1974 - VIII R. 95/72 - abgedruckt in: DB 1974, S. 1845 - 1848.

diese Interpretation auf alle Einkunftsarten auszudehnen. Eine solche Absicht ist mit Nachdruck bisher kaum vertreten worden, da die prospektive Interpretation stets auf Unternehmungen beschränkt wurde. Man kann einer solchen Interpretation allerdings nicht ausweichen, wenn man tatsächlich die Besteuerung gemäß dem Prinzip der Gleichmäßigkeit realisieren will. Gerade die Übertragung eines prospektiv orientierten Einkommensbegriffs auf alle Einkunftsarten ist geeignet, die Implikationen von Korrekturvorschlägen aufzudecken und die Frage zu klären, ob programmatisch geforderte Regelungen auch tatsächlich erwünscht sind.

Definiert man als steuerliche Leistungsfähigkeit den Betrag, der entzogen werden kann, ohne die künftige Entnahmefähigkeit von Beträgen gleicher Höhe zu beeinträchtigen, so setzt diese Betrachtungsweise die Fähigkeit zur Prognose bei allen Einkunftsarten voraus. Während bei der traditionellen Betrachtungsweise die Überschußeinkunftsarten als retrospektive Abrechnung von erfolgten Zahlungen von der Bewertungsproblematik der Nichtgeldbestände unberührt blieben, erfordert die prospektive Interpretation eine gänzlich neue Blickrichtung: Da das Problem der Einkommensberechnung bei prospektiver Deutung durch Multiplikation von Ertragswert und Kalkulationszinsfuß "gelöst" wird, wäre für jede Person ein individueller Ertragswert zu errechnen.[147)]

Auch wenn Einkommensdefinitionen dieser Art nicht ausdrücklich gefordert worden sind, so ist es doch notwendig, die programmatischen Intentionen der Korrekturvorschläge zur Besteuerung von Unternehmen auf die anderen Einkunftsarten auszuweiten, selbst wenn sich dies die Befürworter selbst nicht hinreichend klar gemacht haben.

Überträgt man den Begriff der Erhaltung der Leistungsfähigkeit auf alle Einkunftsarten, so wäre zunächst die Zeitdauer zu be-

---

147) Vgl. hierzu besonders Mitschke (1976), S. 119 ff.

stimmen, während der die Leistungsfähigkeit erhalten werden soll. Da für die Zeitdauer der Erhaltung bei Unternehmungen eine Begrenzung nicht beabsichtigt ist, wäre wohl generell von einer unendlichen Zeitdauer auszugehen. Dies ist jedoch nicht unproblematisch, da die Einkünfte aus Arbeit nur von Personen mit endlicher Lebensdauer erzielt werden. Hier zeigt sich erneut die Problematik der objektbezogenen Kapitalerhaltung, da Unternehmungen als Institutionen Individuen überleben können. Während das "human capital" zeitlich befristet ist, ist Sachkapital prinzipiell von unbegrenzter Dauer. Dies läßt sich jedoch nicht mit dem finanzwissenschaftlichen Grundsatz vereinbaren, daß Leistungsfähigkeit stets in bezug auf die Person gesehen werden muß und somit Maßstäbe für steuerliche Leistungsfähigkeit auch an die Lebenszeit von Personen geknüpft werden müssen.[148)]

Da die Befürworter der Substanzerhaltung jedoch nicht das Konzept der Erhaltung der Leistungsfähigkeit in strengem Sinne realisieren, sondern es durch die Substanzerhaltungskonzeption nur annähern wollen, ist eine präzise Prüfung der Gleichmäßigkeit der Besteuerung unter diesem Aspekt von vornherein nicht möglich. Es bestünde daher erneut nur die Möglichkeit der Prüfung einer schwächeren Variante, indem bei allen Einkunftsarten das Einkommen besteuert wird, das die höchste Eignung im Sinne einer Einkommensapproximation besitzt. Die Frage in bezug auf Korrekturen des retrospektiven Einkommens müßte dann lauten: Durch welche Korrekturen kann man das realisierte Einkommen zum besten "earnings predictor" machen?

Damit würde eine einheitliche begriffliche Fassung des Einkommens aufgegeben zugunsten eines b e g r i f f l i c h pluralistischen Konzepts, das in bezug auf Gleichmäßigkeit lediglich durch einen gemeinsamen Zweck gekennzeichnet ist. Dies würde faktisch bedeuten, daß jeweils unterschiedliche Korrekturen erforderlich sein könnten, um eine gute Prognoseeignung her-

---

148) Vgl. hierzu die Arbeit von Kahsnitz (1970), sowie Mitschke (1976), S. 119 ff.

zustellen. Wenn also eine Unternehmung mit einem stärkeren Anstieg ihrer Wiederbeschaffungskosten rechnen würde als eine andere, so müßten entsprechend weitgehendere Korrekturen an der Steuerbemessungsgrundlage vorgenommen werden.

Es ist offensichtlich, daß eine derartige Interpretation der Erhaltung der Leistungsfähigkeit recht unpräzise ist. Die Frage, wie Einkommen zu definieren wäre, um als gute Prognose künftiger Einkommen gleicher Höhe gelten zu können, ließe sich auch nicht l o g i s c h einwandfrei klären wie bei der kapitaltheoretischen Konzeption, sondern müßte wegen des Verzichts auf explizite Prognosen e m p i r i s c h diskutiert werden. Es wäre in einer empirischen Analyse zu untersuchen, bei welchen Einkunftstypen man in der Regel davon ausgehen kann, daß sie auch in Zukunft in dieser Höhe aufrechterhalten bleiben und bei welchen Einkunftstypen dies nicht der Fall ist.[149)]

Ein weiteres Problem liegt in der prospektiven Konzeptionen eigenen Implikation des "going-concern". Danach ist jeder so zu behandeln, als ob er die Fortführung seiner Einkommenserzielung plant, unabhängig davon, ob er dies auch tatsächlich wünscht. Wird nun einem Steuerpflichtigen von der Einkommensdefinition her die Fortführung zugebilligt, obwohl er in Wirklichkeit die Einkommenserzielung beenden will, so trifft die Prämisse der Einkommensdefinition auf sein tatsächliches Verhalten nicht zu. Zwar wäre es möglich, dann die "Scheingewinne" nach dem Vorschlag von K. Hax[150)] nachzuversteuern, doch zeigt sich an der Notwendigkeit dieses Systembruchs die ganze Problematik der Konzeption.

Eine durch die Prognoseaufgabe bedingte Subjektivierung der Korrekturen retrospektiver Konzeptionen könnte allerdings nicht bei der Preisentwicklung der zu ersetzenden Güter stehen blei-

---

149) Vgl. hierzu die interessante Untersuchung der Einkunftsarten durch F. Schmidt (1951), S. 382 ff.

150) K. Hax (1957), S. 281.

ben, sondern müßte auf alle relevanten Einflußfaktoren ausgedehnt werden.[151] Die Tatsache, daß es Arbeitnehmern meist gelingt, ihr Einkommen der allgemeinen Preissteigerung anzupassen, könnte dann so verstanden werden, daß die retrospektive Konzeption nicht korrekturbedürftig ist, weil sie bereits eine gute Prognoseeignung besitzt, so daß Korrekturen durch Vorwegnahme des künftigen Einkommens sich erübrigen würden.[152] Umgekehrt könnte man in bezug auf Korrekturen des Kapitalvermögens argumentieren: Würde beispielsweise der Zins von 6 % auf 4 % fallen, so wären, um Entnahmen in Höhe von DM 6 zu erzielen, anstatt bisher 100 nun 150 DM erforderlich. Der Differenzbetrag in Höhe von 50 DM wäre als Aufwand zur Wiederbeschaffung der ursprünglichen Leistungsfähigkeit anzusehen.[153]

Die vorangehenden Beispiele sollen lediglich dazu dienen, den Befürwortern der Substanzerhaltung bei der Besteuerung von Unternehmungen die Konsequenzen der Übertragung ihrer Vorstellungen auf andere Einkunftsarten vor Augen zu führen. Es entsteht nämlich der Eindruck, als hätten die Exponenten dieser Richtung die Tragweite ihrer Kritik in ihren Auswirkungen auf andere Einkunftsarten nicht überblickt.[154] Dies ist insofern verständlich, als stets innerhalb von Teilregelungen argumentiert wird, die Konzeption des implizit verwendeten "tatsächlichen"[155] Einkommens jedoch nicht offengelegt wird.

Soweit die Notwendigkeit der Subjektivierung eines prospektiv orientierten Einkommensbegriffs gesehen wurde, wird sie auch in

---

151) Vgl. hierzu Seicht (1968), S. 78.

152) So muß wohl auch Flämig (1969), S. 448 interpretiert werden.

153) Unzutreffend ist die Behauptung, bei der Besteuerung der Zinsen aus Finanzinvestitionen liege eine die "Ertragskraft mindernde Vermögensbesteuerung" vor. Vgl. Brümmerhoff (1973/74), S. 37. Dies gilt nicht bei konstantem Zinsniveau, weil in einem solchen Fall bei vertraglich fixierten Zinsen die Ertragskraft, gemessen in Geld, erhalten bleibt.

154) Vgl. z.B. die kurze Behandlung dieser Fragen bei Noll (1974), S. 520.

155) Flämig (1969), S. 436.

aller Regel abgelehnt.[156)] Da die partiell prospektive Orientierung im Grunde auf nichts anderes hinausliefe, als auf Besitzstandswahrung mit Hilfe der Einkommensbesteuerung, dieses Anliegen aber nicht mit Hilfe der Steuerbemessungsgrundlage realisiert werden kann, wird auch hier die Auffassung vertreten, daß die Bedenken gegen die Subjektivierung der Korrekturen zu Recht bestehen.

Für die Demonstration der hier vorgetragenen Argumente ist ein einfaches Zahlenbeispiel gut geeignet:[157)]

Der Investor A verfüge über ein Geldvermögen von DM 250'000, das er in einer Finanzinvestition mit einer gesicherten Verzinsung von 8 % anlegt. Der Freiberufliche B beziehe jährlich sichere Einnahmenüberschüsse von DM 20'000. Die Geldentwertungsrate betrage 6 %.

a) Korrekturen des retrospektiven Einkommens

Folgt man den in der Literatur vorgeschlagenen Korrekturen, so ergäbe sich nach der ESt-Grundtabelle folgende Rechnung:[158)]

A:	Einnahmenüberschüsse	DM 20'000
	⁒ Geldwertkorrekturen für Kaufkraftverluste des Vermögens	DM 15'000
	= "reales" Einkommen	DM 5'000
	⁒ Einkommensteuer	DM 435
	= Nettoeinkommen	DM 19'565

B:	Einnahmenüberschüsse	DM 20'000
	⁒ Einkommensteuer	DM 4'159
	= Nettoeinkommen	DM 15'841

---

156) Vgl. hierzu Haase (1975), S. 296. Haase bemängelt, durch Orientierung des Aufwandes an den Wiederbeschaffungskosten entstehe eine "Verkettung der Anschaffungs- und Veräußerungszahlungen einer bereits abgeschlossenen und einer zweiten gleichartigen Anschlußinvestition". Diese Vermutung besteht zu Recht. Ebenso richtig ist die daraus gezogene Schlußfolgerung: "Die Wiederbeschaffungsrechnung muß ganze Wirtschaftszweige von der Ertragsbesteuerung freistellen." (S. 291).

157) Vgl. auch das Beispiel bei Mitschke (1976), S. 151 f.

158) Auf die Einbeziehung von Freibeträgen wird zur Vereinfachung verzichtet.

Auf der Basis der retrospektiven Einkommensdefinition zeigt sich also, daß Korrekturen an Merkmalen, die nicht Teil der Einkommensdefinition sind, zu Ungleichheiten führen, die durch die Steuerprogression noch verstärkt werden.

b) Korrekturen des prospektiven Einkommens

Beim prospektiven Einkommensbegriff ergibt sich das Einkommen aus Produkt von Ertragswert und Kalkulationszinsfuß. Es wird ein Zinssatz von 8 % angenommen.

A:	Einkommen	DM 20'000 [159]
	./. Geldwertkorrekturen für Kaufkraftverluste des Vermögens	DM 15'000
	= "reales" Einkommen	DM 5'000

B:	Einkommen	DM 19'573,57 [160]
	./. Geldwertkorrekturen für Kaufkraftverluste des Vermögens	DM 14'680,18
	= "reales" Einkommen	DM 4'893,39

Auf der Basis einer prospektiven Einkommensdefinition als Produkt von Ertragswert und Kalkulationszinsfuß zeigt sich, daß auch B ein Vermögen in Höhe des Ertragswertes seiner Arbeitskraft besitzt. Korrigiert man das Vermögen sowohl bei A als auch bei B um annähernd den gleichen Betrag, so sinkt bei beiden das "reale" Einkommen um die Entwertungsrate des Vermögens.

Das Zahlenbeispiel zeigt deutlich, daß bei retrospektiven Konzeptionen die vorgeschlagenen Korrekturen zu einer ungleichen Behandlung einzelner Einkunftsarten führen; bei einer prospektiven Interpretation kann eine Gleichbehandlung hergestellt werden, wenn man den Barwert künftiger Überschüsse als Vermögen interpretiert.

---

159) Ertragswert $= \frac{20'000}{0,08} = 250'000$ DM.

160) Die Dauer der Einkommenserzielung wird mit n=50 Jahren angenommen.

$$\text{Ertragswert} = 20'000 \cdot \frac{q^n - 1}{i \cdot q^n} = 244'669,60 \text{ DM}$$

$$\text{Einkommen} = 244'669,60 \cdot 0,08 = 19'573,57 \text{ DM.}$$

Faßt man die Ergebnisse zusammen, so bestehen folgende Möglichkeiten der steuerlichen Behandlung:

1. Alle Einkünfte werden auf der Basis einer retrospektiven Konzeption besteuert, die ihren gemeinsamen definitorischen Ursprung in realisierten Einzahlungen und Auszahlungen hat. Korrekturen dieser Rechnung für Geldwertänderungen sind systemfremd und somit unzulässig.
2. Alle Einkünfte werden im Sinne eines prospektiven Einkommensbegriffs interpretiert, der von der Erhaltung der Leistungsfähigkeit ausgeht. Mit diesem Verfahren sind eine Fülle kaum übersehbarer Probleme verbunden, die nicht befriedigend gelöst werden können und die die Praktikabilität des Konzepts beeinträchtigen.
3. Es ist möglich, eine Annäherung an das Ideal der prospektiven Konzeption zu versuchen, die das Einkommen mit der besten Prognoseeignung für künftige Einkünfte gleicher Höhe zu bestimmen hätte. Ein solches Konzept impliziert ebenfalls eine prospektive Interpretation des Einkommens, wenn auch keine explizite Prognose. Mit der prospektiven Interpretation würde jedoch eine Subjektivierung der Korrekturen von Nominalgewinnen einhergehen, die ebenfalls eine Fülle von Problemen aufwirft, für die eindeutige Lösungen schon deshalb nicht möglich sind, weil die Ausgangsdefinition zu vage ist.
4. Es ist aber auch möglich, gegen das Prinzip der Gleichbehandlung aller Steuerpflichtigen zu verstoßen und einige Einkünfte prospektiv zu interpretieren, andere hingegen retrospektiv. Geschieht dies explizit und herrscht über die Notwendigkeit einer ungleichen Behandlung allgemeiner Konsens, so scheint diese Alternative prinzipiell diskutierbar. Man wird dann allerdings nicht mehr behaupten können, die Korrekturen seien erforderlich, um die Gleichmäßigkeit der Besteuerung herzustellen.[161)]

---

161) K. Hax (1957) vertritt die Auffassung, daß sich eine ungleichmäßige steuerliche Behandlung mit "gesamtwirtschaftlich gerechtfertigten Bedürfnissen" begründen ließe (S. 282), sowie ders. (1962), Sp. 267 f. Dadurch sei die steuerliche Gerechtigkeit in einem "höheren Sinne" gewahrt, vgl. (1962), Sp. 277.

IV. Inflationsbedingte Umverteilungseffekte und Einkommensbesteuerung

Die Beurteilung alternativer Formulierungen steuerlicher Einkommensbegriffe wurde auf die Prinzipien der Besteuerung nach der persönlichen Leistungsfähigkeit und der Gleichbehandlung beschränkt. Daher wollen und können die Ergebnisse keine generelle Gültigkeit beanspruchen. Denkbar sind noch weitere Kriterien, unter deren Vorzeichen sich die Beurteilung der Alternativen ändern kann. So kann z.B. die steuerliche Begünstigung einzelner sozialer Gruppen aus konjunkturellen Gründen vorübergehend gewollt sein und das Prinzip der Gleichbehandlung deshalb mit Absicht unterdrückt werden.

Einige Beiträge zum Problem der Nominalgewinnbesteuerung deuten darauf hin, daß trotz der Berufung auf die beiden vorgestellten Besteuerungsprinzipien tatsächlich aber Kriterien zugrundegelegt werden, die auf einer anderen Ebene liegen. So wird teilweise behauptet, die Besteuerung führe in inflationären Zeiten ganz besonders bei Einkünften aus Kapitalvermögen und bei gewerblichen Einkünften zu "wirtschaftlichen Härten"[162] und "bei den anderen Einkunftsarten sind solche gewichtige wirtschaftliche Folgen nicht in dem Ausmaß vorhanden, so daß das Steuerrecht keine Ausgleichsfunktion zu übernehmen braucht."[163] Ausgangspunkt solcher Aussagen ist offenbar eine zu Beginn der Inflation bestehende Einkommensverteilung nach Steuern, die als Norm verstanden wird. So ist wohl auch der Hinweis zu verstehen, daß für Arbeits- und Renteneinkünfte eine Anpassung der Bemessungsgrundlage an die inflationäre Entwicklung nicht erforderlich sei, da die "notwendigen Ausgleichsmaßnahmen"[164] durch die Tarifpartner übernommen worden seien. Da der Bezugspunkt für den

---

162) Flämig (1969), S. 448.

163) Ebenda.

164) Ebenda.

Ausgleich nicht explizit genannt wird, kann nur vermutet werden, daß es sich um die Anpassung der Kaufkraft des Einkommens an die sozialer Bezugsgruppen handelt, wobei als Orientierungspunkt offenbar die in preisstabilen Zeiten bestehenden Einkommensrelationen der einzelnen sozialen Gruppen dienen sollen.

Es ist denkbar, daß sich in inflationären Zeiten der Anteil des Einkommens aus Kapitalvermögen gegenüber dem Einkommen aus Arbeit verringert, weil es denjenigen Gruppen, die ihr Einkommen aus Arbeit beziehen, gelingt, durch Machtmittel ihr Geldeinkommen an die Preisentwicklung anzupassen. Demgegenüber erleiden Personen, die ihr Vermögen in Finanzanlagen investiert haben, Einbußen, weil sie über solche Möglichkeiten nicht verfügen. Derartige Prozesse können in der Tat zu erheblichen Verschiebungen in der Einkommensverteilung zwischen Einkünften aus Kapital und Arbeit führen.[165] Aus der Sicht des Gläubigers, der bei Abschluß von Kreditverträgen auf die Stabilität des Geldes vertraut hat, stellt sich dies nachträglich als falsch heraus, da Geld gemessen an sicheren "Vergleichsgütern", nämlich dem Einkommen der sozialen Bezugsgruppe, unsicher ist.[166]

Derartige Prozesse können mit tiefgreifenden sozialen Folgen verbunden sein und aus politischer Sicht erwünscht oder unerwünscht sein. Es wäre zu vermuten, daß wegen der Notwendigkeit eines funktionierenden Kapitalmarktes sowie aus Gründen der sozialen Gerechtigkeit die gezeigten Folgen von der überwiegenden Mehrheit der Bevölkerung als unerwünscht angesehen werden und deshalb wirtschaftliche Ausgleichsmaßnahmen für die Benachteiligungen erwogen werden sollten.

---

165) Zu den sozialen Umwälzungen im Gefolge der deutschen Inflation nach dem ersten Weltkrieg vgl. Albers (1957), S. 180 f., Pfleiderer (1965), S. 887 ff., Eisermann (1967), S. 47 ff., Institut FSt (1973), S. 10 ff. und die dort angegebene Literatur, Strickrodt (1972), S. 421, Hartz (1973), S. 1523.

166) Vgl. hierzu nochmals Stützel (1970), S. 14.

Unklar bleibt allerdings, weshalb derartige gesamtwirtschaftliche Prozesse im Zusammenhang mit der Besteuerung gemäß den Prinzipien der Leistungsfähigkeit und Gleichmäßigkeit diskutiert werden. Werden verteilungspolitische Fragen mit der Besteuerung in der gezeigten Weise verknüpft, so wird im Grunde nicht das Problem der "richtigen" Besteuerung des Einkommens bei Geldentwertung diskutiert, sondern die Frage, inwiefern für unerwünscht gehaltene verteilungspolitische Auswirkungen der Inflation durch steuerliche Maßnahmen korrigiert werden sollen.[167] Die Zielvorstellungen solcher Korrekturen liegen nicht in der Gleichmäßigkeit der Besteuerung, sondern in einer bewußt ungleichmäßigen steuerlichen Behandlung, um eine Gleichmäßigkeit in der Entwicklung der Nettoeinkommensrelationen zwischen verschiedenen Einkommensbeziehern zu gewährleisten.[168] Das eigentliche Anliegen wird also unter falschen Vorzeichen diskutiert.

Ähnlich verhält es sich mit der Frage der Eigentumsgarantie nach Art. 14 GG.[169] Die abstrakte Forderung nach Eigentumsgarantie wird man nicht mit dem Recht auf Erhaltung der Kaufkraft des Vermögens gemessen in Konsumgütereinheiten gleichsetzen dürfen. Die Verwirklichung einer solchen Forderung könnte sicherlich nicht dem Steuersystem übertragen werden, da dieses nicht dazu dienen kann, inflationsgeschützte Anlagemöglichkeiten für Investoren zu schaffen.

---

167) Das wird von der Steuerreformkommission klar erkannt: "Es ist nochmals mit Nachdruck zu betonen, daß die ungerechten Folgen einer schleichenden Inflation nicht mit steuerlichen Maßnahmen beseitigt werden können, da dies immer nur ein Kurieren an einzelnen Symptomen bedeutet". Vgl. Gutachten (1967), S. 19.

168) Zur Frage der Priorität von fiskalischen und außerfiskalischen Zielen vgl. Bea/Fischer (1970), S. 26 ff.

169) Vgl. hierzu Friauf (1972), S. 426 ff., v. Wallis (1973), S. 846, Hartz (1973), S. 1519 ff., W. Eckhardt (1973), S. 492 ff., v. Arnim (1973), S. 629 ff., Medicus (1974), S. 759 ff., v. Wallis (1975), S. 274.

Reduziert man das Problem auf seinen eigentlichen Kern, so könnte die Forderung nach Berücksichtigung der Geldentwertung bei der Bestimmung der Steuerbemessungsgrundlage als Forderung nach Aufrechterhaltung des status quo ante in der Einkommensverteilung verstanden werden.

Ähnliches gilt für die Erhaltung der Leistungsfähigkeit der Betriebe. Aus den Ausführungen zum Prinzip der Besteuerung nach der Leistungsfähigkeit und der Gleichmäßigkeit der Besteuerung kann nicht gefolgert werden, daß die gegenwärtige Besteuerung in inflationären Zeiten gesamtwirtschaftlich unbedenklich ist.[170)] Die Studiengruppe von Mertens hat in einer breit angelegten empirischen Untersuchung, die durch eine Simulationsstudie ergänzt wird, festgestellt, daß bei Beibehaltung der gegenwärtigen Ausschüttungspraxis für die deutsche Industrie ein erheblicher Mangel an finanziellen Mitteln für die Finanzierung notwendiger Ersatzinvestitionen zu erwarten ist.[171)] Dies kann u.U. nachteilige gesamtwirtschaftliche Konsequenzen haben, die bei entsprechenden steuerlichen Entlastungen vermieden werden können. Besteht über die Notwendigkeit solcher Maßnahmen Konsens, so kann die Deckung des Finanzbedarfs durch unmittelbare Maßnahmen erfolgen, die als staatliche Eingriffe erkennbar sind. Es bedarf jedoch nicht der Umstellung des gesamten Systems der Einkommensteuer auf einen vorgeblich "richtigen" Einkommensbegriff, der tatsächlich aber nur ein weiterer entscheidender Schritt beim Abbau der noch bestehenden Systematik des Besteuerungssystems wäre.

Ein weiteres, zu Unrecht mit der Besteuerung verknüpftes Problem kann darin gesehen werden, ob die Rechtsprechung Personen, die beim Abschluß von Verträgen als Vertragsbasis Leistungen in Geldeinheiten gewählt haben, Schutz gewähren soll, wenn sich die Kaufkraft des Geldes erheblich ändert.[172)] Aus den

---

170) Vgl. Baxter (1975), S. 177, Jones (1975), S. 158 ff.

171) Mertens et. al. (1977) und Döllinger et. al. (1977).

172) Vgl. hierzu vor allem v. Maydell (1974), sowie Jahr (1966), v. Wallis (1973), S. 842 ff., Medicus (1974), S. 759 ff.

Ergebnissen in bezug auf die Besteuerung sollte nicht geschlossen werden, daß die Frage des Maßgutes beim Abschluß von Verträgen in gleicher Weise zu behandeln wäre. Da privatrechtliche Verträge zwischen Personen unter einem ganz anderen Wertsystem betrachtet werden müssen, ist die Übertragung von Schlußfolgerungen aus dem einen Wertsystem in ein anderes sehr problematisch und sicherlich nicht l o g i s c h begründbar, wie teilweise vermutet wird.[173)]

Ein wichtiger Schritt zur Klärung dieser und ähnlicher Mißverständnisse wird darin bestehen müssen, die Zweckbindung betriebswirtschaftlicher Rechenwerke in Zukunft noch stärker zu verdeutlichen. Für die Kooperation mit den Nachbardisziplinen wie Rechtswissenschaft und Finanzwissenschaft bedeutet dies zunächst zusätzliche Schwierigkeiten, da sie sich der Betriebswirtschaftslehre häufig mit unrealistischen Erwartungshaltungen in bezug auf die Vermittlung ökonomischer "Wahrheit" nähern. Je früher jedoch deutlich wird, daß solche nicht einlösbaren Ansprüche einer Verständigung hinderlich sind, desto eher wird man mit einer wirksamen Kooperation rechnen können.

---

173) Schlüsse dieser Art werden häufig aus dem oft zitierten Urteil des BGH vom 14.11.1973, IV ZR 147/22, abgedruckt in: DB 1974, S. 280 f., gezogen. Möllhoff (1974), S. 2223, vertritt die Auffassung, unterschiedliche Maßstäbe in Entscheidungen des BGH und des BFH seien "nicht ganz logisch". Gleicher Auffassung ist Merkert (1974), S. 496 ff. Der BFH bringt hingegen sehr deutlich zum Ausdruck, daß eine Übertragbarkeit von Begriffen in andere Wertsysteme unzulässig ist. Vgl. BFH-Urteil vom 14.5.1974, VIII R 95/72, abgedruckt in: DB 1974, S. 1845 ff.

Sehr deutlich kommt dies auch bei Edey (1969), S. 231, zum Ausdruck: "In fact, the systematic use of any one of the many concepts of income arises only because thereby a convenient social purpose is fulfilled; and for different social purposes it is convenient to use different concepts. There is no reason why the concept used for a particular social purpose should necessarily be appropriate for a different purpose."

Zusammenfassung der Ergebnisse

1. Die Untersuchung der Kapitalerhaltung im mehrperiodischen finanziellen Zielsystem erfolgte unter entscheidungslogischem Aspekt. Sie richtet sich auf die Klärung der Frage, inwiefern Kapitalerhaltung mit den Zielsetzungen kompatibel ist, wie sie in der neueren Investitions- und Finanzierungstheorie unterstellt werden.

2. Als sinnvolle Fragestellung erweist sich die Untersuchung der Beziehungen von Kapitalerhaltung und Ausschüttungsmaximierung. Dabei ist aus der Sicht des Investors zwischen einer partialen Betrachtungsweise und einer Gesamtbetrachtung des Entscheidungsfeldes zu trennen. Eine Erhaltung des Kapitals von Teilen des Entscheidungsfeldes kann aus der Sicht des Kapitaleigners zu einer zielwidrigen Verwendung der Mittel führen, da sie der an den personalen Zielen orientierten Kapitallenkung Schranken setzt. Außer den Gläubigern bei bestimmten Rechtsformen ist auch keine andere relevante Gruppe innerhalb von Betrieben an der Kapitalerhaltung im engeren Sinne interessiert. Verständlich ist die literarische Bedeutung der institutionenbezogenen Kapitalerhaltung daher allenfalls als Ausfluß wissenschaftssoziologisch erklärbarer Abgrenzungen des Forschungsobjekts der Betriebswirtschaftslehre.

3. Im Rahmen einer Gesamtbetrachtung des personalen Entscheidungsfeldes kann Kapitalerhaltung als Teilziel im Rahmen der Strukturierung des finanziellen Zielstroms eines Individuums sein. Dabei müssen in bezug auf Kapitalerhaltung der Fall der Gleichheit von Planungs- und Handlungszeitraum und der

Fall unterschieden werden, daß der Handlungszeitraum den Planungszeitraum überschreitet. Im ersten Fall repräsentiert Kapitalerhaltung am Ende des Planungszeitraums einen speziellen starren Zieltyp, der wegen seiner Implikationen bezüglich der Konsumpräferenzen weniger durch seine Plausibilität als durch seine relativ einfache rechnerische Handhabung hervortritt. Im zweiten Fall ist wegen der Ungewißheit der Planung eine Berechnung der Kapitalerhaltung im strengen Sinne nicht möglich; das unüberwindliche Problem der Bewertung des Endvermögens macht die Strenge einer durch Kapitalerhaltung am Ende des Planungszeitraums geschaffenen Restriktion fragwürdig.

4. Zwar besteht zwischen Preis- und Geldwertschwankungen einerseits und Kapitalerhaltung andererseits kein zwingender begriffslogischer Zusammenhang, doch können sich auf investitionstheoretische Zielstrukturen allgemein Auswirkungen ergeben, die dann auch die verfolgte Art der Kapitalerhaltung berühren. Die in der Literatur überwiegend vertretene Auffassung, allgemeine Preisänderungen müßten dazu führen, daß Geld als Maßgut aufgegeben werden muß, erweist sich unter den meist vermuteten Bedingungen als unzutreffend. Geld ist nur dann als Maßgut ungeeignet, wenn die Relationen zwischen potentiellen Maßgütern unsicher sind; das Vorliegen von "Geldwertschwankungen" beeinflußt die Maßguteignung von Geld hingegen nicht. Von der Frage des Maßgutes zu unterscheiden ist die Frage nach der Geldillusion bei der Bestimmung der Struktur des Zielstromes. Obwohl in Geld gemessen wird, ist anzunehmen, daß "reale" Größen als Strukturmerkmale dienen. Die notwendige Einbeziehung von Konsumproblemen in die finanzielle Zielsetzung wirft allerdings Fragen auf, die in Geld ausgedrückte Zielsetzungen nicht mehr bewältigen können. Die Vernachlässigung des der Einkommenserzielung nachgelagerten Haushaltes bei der Wahl des Investitions- und Finanzierungsoptimums läßt sich daher nur unter rechentechnischem Aspekt rechtfertigen.

5. Interpretiert man die von den Bilanztheorien verfolgten Versionen der Kapitalerhaltung als Ansätze betriebswirtschaft-

licher Konsumtheorien, so zeigt sich, daß die Bilanztheorien nur bei Vorliegen ganz besonderer Prämissen leistungsfähig im Sinne der Prüfhypothese sind. Der Begriffsbildung in bezug auf verschiedene Formen der Kapitalerhaltung und daraus abgeleitete Gewinnkonzepte sollte deshalb mit besonderer Vorsicht begegnet werden, um Mißverständnisse zu vermeiden. Der Begriff des "Scheingewinns" wird meist in einer Weise verwendet, die zumindest für die Bestimmung der Entnahmestruktur des Unternehmers eher irreführend ist. Zweckmäßiger als dieser generalisierende "Begriffsrealismus" wäre der Entwurf zweckspezifischer Rechenwerke der gezeigten Art.

6. Die Berücksichtigung der Kapitalerhaltung in der Einkommensbesteuerung kann nicht auf individuellen Vorstellungen basieren, sondern muß einheitlich normiert werden. Die Normierung muß mit den finanzwissenschaftlichen Zielsetzungen der Besteuerung nach der Leistungsfähigkeit und der Gleichmäßigkeit der Besteuerung verträglich sein. In der Literatur demonstrierte gesamtwirtschaftliche Auswirkungen der Besteuerung sind in der gezeigten Weise ohne Informationsgehalt, da sie entscheidungslogische Aussagen in unzulässiger Weise als empirische Ergebnisse verallgemeinern.

7. Die Untersuchung von Einkommensbegriffen in bezug auf die steuerliche Leistungsfähigkeit zeigt, daß ein konsistentes Interpretationsschema sowohl in einem retrospektiven als auch in einem prospektiven Einkommensbegriff gesehen werden kann. Beide Interpretationen verzichten auf eine "materielle" Interpretation des Vermögens und sind als Periodisierungsregeln für Zahlungen zu verstehen. Während die retrospektive Interpretation der gegenwärtigen Besteuerung sehr nahe kommt, würde eine prospektive Einkommensinterpretation eine grundlegende Reform der Einkommensteuer erfordern, deren Praktikabilität zu bezweifeln ist.

8. Die in der Literatur vorgeschlagenen Geldwertkorrekturen für die Einkünfte aus materiellem Vermögen würden die Gleichmäßigkeit der Besteuerung verletzen, da sie sich auf einzelne Einkunftsarten beschränken. Partielle Korrekturen können nicht

durch einen einheitlichen Einkommensbegriff begründet werden und sind deshalb mit dem Grundsatz der Gleichmäßigkeit der Besteuerung unvereinbar. Sie sind häufig durch das Bemühen zu erklären, makroökonomische Umverteilungsprozesse durch steuerliche Sonderregelungen zu mildern. Ein solches Vorhaben kann man billigen oder nicht; verfehlt wäre es, dafür die Definition des steuerlichen Einkommens einzusetzen. Gegenüber dieser Regelung der Einkommensverteilung durch Wahl ungeeigneter Begriffe ist die kontrollierte Regelung im Hinblick auf verteilungspolitische Ziele vorzuziehen.

Literaturverzeichnis

Aaron, H. (1969): What is a Comprehensive Tax Base anyway, in: National Tax Journal 1969, S. 543 ff.

Ackermann, K.F. (1975): Arbeitnehmerinteressen in der betriebswirtschaftlichen Theorie-Analyse der "Arbeitsorientierten Einzelwirtschaftslehre", in: Die Unternehmung in ihrer gesellschaftlichen Umwelt, Hrsg. P. Mertens, Wiesbaden 1975, S. 65 ff.

Adam, D. (1968): Die Bedeutung der Restwerte von Investitionsobjekten für die Investitionsplanung in Teilperioden, in: ZfB 1968, S. 391 ff.

Adam, D. (1970): Entscheidungsorientierte Kostenbewertung, Wiesbaden 1970

Adel van den, M. (1972): Geldentwertung und monetäre Stabilisierungspolitik - eine ökonometrische Studie für die BRD, Dissertation Bonn 1972

Albach, H. (1965): Zur Theorie des wachsenden Unternehmens, in: Theorien des einzelwirtschaftlichen und des gesamtwirtschaftlichen Wachstums, Hrsg. W. Krelle, Berlin 1965, S. 9 ff.

Albach, H. (1967): Stand und Aufgaben der Betriebswirtschaftslehre heute, in: ZfbF 1967, S. 463 ff.

Albach, H. (1970): Steuersystem und unternehmerische Investitionspolitik, Wiesbaden 1970

Albers, W. (1957): Die Einkommensbesteuerung in Frankreich seit dem Ersten Weltkrieg, Kiel 1957

Albert, H. (1964): Probleme der Theoriebildung, in: Theorie und Realität, 1. Aufl., Hrsg. H. Albert, Tübingen 1964, S. 3 ff.

Albert, H. (1968a): Wertfreiheit als methodisches Prinzip, in: Logik der Sozialwissenschaften, 5. Aufl., Hrsg. E. Topitsch, Köln-Berlin 1968, S. 181 ff.

Albert, H. (1968b): Modell-Platonismus, Der neoklassische Stil des ökonomischen Denkens in kritischer Beleuchtung, in: Logik der Sozialwissenschaften, 5. Aufl., Hrsg. E. Topitsch, Köln-Berlin 1968, S. 406 ff.

Albert, H. (1969): Traktat über kritische Vernunft, 2. Aufl., Tübingen 1969

Albert, H. (1972a): Theorien in den Sozialwissenschaften, in: Theorie und Realität, 2. Aufl., Hrsg. H. Albert, Tübingen 1972, S. 3 ff.

Albert, H. (1972b): Wissenschaft, Technologie und Politik, in: Konstruktion und Kritik, Hamburg 1972, S. 74 ff.

Albert, H. (1973): Der Gesetzesbegriff im ökonomischen Denken, in: Schriften des Vereins für Socialpolitik, Neue Folge, Bd. 74/I, Hrsg. H.K. Schneider und Ch. Watrin, Berlin 1973, S. 129 ff.

Alexander, S.S. (1962): Income Measurement in a Dynamic Economy, in: Studies in Accounting Theory, Hrsg. W.T. Baxter und S. Davidson, London 1962, S. 126 ff.

American Accounting Association (1971): Report of the Committee on Foundations of Accounting Measurement, in: AR Supplement, 1971, S. 1 ff.

American Institute of Certified Public Accountants (1963): Reporting the Financial Effects of Price-Level changes, in: Accounting Research, Study No. 6, New York 1963

Amonn, A. (1949): Gerechtigkeit und Zweckmäßigkeit in der Besteuerung, in: Probleme der öffentlichen Finanzen und der Währung, Festgabe für Eugen Großmann, Zürich 1949, S. 3 ff.

Andrews, W.D. (1974): A Consumption-Type or Cash Flow Personal Income Tax, in: Harvard Law Review 1974, S. 1113 ff.

Arnim v., H.H. (1973): Steuerrecht bei Geldentwertung, in: BB 1973, S. 621 ff.

Asztély, S. (1967): Das Ziel des Jahresabschlusses, in: ZfB 1967, S. 291 ff.

Ballerstedt, K. (1969): Kapital, Gewinn und Ausschüttung bei Kapitalgesellschaften, Tübingen 1969

Bamberg, G., Coenenberg, A.G. (1974): Betriebswirtschaftliche Entscheidungslehre, München 1974

Bareis, H.P. (1969): Die Steuern in der betrieblichen Planung, Berlin 1969

Barth, K. (1950): Die Jahresbilanz der Unternehmung, Wesen und Gestalt, Stuttgart 1950

Barth, K. (1953): Die Entwicklung des deutschen Bilanzrechts, Bd. I, Handelsrechtlich, Stuttgart 1953

Barth, K. (1955): Die Entwicklung des deutschen Bilanzrechts, Bd. II, Steuerrecht, Teilband 1, Stuttgart 1955

Barton, A.O. (1974): Expectations and Achievement in Income Theory, in: AR 1974, S. 664 ff.

Baxter, W.T. (1975): Accounting Values and Inflation, Maidenhead 1975

Bea, F.X., Fischer, K. (1970): Steuerpolitische Grundsatzfragen, Kritische Bemerkungen zu einem Aufsatz von Jürgen Pahlke, in: Finanzarchiv 1970, S. 17 ff.

Beaver, B.H., Kennelly, J.W., Voss, W.M. (1968): Predicitive Ability as a Criterion for the Evaluation of Accounting Data, in: AR 1968, S. 675 ff.

Becker, E. (1940): Die Grundlagen der Einkommensteuer, München und Berlin 1940

Becker, K.O. (1967): Die wirtschaftlichen Entscheidungen des Haushalts, Berlin 1967

Beckmann, M. (1970): Makroökonomische Untersuchungen der Auswirkungen von Steuersystemänderungen, Wiesbaden 1970

Bedford, N.M. (1965): Income Determination Theory: An Accounting Framework, Reading, Massachussets 1965

Bedford, N.M. (1967): The Nature of Future Accounting Theory, in: AR 1967, S. 82 ff.

Bedford, N.M. (1968): The Foundations of Accounting Measurement, in: JAR 1968, S. 270 ff.

Bedford, N.M., Mc Keown, J.C. (1972): Comparative Analysis of Net Realizable Value and Replacement Costing, in: AR 1972, S. 333 ff.

Bell, P.W. (1969): Price changes and income measurement, in: Readings in the Concept and Measurement of Income, Hrsg. R.H. Parker und G.C. Harcourt, Cambridge 1969, S. 185 ff.

Bellinger, B. (1961): Offene Fragen der betrieblichen Substanzerhaltung, in: Gegenwartsfragen der Unternehmung, Offene Fragen der Betriebswirtschaftslehre, Festschrift zum 70. Geburtstag von Fritz Henzel, Hrsg. B. Bellinger, Wiesbaden 1961, S. 13 ff.

Bettermann, K.A. (1974): Die Geldentwertung als Rechtsproblem, in: ZRP 1974, S. 13 ff.

Bidlingmaier, J. (1964): Unternehmerziele und Unternehmerstrategien, Wiesbaden 1964

Bierich, M. (1973): Substanzerhaltungsrechnungen in der Praxis, in: BFuP 1973, S. 521 ff.

Bierle, K. (1974): Inflation und Steuer, Berlin-Bielefeld-München 1974

Bierman, H.J. (1963): Measurement and Accounting, in: AR 1963, S. 501 ff.

Bierman, H.J., Davidson, S. (1969): The Income Concept - Value Increment or Earnings Predictor, in: AR 1969, S. 239 ff.

Bischoff, M. (1973): Multivariable Zielsysteme in der Unternehmung, Meisenheim am Glan 1973

Blough, C.G. (1962): Depreciation - To Measure Income or to Provide Funds for Replacement?, in: Studies in Accounting Theory, Hrsg. W.T. Baxter und S. Davidson, London 1962, S. 307 ff.

Blümich, Falk, Steinbring, Uelner (1972): Einkommensteuergesetz, 10. Aufl., 2. Bd., München 1972

Blumentrath, U. (1969): Investitions- und Finanzplanung mit dem Ziel der Endwertmaximierung, Wiesbaden 1969

Boecken, B. (1974): Nominalwertprinzip und Substanzerhaltung, in: DB 1974, S. 881 ff.

Börner, D. (1975a): Bilanzpolitik und Unternehmenserhaltung bei geltendem Steuerrecht, in: Die Unternehmung in ihrer gesellschaftlichen Umwelt, Hrsg. P. Mertens, Wiesbaden 1975, S. 225 ff.

Börner, D. (1975b): Kapitalerhaltung und Substanzerhaltung, in: HdB, 4. Aufl., Bd. I/2, Hrsg. E. Grochla und W. Wittmann, Stuttgart 1975, Sp. 2069 ff.

Böse, W.H. (1973): Grundsätze ordnungsmäßiger Jahreserfolgsrechnung, Wiesbaden 1973

Borkowsky, R. (1961): Geldentwertung und steuerlicher Gewinn, in: Die Unternehmung 1961, S. 34 ff.

Bosshardt, E. (1947): Die Erhaltung der Produktivkräfte in Betrieb und Volkswirtschaft bei schwankenden Preisen, Zürich 1947

Bouffier, W. (1952): Allgemeine Bemerkungen zum Scheingewinnproblem, in: ÖB 1952, S. 23 ff.

Boulding, K.E. (1950): A Reconstruction of Economics, New York 1950

Boulding, K.E. (1962): Economics and Accounting: the Uncongenial Twins, in: Studies in Accounting Theory, Hrsg. W.T. Baxter und S. Davidson, London 1962, S. 44 ff.

Break, G.F. (1954): Capital Maintenance and the Concept of Income, in: The Journal of Political Economy 1954, S. 48 ff.

Brennecke, R., Klanberg, F. (1974): Auswirkungen alternativer Vorschläge zur Einkommensbesteuerung in einer inflationären Wirtschaft, in: Finanzarchiv 1974, S. 73 ff.

Brenner, H., Förstner, K. (1958): Stationäre Gewinnmaximierung im großen in der Theorie der Unternehmung, in: Festschrift zum 70. Geburtstag von Walter G. Waffenschmidt, Hrsg. K. Brandt, Meisenheim am Glan 1958, S. 136 ff.

Brinner, R. (1973): Inflation, Deferral and the Neutral Taxation of Capital Gains, in: National Tax Journal 1973, S. 565 ff.

Bröhl, K. (1966): Der Kalkulationszinsfuß, Ein Beitrag zur Gesamtbewertung von Unternehmungen, Dissertation Köln 1966

Brümmerhoff, D. (1973): Nominal- oder Realprinzip in der Einkommensbesteuerung?, in: Finanzarchiv 1973/74, S. 35 ff.

Brunner, D. (1967): Die Rücklagenpolitik der Unternehmung, Wiesbaden 1967

Brunner, J. (1962): Geldwertschwankungen in Erfolgsrechnung und Bilanz, Zürich 1962

Bucher, J. (1973): Zur globalen Berechnung von Scheingewinn und inflationsbedingter Kapitalbindung beim Vorratsvermögen, in: DB 1973, S. 1513 ff.

Buchner, R. (1967): Zur Kontroverse um die negative Zielvariable in der unternehmerischen Planungsrechnung, in: ZfbF 1967, S. 350 ff.

Büschgen, H.E. (1968): Zum Problem optimaler Selbstfinanzierungspolitik in betriebswirtschaftlicher Sicht, in: ZfB 1968, S. 305 ff.

Büschgen, H.E. (1974): Investition und Finanzierung im Zeichen von Geldwertverschlechterung, in: Wpg 1974, S. 10 ff.

Bunge, M. (1967):Scientific Research II, - The Search for Truth, New York 1967

Burch, S.W., Werneke, D. (1975): The Stock of Consumer Durables, Inflation and Personal Saving Decisions, in: RES 1975, S. 141 ff.

Busse von Colbe, W. (1957): Der Zukunftserfolg, Wiesbaden 1957

Busse von Colbe, W. (1960a): Eliminierung von Preis- und Geldwertschwankungen, in: HdB, 3. Aufl., Bd. III, Stuttgart 1960, Sp. 4423 ff.

Busse von Colbe, W. (1960b): Substanzerhaltung, in: HdB, 3. Aufl., Bd. III, Stuttgart 1960, Sp. 5310 ff.

Canning, J.B. (1929): The Economics of Accountancy, New York 1929

Chambers, R.J. (1965a): Measurement in Accounting, in: JAR 1965, S. 32 ff.

Chambers, R.J. (1965b): The Price Level Problem and Some Intellectual Grooves, in: JAR 1965, S. 242 ff.

Chambers, R.J. (1966): Accounting, Evaluation and Economic Behavior, Englewood Cliffs, N. J., 1966

Chambers, R.J. (1968): Measures and Values, in: AR 1968, S. 239 ff.

Chambers, R.J. (1971): Evidence for a Market-Selling Price-Accounting System, in: Asset Valuation and Income Determination, Hrsg. R.R. Sterling, Lawrence, Kansas 1971, S. 74 ff.

Chen Chang, E. (1962): Business Income in Accounting and Economics, in: AR 1962, S. 636 ff.

Chmelik, G. (1972): Die Gewinnpolitik der Aktiengesellschaft, Dissertation München 1972

Chmielewicz, K. (1970): Forschungskonzeptionen der Wirtschaftswissenschaften, Stuttgart 1970

Chmielewicz, K. (1974): Forschungsmethoden der Betriebswirtschaftslehre, in: HdB, 4. Aufl., Bd. I/1, Hrsg. E. Grochla und W. Wittmann, Stuttgart 1974, Sp. 1548 ff.

Chmielewicz, K. (1975): Arbeitnehmerinteressen und Kapitalismuskritik in der Betriebswirtschaftslehre, Reinbek bei Hamburg 1975

Churchman, C.W. (1959): Why Measure, in: Churchman, C.W., Ratoosh, P., Measurement: Definitions and Theories, New York - London 1959, S. 83 ff.

Coenenberg, A.G. (1968): Gewinnbegriff und Bilanzierung, in: ZfbF 1968, S. 442 ff.

Coenenberg, A.G. (1969): Unternehmungsexterne Jahresabschlußinformationen. Theoretische und empirische Untersuchungen zum Informationswert des Jahresabschlusses, Habilitationsschrift Köln 1969

Coenenberg, A.G. (1974): Jahresabschluß und Jahresabschlußanalyse, München 1974

Coenenberg, A.G. (1975): Inflationsbereinigte Rechnungslegung - Diskussionsstand in Deutschland, in: AG 1975, S. 113 ff.

Coenenberg, A.G., Sieben, G. (1976): Unternehmungsbewertung, in: HdB, 4. Aufl., Bd. I/3, Hrsg. E. Grochla und W. Wittmann, Stuttgart 1976, Sp. 4062 ff.

Cohen, A. (1924): Besteuerung und Geldentwertung, München - Leipzig 1924

Corbin, D.A. (1963): Comments on "The Accretion Concept of Income", in: AR 1963, S. 742 ff.

Coutre le, W. (1956): Bilanztheorien, in: HdB, 3. Aufl., Bd. I, Hrsg. H. Seischab und K. Schwantag, Stuttgart 1956, Sp. 1153 ff.

Coutre le, W. (1957): Totale Bilanz, in: Lexikon des Kaufmännischen Rechnungswesens, 2. Aufl., 4. Bd., Hrsg. K. Bott, Sp. 2555 ff.

Davidson, S. (1962): Depreciation, Income Taxes and Growth, in: Studies in Accounting Theory, Hrsg. W.T. Baxter und S. Davidson, London 1962, S. 285 ff.

Diamond, P.A. (1975): Inflation and the comprehensive tax base, in: Journal of Public Economic 1975, S. 227 ff.

Diederichs, M. (1968): Die Inflation im Spiegel der deutschen Steuerrechtsprechung, Köln 1968

Dietz, H. (1971): Die Normierung der Abschreibung in Handels- und Steuerbilanz, Opladen 1971

Dietz, H. (1976): Die Berücksichtigung von Geld- und Sachwertänderungen in Kapitalflußrechnungen, in: Bilanzfragen, Festschrift zum 65. Geburtstag von U. Leffson, Hrsg. J. Baetge, A. Moxter, D. Schneider, Düsseldorf 1976, S. 273 ff.

Dinkel, F. (1974): Bilanz und Bewertung, Eine wissenschafts- und entscheidungslogische Untersuchung, Berlin 1974

Dinkelbach, W. (1974): Entscheidungstheorie, in: HdB, 4. Aufl., Bd. I/1, Hrsg. E. Grochla und W. Wittmann, Stuttgart 1974, Sp. 1290 ff.

Döllinger, W., Lämmermann, G., Mertens, P., Meyer, H., Purucker, G., Riefler, K.-M. (1977): Neuere Ergebnisse von Untersuchungen zur Substanzerhaltung bei Scheingewinnbesteuerung in der deutschen Wirtschaft, Betriebswirtschaftliches Institut der Friedrich-Alexander-Universität Erlangen-Nürnberg, Arbeitspapiere Heft 57

Drake, D.F., Dopuch, N. (1965): On the Case for Dichotomizing Income, in: JAR 1965, S. 192 ff.

Drukarczyk, J. (1970): Investitionstheorie und Konsumpräferenz, Berlin 1970

Drukarczyk, J. (1973a): Zum Stand der Investitionstheorie bei Sicherheit, in: ZfB 1973, S. 803 ff.

Drukarczyk, J. (1973b): Zur Brauchbarkeit der Konzeption des "ökonomischen Gewinns", in: Wpg 1973, S. 183 ff.

Drukarczyk, J. (1974): Ökonomischer Gewinn und Ausschüttungsentscheidung, in: ZfbF 1974, S. 764 ff.

Drumm, H.J. (1972): Entscheidungsorientiertes Rechnungswesen, in: ZfbF 1972, S. 121 ff.

Eberlein, G. (1972): Dialektische Wissenschaftstheorie aus analytischer Sicht, in: Wissenschaftstheorie und Betriebswirtschaftslehre, Hrsg. G. Dlugos, G. Eberlein, H. Steinmann, Düsseldorf 1972, S. 99 ff.

Eckardt, H. (1963): Die Substanzerhaltung industrieller Betriebe, Köln - Opladen 1963

Eckhardt, W. (1973): Steuer und Geldwertschwund, in: DStR 1973, S. 487 ff.

Edey, H.C. (1969): Income and the valuation of stock-in-trade, in: Readings in the Concept and Measurement of Income, Hrsg. R.H. Parker und G.C. Harcourt, Cambridge 1969, S. 230 ff.

Edwards, E.O. (1975): The State of Current Value Accounting, in: AR 1975, S. 235 ff.

Edwards, E.O., Bell, P.W. (1965): The Theory and Measurement of Business Income, 3. Aufl., Berkeley - Los Angeles 1965

Edwards, R.S. (1962): The Nature and Measurement of Income, in: Studies in Accounting Theory, Hrsg. W.T. Baxter und S. Davidson, London 1962, S. 70 ff.

Egner, H. (1974): Bilanzen, München 1974

Eisenführ, F. (1967a): Anforderungen an den Informationsgehalt kaufmännischer Jahresabschlußrechnungen, Köln 1967

Eisenführ, F. (1967b): Wiederbeschaffungswerte im Jahresabschluß eine Notwendigkeit?, in: DB 1967, S. 608 ff.

Eisenstein, L. (1961): The Ideologies of Taxation, New York 1961

Eisermann, G. (1967): Gesellschaftspolitische Aspekte der Geldentwertung, in: Nürnberger Abhandlungen zu den Wirtschafts- und Sozialwissenschaften, Heft 24, Berlin 1967, S. 47 ff.

Endres, W. (1967): Der erzielte und der ausschüttbare Gewinn der Betriebe, Köln - Opladen 1967

Engels, W. (1962a): Betriebswirtschaftliche Bewertungslehre im Licht der Entscheidungstheorie, Köln - Opladen 1962

Engels, W. (1962b): Die gewinnabhängigen Steuern in der Kalkulation, der Unternehmens-Ertragswertberechnung und der Wirtschaftlichkeitsrechnung, in: Wpg 1962, S. 553 ff.

Engels, W. (1969): Rentabilität, Risiko und Reichtum, Tübingen 1969

Engels, W. (1970): Unsicherheit, Konsumverhalten und Investitionsverhalten - Die Abbildung des Risikos in intertemporalen Nutzenfunktionen und die Relativität der Risikobeurteilung von Prospekten, in: Entscheidung bei unsicheren Erwartungen, Beiträge zur Theorie der Unternehmung, Hrsg. H. Hax, Köln - Opladen 1970, S. 27 ff.

Engels, W., Müller, H. (1970): Substanzerhaltung: eine betriebswirtschaftliche Konsumtheorie, in: ZfbF 1970, S. 349 ff.

Engels, Sablotny, Zickler (1974): Das Volksvermögen, Frankfurt 1974

Erichsen, M., May, E. (1968): Betriebswirtschaftliche Steuerlehre als Wissenschaft, in: DB 1968, S. 317 ff.

Fabricant, S. (1971): Inflation and the Lag in Accounting Practice, in: Accounting in Perspective, Hrsg. R.R. Sterling und W.F. Bentz, Cincinnati 1971, S. 115 ff.

Fama, E.F., Miller, M.H. (1972): The Theory of Finance, New York etc. 1972

Fettel, J. (1951a): Die nominale Geldrechnung und ihre Aussagen, in: BFuP 1951, S. 3 ff.

Fettel, J. (1951b): Geldliche und güterliche Begriffe in der Betriebswirtschaftslehre, in: ZfB 1951, S. 513 ff.

Feuerbaum, E. (1966): Die polare Bilanz, Berlin 1966

Feuerbaum, E. (1967): Notwendigkeit und Methoden der Substanzrechnung, in: ZfbF 1967, S. 172 ff.

Feuerbaum, E. (1971): Die Diskussion um die Eliminierung von Preissteigerungen in der Bilanz, in: BB 1971, S. 1271 ff.

Feuerbaum, E. (1973): Aktuelle Fragen zur Eliminierung von Scheingewinnen in der Bilanz, in: DB 1973, S. 737 ff., S. 795 ff.

Feuerbaum, E. (1974): Die Steuerreform unter Berücksichtigung der Geldentwertung, in: DB 1974, S. 107 ff., S. 159 ff.

Findeisen, F. (1923): Unternehmung und Steuer - Steuerbetriebslehre, Stuttgart 1923

Fischer, L. (1970): Die Finanzierungsneutralität der Besteuerung als Forderung der Betriebswirtschaftslehre, in: ZfB 1970, S. 316 ff.

Fischer, R. (1909): Über die Grundlagen der Bilanzwerte, Leipzig 1909

Fischer-Winkelmann, W.F. (1971): Methodologie der Betriebswirtschaftslehre, München 1971

Fisher, I. (1906): The Nature of Capital and Income, New York 1906

Fisher, I. (1928): Der Einkommensbegriff im Lichte der Erfahrung, in: Die Wirtschaftstheorie der Gegenwart, 3. Bd., Wien 1928, S..22 ff.

Fisher, I. (1930): The Theory of Interest, New York 1930

Fisher, I., Fisher, H.W. (1942): Constructive Income Taxation, New York - London 1942

Flämig, Ch. (1969): Steuerreformvorschlag 1969, in: Steuerkongreß-Report 1969, München 1969, S. 425 ff.

Flume, W. (1960): Grundfragen der Aktienrechtsreform, Düsseldorf 1960

Forster, K.-H. (1970): Überlegungen zur Rücklagendotierung aus dem Gewinn, in: Aktuelle Fragen der Unternehmensfinanzierung und Unternehmensbewertung, Karl Schmaltz zum 70. Geburtstag, Hrsg. K.-H. Forster und P. Schuhmacher, Stuttgart 1970, S. 203 ff.

Forster, K.-H. (1973): Einige Bemerkungen zur Dotierung von freien Rücklagen aus dem Jahresüberschuß, in: BFuP 1973, S. 531 ff.

Frank, W. (1969): A Study of the Predictive Significance of Two Income Measures, in: JAR 1969, S. 123 ff.

Franke, G., Laux, H. (1968): Die Ermittlung der Kalkulationszinsfüße für investitionstheoretische Partialmodelle, in: ZfbF 1968, S. 740 ff.

Franz, K.-D. (1974): Die Ausschüttungsentscheidung der Unternehmung, Berlin 1974

Friauf, K.H. (1972): Eigentumsgarantie, Geldentwertung und Steuerrecht, in: StbJb 1971/72, Köln 1972, S. 425 ff.

Friauf, K.H. (1975): Besteuerung von Kapitaleinkünften und Geldentwertung, in: StuW 1975, S. 260 ff.

Fricke, D. (1968): Geldentwertung bei konstantem Preisniveau und realem Einkommenswachstum, in: Geldtheorie und Geldpolitik, Günter Schmölders zum 65. Geburtstag, Hrsg. C.A. Andrae, K.H. Hansmeyer, G. Scherhorn, Berlin 1968, S. 47 ff.

Gäfgen, G. (1968): Theorie der wirtschaftlichen Entscheidung, 2. Aufl., Tübingen 1968

Gail, W. (1965): Unternehmerische Werterhaltung und steuerliche Gewinnermittlung, in: BB 1965, S. 877 ff.

Ganz, W. (1963): Abschreibung und Substanzerhaltung. Die Finanzierungswirkung der bilanziellen Abschreibung und die steuerbilanzielle Sicherung der Anlagensubstanz - insbesondere bei steigenden Anlagenbeschaffungspreisen, Dissertation St. Gallen, Winterthur 1963

Gaugler, E. (1968): Sonderabschreibungen als Konjunkturmaßnahme, in: ZfbF 1968, S. 518 ff.

Geldentwertung und Steuerrecht (1973), Heft 24 der Schriften des Karl-Bräuer-Instituts des Bundes der Steuerzahler, Wiesbaden 1973

Gemper, B.B. (1972): Geldentwertung, Nominalwertprinzip und Besteuerung, in: BB 1972, S. 761 ff.

Gnam, A. (1952): Scheingewinn, Scheinverluste - Eine Interessenkollision zwischen Volkswirtschaft und Betriebswirtschaft?, in: Neue Betriebswirtschaft 1952, S. 39 ff.

Görres, P. (1955): Zur Scheingewinnbesteuerung, in: BB 1955, S. 124 ff.

Goode, R. (1972): The Individual Income Tax, 5. Aufl., Washington D.C. 1972

Gordon, M.J. (1967): An Economist's View of Profit Measurement, in: Profits in the Modern Economy, Hrsg. H.W. Stevenson und J.R. Nelson, Minneapolis 1967, S. 63 ff.

Grady, P. (1962): Depreciation - To Measure Income or to Provide Funds for Replacement, in: Studies in Accounting Theory, Hrsg. W.T. Baxter und S. Davidson, London 1962, S. 317 ff.

Graf, A. (1950): Betriebswirtschaftliche Steuerlehre, Zürich 1950

Grochla, E. (1974): Betrieb, Betriebswirtschaft und Unternehmung, in: HdB, 4. Aufl., Bd. I/1, Hrsg. E. Grochla und W. Wittmann, Stuttgart 1974, Sp. 541 ff.

Gutachten (1967): Zur Reform der direkten Steuern (Einkommensteuer, Körperschaftsteuer, Vermögensteuer und Erbschaftsteuer) in der Bundesrepublik Deutschland. Erstattet vom Wissenschaftlichen Beirat beim Bundesministerium der Finanzen, Schriftenreihe des Bundesministeriums der Finanzen, Heft 9, Bad Godesberg 1967

Gutachten (1971) der Steuerreformkommission 1971, Schriftenreihe des Bundesministeriums der Finanzen, Heft 17

Gutenberg, E. (1967): Betriebswirtschaftslehre als Wissenschaft, 3. Aufl., Krefeld 1967

Gynther, R.S. (1966): Accounting for Price Level Changes, Theory and Procedure. The Commonwealth and International Library of Science Technology Engineering and Liberal Studies, Oxford 1966

Gynther, R.S. (1970): Capital Maintenance, Price Changes and Profit Determination, in: AR 1970, S. 712 ff.

Haar, A. (1925): Die Geldwertveränderungen und ihr Einfluß auf die transitorischen Posten und Antizipationen, in: ZfB 1925, S. 353 ff., S. 414 ff.

Haase, K.D. (1973): Gewinne nur für's Auge?, in: WW 1973, Nr. 32, S. 32 ff.

Heinen, E. (1972): Industriebetriebslehre als Entscheidungslehre, in: Industriebetriebslehre, Hrsg. E. Heinen, Wiesbaden 1972

Heinen, E. (1974a) und (1977): Einführung in die Betriebswirtschaftslehre, 3. Aufl., 1974 und 6. Aufl., Wiesbaden 1977

Heinen, E. (1974b): Handelsbilanzen, 7. Aufl., Wiesbaden 1974

Heinen, E. (1974c): Neue Denkansätze in der entscheidungsorientierten Betriebswirtschaftslehre, in: ÖB 1974, S. 97 ff.

Heinen, E., Dietel, B. (1976): Zur "Wertfreiheit" in der Betriebswirtschaftslehre, in: ZfB 1976, S. 1 ff., S. 101 ff.

Helliwell, J. (1969): The Taxation of Capital Gains, in: Canadian Journal of Economics 1969, S. 324 ff.

Helpenstein, F. (1930): Wirtschaftstheorie und Finanzrecht - Wirtschaftler oder Jurist, in: Schmollers Jahrbuch, München 1930, 54. Jg., Nr. 1, S. 1 ff.

Helpenstein, F. (1932): Wirtschaftliche und Steuerliche Erfolgsbilanz, Berlin 1932

Henderson, J.E., Quandt, R.E. (1958): Microeconomic Theory, New York etc. 1958

Herrmann, C., Heuer, G. (1972): Kommentar zur Einkommensteuer und Körperschaftsteuer, 15. Aufl., Köln 1972

Herz, H. (1938): Theorie der Substanzbesteuerung, Berlin 1938

Hicks, J.R. (1946): Value and Capital, 2. Aufl., Oxford 1946

Hicks, J. (1974): Capital Controversies: Ancient and Modern, in: AER 1974, S. 307 ff.

Höffken, E. (1970): Substanzerhaltung und ökonomischer Gewinnbegriff, in: BFuP 1970, S. 627 ff.

Homburger, R.E. (1961): Measurement in Accounting, in: AR 1961, S. 94 ff.

Honko, J. (1965): Über einige Probleme bei der Ermittlung des Jahresgewinns der Unternehmung, in: ZfB 1965, S. 611 ff.

Horváth, P. (1975): Betriebswirtschaftliche Steuerlehre und Steuerreform. Methodenprobleme in der betriebswirtschaftlichen Steuerlehre im Spiegel der Diskussion um die Reform der steuerlichen Gewinnermittlung, Meisenheim am Glan 1975

Huch, B. (1972): Zum Gewinn als Steuerbemessungsgrundlage bei der Erhaltung der entwicklungsadäquaten Ertragskraft wachsender Unternehmen, in: ZfB 1972, S. 237 ff.

Hundt, S. (1975): Das Rationalprinzip in der Betriebswirtschaftslehre, in: ZfB 1975, S. 165 ff.

Husman, J. (1973): Zur Messung von Erträgen aus wirtschafts- und einkommenspolitischer Sicht, Hrsg. K.H. Freitag, Göttingen 1973, S. 9 ff.

Hutchison, T.W. (1972): Theoretische Ökonomie als Sprachsystem, in: Theorie und Realität, 2. Aufl., Hrsg. H. Albert, Tübingen 1972, S. 191 ff.

Jjiri, Y. (1965a): Management Goals and Accounting for Control, Amsterdam 1965

Jjiri, Y. (1965b): Axioms and Structures of Conventional Accounting Measurement, in: AR 1965, S. 36 ff.

Jjiri, Y. (1967): The Foundations of Accounting Measurement, Englewood Cliffs, N.J. 1967

Jjiri, Y. (1971a): A Defense for Historical Cost Accounting, in: Asset Valuation and Income Determination: A Consideration of the Alternatives, Hrsg. R.R. Sterling, Lawrence, Kansas 1971, S. 1 ff.

Jjiri, Y. (1971b): Logic and Sanctions in Accounting, in: Accounting in Perspective, Hrsg. R.R. Sterling und W.F. Bentz, Cincinnati 1971, S. 3 ff.

Jjiri, Y. (1971c): Axioms for Historical Cost Valuation: A Reply, in: JAR 1971, S. 181 ff.

Jjiri, Y. (1972): Measurement in Current Accounting Practices: A Reply, in: AR 1972, S. 510 ff.

Illetschko, L. (1952): Der Scheingewinn, in: ÖB 1952, S. 1 ff.

Immich, K.-M. (1966): Unternehmungserhaltung als unternehmenspolitisches Ziel, Dissertation Berlin 1966

Institut "Finanzen und Steuern", Brief 134, Nominalwertprinzip, Geldentwertung und Besteuerung - ein Diskussionsbeitrag - Verfasser: Franzen, V. und Meyer, A., Bonn 1973 (Zitierweise: Institut FSt (1973))

Issing, O. (1973): Indexklauseln und Inflation, Tübingen 1973

Jacob, A.-F. (1963): Betriebserhaltung kommunaler Eigenbetriebe, Köln - Opladen 1963

Jacob, H. (1961): Das Bewertungsproblem in den Steuerbilanzen, Wiesbaden 1961

Jacob, H. (1972): Gewinnbegriffe und Kapitalerhaltung, in: WISU 1972, S. 355 ff.

Jacobs, O.-H. (1971): Das Bilanzierungsproblem in der Ertragsteuerbilanz, Stuttgart 1971

Jacobs, O.-H. (1974): Auswirkungen der Inflation auf unternehmerische und gesetzgeberische Entscheidungen, in: DB 1974, S. 1026 ff.

Jacobs, O.-H. (1976): Die Bedeutung von Schuldnergewinnen bei Geldentwertung im handels- und steuerrechtlichen Jahresabschluß sowie in den verschiedenen Erhaltungskonzeptionen, in: Bilanzfragen, Festschrift zum 65. Geburtstag von U. Leffson, Hrsg. J. Baetge, A. Moxter, D. Schneider, Düsseldorf 1976, S. 235 ff.

Jaedicke, R.K., Sprouse, R.T. (1965): Accounting Flows: Income, Funds, and Cash, Englewood Cliffs, N.J. 1965

Jaensch, G. (1966): Wert und Preis der ganzen Unternehmung, Köln - Opladen 1966

Jaensch, G. (1968): Der Bilanzgewinn in meßtheoretischer Sicht, in: ZfbF 1968, S. 48 ff.

Jaensch, G. (1972): Ökonomischer Gewinn oder einkommenstheoretisches Modell, in: ZfbF 1972, S. 540 ff.

Jaensch, G. (1973): Zur Brauchbarkeit des kapitaltheoretischen Ansatzes für die Erfolgsermittlung von Unternehmungen, in: ZfbF 1973, S. 693 ff.

Jahr, G. (1966): Implikationen eines anhaltenden Geldwertschwundes in der Rechtsprechung der Bundesrepublik Deutschland, ein Gutachten. Gedruckt als Anhang V im Jahresgutachten 1966 des Sachverständigenrates zur Begutachtung der gesamtwirtschaftlichen Entwicklung, Karlsruhe 1966

Jonas, H. H. (1973): Handelsbilanz und Inflation, in: DB 1973, S. 1957 ff.

Jones, R.C. (1975): Effects of Price Level Changes on Business Income, Capital, and Taxes, 4. Aufl., American Accounting Association 1975

Kade, G. (1962): Die Grundannahmen der Preistheorie, Berlin - Frankfurt a.M. 1962

Käfer, K. (1958): Erhaltung der Substanz in der Unternehmung, in: Die Unternehmung 1958, S. 169 ff.

Käfer, K. (1962): Die Bilanz der Unternehmung als Zukunftsrechnung, Eine Vorlesung über den Inhalt der Unternehmungsbilanz, Zürich 1962

Kahsnitz, D. (1970): Ökonomische Gewinnkonzepte und Besteuerung, Dissertation Frankfurt 1970

Kaiser, H. (1973): Ertragsbesteuerung und Substanzerhaltung, in: Blätter für Genossenschaftswesen 1973, S. 53 ff.

Kaldor, N. (1955): An Expenditure Tax, London 1955

Kalveram, Th. (1977): Das Wachstumsziel des Unternehmers, Wiesbaden 1977

Kappler, E. (1972): Das Informationsverhalten der Bilanzinteressenten, Habilitationsschrift München 1972

Katano, I. (1966): Structure of Accounting for Changing Money Values, in: The International Journal of Accounting 1966, S. 21 ff.

Katterle, S. (1966): Methodenprobleme der praktischen (normativen) und der theoretischen (explikativen) Betriebswirtschaftslehre, in: ZfbF 1966, S. 286 ff.

Kellerer, H. (1971): Statistik im modernen Wirtschafts- und Sozialleben, Reinbek bei Hamburg 1971

Ketzscher, E. (1969): Die Betriebserhaltung der Unternehmung und die Grenzen ihrer Zweckentsprechung, Berlin 1969

Kirkman, P.R.A. (1974): Accounting under inflationary conditions, London 1974

Kirsch, W. (1968): Gewinn und Rentabilität, Wiesbaden 1968

Klein, Franz (1966): Gleichheitssatz und Steuerrecht, Köln 1966

Klein, Friedrich (1951): Einkommensteuerliche Ungleichartigkeiten und Ungleichwertigkeiten der Einkunftsarten, in: StuW 1951, Sp. 475 ff.

Klein, L. (1920): Der Einfluß der sinkenden Kaufkraft des Geldes auf Kalkulation, Bilanz und Steuern, in: Zeitschrift für Handelswissenschaft und Handelspraxis 1920/21, S. 1 ff.

Klein, W. (1973): Möglichkeiten der Eliminierung von Scheingewinnen im Anlagevermögen - vornehmlich bei anlageintensiven Unternehmen - und ihre Grenzen, in: DB 1973, S. 193 ff.

Kleineidam, H.J. (1971): Betriebswirtschaftliche Steuerlehre als Bestandteil des Revisions- und Treuhandwesens, in: BFuP 1971, S. 37 ff.

Kleineidam, H.J. (1973): Zum Wissenschaftsprogramm der Betriebswirtschaftlichen Steuerlehre, in: BFuP 1973, S. 387 ff.

Koch, H. (1961): Betriebliche Planung, Wiesbaden 1961

Koch, H. (1964): Die Theorie der Unternehmung als Globalanalyse, in: ZfdgStW 1964, S. 385 ff.

Koch, H. (1968): Der Begriff des ökonomischen Gewinns - Zur Frage des Optimalitätskriteriums in der Wirtschaftlichkeitsrechnung, in: ZfbF 1968, S. 389 ff.

Koch, H. (1970): Grundlagen der Wirtschaftlichkeitsrechnung, Wiesbaden 1970

Koch, H. (1977): Planungsprobleme bei unvollständigem Entscheidungsfeld, in: ZfB 1977, S. 353 ff.

Köhler, R. (1966): Theoretische Systeme der Betriebswirtschaftslehre im Lichte der neueren Wissenschaftslogik, Stuttgart 1966

Körner, W. (1961): Abschreibung von Wiederbeschaffungskosten - eine Nominalrechnung mit inflatorischer Wirkung, in: StuW 1961, Sp. 433 ff.

Koller, S. (1956): Zur Problematik des statistischen Messens, in: Allgemeines Statistisches Archiv 1956, S. 316 ff.

Kosiol, E. (1958): Kritische Analyse der Wesensmerkmale des Kostenbegriffes - Betriebsökonomisierung durch Kostenanalyse, Absatzrationalisierung und Nachwuchserziehung, in: Festschrift für Rudolf Seÿffert zu seinem 65. Geburtstag, Hrsg. E. Kosiol und F. Schlieper, Köln - Opladen 1958, S. 7 ff.

Kosiol, E. (1959): Bilanztheorie, in: HdSW, Bd. 2, Stuttgart - Tübingen - Göttingen 1959, S. 222 ff.

Kosiol, E. (1961): Erkenntnisgegenstand und methodologischer Standort der Betriebswirtschaftslehre, in: ZfB 1961, S. 129 ff.

Kosiol, E. (1966): Die Unternehmung als wirtschaftliches Aktionszentrum, Reinbek bei Hamburg 1966

Kosiol, E. (1967): Buchhaltung und Bilanz, 2. Aufl., Berlin 1967

Kosiol, E. (1970a): Zur Axiomatik der Theorie der pagatorischen Erfolgsrechnung, in: ZfB 1970, S. 135 ff.

Kosiol, E. (1970b): Bilanztheorie, pagatorische, in: HdR, Hrsg. E. Kosiol, Stuttgart 1970, Sp. 279 ff.

Kosiol, E. (1973a): Vierdimensionale Erfolgsrechnung bei Güterwert- und Geldwertveränderungen, in: ZfB 1973, S. 145 ff.

Kosiol, E. (1973b): Finanzmathematik, 10. Aufl., Wiesbaden 1973

Kosiol, E. (1976): Pagatorische Bilanz, Berlin 1976

Kosiol, E. (1977): Buchhaltung als Erfolgs-, Bestands- und Finanzrechnung, Grundlagen - Verfahren - Anwendungen, Berlin 1977

Krebs, F. (1970): Das Problem der Substanzerhaltung in finanzwirtschaftlicher Sicht, Dissertation Würzburg 1970

Kreile, R. (1971): Auswirkungen der Steuerreform auf die Substanzerhaltung der Unternehmen, in: BB 1971, S. 185 ff.

Kroeber-Riel, W. (1970): Absatzpreisänderungen und Unternehmungserhaltung, in: ZfbF 1970, S. 359 ff.

Kroeber-Riel, W. (1972): Theoretische Konstruktionen und empirische Basis in mikroökonomischen Darstellungen des Konsumverhaltens, in: Wissenschaftstheorie und Betriebswirtschaftslehre, Hrsg. G. Dlugos, G. Eberlein, H. Steinmann, Düsseldorf 1972, S. 209 ff.

Kroeber-Riel, W. (1974): Ideologische Komponenten in der entscheidungsorientierten Betriebswirtschaftslehre, in: Forschungslogik der Sozialwissenschaften, Hrsg. G. Eberlein, W. Kroeber-Riel, W. Leinfellner, Düsseldorf 1974, S. 285 ff.

Kronstein, H., Claussen, C.P. (1960): Publizität und Gewinnverteilung im neuen Aktienrecht, Frankfurt a.M. 1960

Kropff, B. (1965): Aktiengesetz, mit Begründung des Regierungsentwurfs, Düsseldorf 1965

Kruk, M. (1975): Unternehmensführung in der Inflation, Frankfurt a.M. 1975

Kühn, U. (1953): Substanzerhaltung, Aufgaben und Grenzen des Rechnungswesens, in: Wpg 1953, S. 510 ff.

Kühnau, M. (1959): Zur Systematik der Erfolgsbegriffe in den Periodenerfolgsrechnungen der Unternehmung, in: ZfB 1959, S. 77 ff.

Kümmel, R. (1956): Probleme des Scheingewinns und der Scheingewinnbesteuerung, Dissertation Nürnberg 1956

Küpper, H.U. (1974): Grundlagen einer Theorie der betrieblichen Mitbestimmung, Berlin 1974

Kuhn, T.S. (1962): The Structure of Scientific Revolutions, in: International Encyclopedia of Unified Science, Vol. II, No. 2, Chicago 1962

Larson, D. (1969): Implications of Measurement Theory on Accounting Concept Formulation, in: AR 1969, S. 38 ff.

Larson, D., Schattke, R.W. (1966): Current Cash Equivalent, Additivity, and Financial Action, in: AR 1966, S. 634 ff.

Laufenburger, H. (1956): Die Einkommensbesteuerung, in: Handbuch der Finanzwissenschaft, 2. Bd., Hrsg. W. Gerloff und F. Neumark, Tübingen 1956, S. 448 ff.

Lauffer, H.M. (1968): Der notwendige Unternehmungsgewinn, Eine Analyse des bilanziellen Mindestgewinns, Meisenheim/Glan 1968

Lauffer, H.M. (1969): Theorien der Substanzerhaltung und ihre effektiven Anwendungsgrenzen, in: Die Unternehmung 1969, S. 36 ff.

Lauffer, H.M. (1972): Das Minimum an Selbstfinanzierung, in: DB 1972, S. 1541 ff.

Lauffer, H.M. (1975): Die Bewertungskonzeption der organischen Bilanzlehre in den Entwürfen für die Rechnungslegung in Europa, in: ZfbF 1975, S. 723 ff.

Lausberg, F.W. (1972): Zum Problem der Steuersystemkonzeption aus der Sicht der betriebswirtschaftlichen Steuerlehre, in: ZfB 1972, S. 421 ff.

Laux, H., Franke, G. (1970): Der Erfolg im betriebswirtschaftlichen Entscheidungsmodell, in: ZfB 1970, S. 31 ff.

Laux, H., Schneeweiß, H. (1972): On the Onassis Problem, in: Theory and Decision 1972, S. 353 ff.

Lechner, K. (1974): Der Scheingewinn in betriebswirtschaftlicher Sicht, in: ÖB 1974, S. 108 ff.

Leffson, U. (1966): Wesen und Aussagefähigkeit des Jahresabschlusses, in: ZfbF 1966, S. 375 ff.

Leffson, U. (1970): Die Grundsätze ordnungsmäßiger Buchführung, 2. Aufl., Düsseldorf 1970

Leffson, U. (1971): Der Beitrag der betrieblichen Rechnungslegung zur gesamtwirtschaftlichen Lenkung des Kapitals, in: Walter Eucken-Institut, Vorträge und Aufsätze, Nr. 32, 1971

Leinfellner, W. (1967): Einführung in die Erkenntnis- und Wissenschaftstheorie, Mannheim - Wien - Zürich 1967

Leitherer, E. (1974): Dogmengeschichte der Betriebswirtschaftslehre, in: HdB, 4. Aufl., Bd. 1, Hrsg. E. Grochla und W. Wittmann, Stuttgart 1974, Sp. 694 ff.

Lemke, K. (1966): Asset Valuation and Income Theory, in: AR 1966, S. 32 ff.

Leontief, W.W. (1936): Composite Commodities and the Problem of Index Numbers, in: Econometrica 1936, S. 39 ff.

Liebl, J. (1952): Kapitalerhaltung und Bilanzrechnung, in: BFuP 1952, S. 493 ff, 568 ff., 630 ff., 675 ff.

Lindahl, E. (1969): The Concept of Income, in: Economic Essays in Honour of Gustav Cassel, London 1933, S. 399 ff., wiederabgedruckt in: Readings in the Concept and Measurement of Income, Hrsg. R.H. Parker und G.C. Harcourt, Cambridge 1969, S. 54 ff.

Lion, M. (1925): Das Bilanzsteuerrecht, 2. Aufl., Berlin 1925

Lippmann, K. (1970): Der Beitrag des ökonomischen Gewinns zur Theorie und Praxis der Erfolgsermittlung, Düsseldorf 1970

Littmann, E. (1949): Nominelle und materielle Gewinnrechnung in Handels- und Steuerbilanz, in: Wpg 1949, S. 342 ff.

Littmann, E. (1952): Nominal- oder Realgewinnbesteuerung, in: Neue Betriebswirtschaft 1952, S. 52 ff.

Littmann, E. (1972): Das Einkommensteuerrecht. Kommentar zum Einkommensteuergesetz, 10. Aufl., Stuttgart 1972

Loitlsberger, E. (1964): Die Zusammenarbeit zwischen Betriebswirtschaftslehre und Recht, dargestellt am Beispiel der Entwicklung des steuerrechtlichen und betriebswirtschaftlichen Gewinnbegriffs, in: Schriften des Vereins für Socialpolitik, NF, Bd. 33, S. 154 ff.

Lompe, K. (1966): Wissenschaftliche Beratung der Politik, Göttingen 1966

Loos, G. (1973): Inflation - heimliche Sondersteuer nur für Kapitalbesitzer, in: BB 1973, S. 301 ff.

Lücke, W. (1969): Bilanzstrategie und -taktik, in: DB 1969, S. 2285 ff.

Lücke, W., Hautz, U. (1973): Bilanzen aus Zukunftswerten, Ein theoretischer Beitrag zum Inhalt und Aufbau von Planbilanzen, Wiesbaden 1973

Macdonald, G. (1974): Profit Measurement: Alternatives to Historical Cost, London 1974

Mag, W. (1976): Entwicklungsstufen zu einer personalen Theorie der Unternehmung, in: ZfbF 1976, S. 638 ff.

Mahlberg, W. (1922): Bilanztechnik und Bewertung bei schwankender Währung, 2. Aufl., Leipzig 1922

Maier, A.T. (1948): Die Bedeutung der Geldentwertung für die Bilanztheorien, Tübingen 1948

Mann, F.K. (1928): Die Gerechtigkeit in der Besteuerung, in: Beiträge zur Finanzwissenschaft, Bd. II, Festgabe für G.v. Schanz zum 75. Geburtstag, Hrsg. H. Teschemacher, Tübingen 1928, S. 112 ff.

March, J.G., Simon, M.A. (1966): Organizations, 7. Aufl., New York - London - Sydney 1966

Martin, W. (1972): Besteuerung von Scheingewinnen aus Preissteigerungen, in: DB 1972, S. 245 ff.

Mathews, R.L. (1965): Price-Level Changes and Useless Information, in: JAR 1965, S. 133 ff.

Mathews, R.L. (1968): Income, Price Changes and the Valuation Controversy in Accounting, in: AR 1968, S. 509 ff.

Mathews, R.L., Grant, J.M. (1969): Profit measurement and inflation, in: Inflation and Company Finance, 2nd ed., Sydney 1962, S. 5 ff., wiederabgedruckt in: Readings in the Concept and Measurement of Income, Hrsg. R.H. Parker und G.C. Harcourt, Cambridge 1969, S. 201 ff.

Matschke, M.J. (1972): Der Gesamtwert der Unternehmung als Entscheidungswert, in: BFuP 1972, S. 158 ff.

Matschke, M.J. (1975): Der Entscheidungswert der Unternehmung, Wiesbaden 1975

Mattessich, R. (1964a): Accounting and Analytical Methods, Homewood 1964

Mattessich, R. (1964b): Wertrealismus und Addierbarkeit von Entscheidungswerten im betrieblichen Rechnungswesen, in: ZfB 1964, S. 65 ff.

Mattessich, R. (1969): Neue erkenntnistheoretische Probleme der Betriebswirtschaftslehre, in: Betriebswirtschaftliche Forschung in internationaler Sicht, Festschrift für Erich Kosiol zum 70. Geburtstag, Hrsg. H. Kloidt, Berlin 1969, S. 17 ff.

Mattessich, R. (1970): Messung und Bewertung, in: HdR, Hrsg. E. Kosiol, Stuttgart 1970, Sp. 1105 ff.

Maul, K.H. (1968): Grundfragen der Rechnungslegung bei Publikums-Aktiengesellschaften, Dissertation Frankfurt a.M. 1968

Maydell v., B. (1974): Geldschuld und Geldwert, München 1974

Mc Keown, J.C. (1972): Additivity of Net Realizable Value, in: AR 1972, S. 527 ff.

Mc Neal, K. (1962): What's wrong with Accounting, in: Studies in Accounting Theory, Hrsg. W.T. Baxter und S. Davidson, London 1962, S. 56 ff.

Medicus, D. (1974): Privatrechtliche Fragen der Geldentwertung, in: DB 1974, S. 759 ff.

Mellwig, W. (1977): Zum Einfluß von Inflation und Unternehmenswachstum auf die ertragsteuerliche Bemessungsgrundlage, in: ZfbF 1977, S. 211 ff.

Mennel, A. (1972): Geldentwertung und Einkommensbesteuerung im internationalen Vergleich, in: IWB v. 11.12.1972, S. 753 ff.

Menrad, S. (1974): Der "Spielraum" der Bilanztheorie, in: ZfbF 1974, S. 709 ff.

Merkert, H. (1974): Der Kaufkraftschwund der DM als Rechtsproblem der Gewinnbesteuerung, in: DB 1974, S. 496 ff.

Mertens, P., Döllinger, W., Meyer, H., Purucker, G., Riedel, K., Riefler, K.-M. (1977): Simulationsuntersuchungen zur Substanzerhaltung bei Scheingewinnbesteuerung in der deutschen Industrie, in: Personal- und Sozialorientierung der Betriebswirtschaftslehre, Bd. 2: Steuern/Unternehmungsrechnung, Hrsg. G. Reber, Stuttgart 1977, S. 82 ff.

Miller, M. (1932): Die Berücksichtigung von Geldwertschwankungen in Buchführung und Bilanz, Nürnberg 1932

Mitschke, J. (1976): Über die Eignung von Einkommen, Konsum und Vermögen als Bemessungsgrundlage der direkten Besteuerung, Berlin 1976

Modigliani, F., Brumberg, R. (1954): Utility Analysis and the Consumption Function: An Interpretation of Cross-Section Data, in: Post-Keynesian Economics, Hrsg. K. Kurihara, New Brunswick (N.J.) 1954, S. 388 ff.

Modigliani, F., Ando, A. (1957): Test of the Life Cycle Hypothesis of Saving: Comments and Suggestions, in: Bulletin of the Oxford University, Institute of Statistics 1957, S. 99 ff.

Modigliani, F., Ando, A. (1963): The "Live-Cycle" Hypothesis of Saving: Aggregate Implications and Tests, in: AER 1963, S. 55 ff.

Möllhoff, U. (1974): Die Besteuerung nomineller Erträge bei Geldentwertung, in: DB 1974, S. 2219 ff.

Mössner, H.-D. (1970): Wechselwirkungen von Rechtsordnung, kaufmännischer Praxis und Betriebswirtschaftslehre, dargestellt an den Bilanzierungsvorschriften im Aktienrecht, Dissertation Tübingen 1970

Monissen, H.G. (1968): Konsum und Vermögen, Göttingen 1968

Moonitz, M. (1970): Price-Level Accounting and Scales of Measurement, in: AR 1970, S. 465 ff.

Morgenstern, O. (1934): Das Zeitmoment in der Wertlehre, in: ZfN 1934, S. 433 ff.

Moxter, A. (1962): Bilanzierung und unsichere Erwartungen, in: ZfhF 1962, S. 607 ff.

Moxter, A. (1963): Die Bestimmung des optimalen Selbstfinanzierungsgrades unter privatwirtschaftlichem Aspekt, in: Der Betrieb in der Unternehmung, Festschrift für W. Rieger, Hrsg. J. Fettel und M. Linhardt, Stuttgart 1963, S. 300 ff.

Moxter, A. (1964): Präferenzstruktur und Aktivitätsfunktion des Unternehmers, in: ZfbF 1964, S. 6 ff.

Moxter, A. (1966): Die Grundsätze ordnungsmäßiger Bilanzierung und der Stand der Bilanztheorie, in: ZfbF 1966, S. 28 ff.

Moxter, A. (1974): Bilanzlehre, Wiesbaden 1974

Moxter, A. (1976): Substanzerhaltung und Aktienrecht, in: ZfbF 1976, S. 694 ff.

Müller, W. (1965): Anpassung der Besteuerung an den gesunkenen Geldwert - ein indiskutables Problem, in: Finanz-Rundschau 1965, S. 379 ff.

Münch, P. (1940): Die Bilanztheorie Rudolf Fischers. Ein Beitrag zur Geschichte der Bilanztheorien, Leipzig 1940

Münstermann, H. (1961): Betriebswirtschaftliche Probleme der Kapitalerhaltung, in: Betriebswirtschaftslehre und Wirtschaftspraxis, Festschrift für K. Mellerowicz, Berlin 1961, S. 258 ff.

Münstermann, H. (1963): Betriebswirtschaftliche Probleme der Kapitalerhaltung, in: Geschichte und Kapitalwirtschaft, Hrsg. H. Münstermann, Wiesbaden 1963, S. 63 ff.

Münstermann, H. (1966a): Wert und Bewertung der Unternehmung, Wiesbaden 1966

Münstermann, H. (1966b): Die Bedeutung des ökonomischen Gewinns für den externen Jahresabschluß der AG, in: Wpg 1966, S. 579 ff.

Münstermann, H. (1968): Zur Theorie und Praxis der Gewinnverwendung, in: Geld, Kapital und Kredit, Festschrift für H. Rittershausen, Hrsg. H.E. Büschgen, Stuttgart 1968, S. 335 ff.

Musgrave, R.A. (1959): The Theory of Public Finance, New York - Toronto - London 1959

Musgrave, R.A. (1967/68): In Defense of an Income Concept, in: Harvard Law Review 1967/68, S. 44 ff.

Musgrave, R.A. (1968): The Carter Commission Report, in: Canadian Journal of Economics, Supplement No. 1, 1968, S. 159 ff.

Nelson, C.J. (1967): An Accountant's View of Profit Measurement, in: Profit in the Modern Economy, Hrsg. H.W. Stevenson und J.R. Nelson, Minneapolis 1967, S. 73 ff.

Neubauer, W. (1966): Über die Konstruktion, den Sinn und die Zwecke von Preisindexzahlen, in: Umrisse einer Wirtschaftsstatistik, Festgabe für Paul Flaskämper, Hrsg. A. Blind, Hamburg 1966, S. 190 ff.

Neumark, F. (1947): Theorie und Praxis der modernen Einkommensbesteuerung, Bern 1947

Neumark, F. (1961): Zum Problem der Klassifikation der Steuerreformen, in: Neumark, F., Wirtschafts- und Finanzprobleme des Interventionsstaates, Tübingen 1961, S. 349 ff.

Neumark, F. (1970): Grundsätze gerechter und ökonomisch rationaler Steuerpolitik, Tübingen 1970

Nichols, D.A. (1974): The Investment Income Formula of the American Economic Association, in: AER 1974, S. 420 ff.

Niehus, R.J. (1974): Zur Berücksichtigung der Substanzerhaltung bei der Rechnungslegung, in: Wpg 1974, S. 649 ff.

Niehus, R.J. (1975): Die Berücksichtigung von Geldwertschwankungen in ausländischen Jahresabschlüssen, in: Wpg 1975, S. 153 ff., S. 183 ff.

Niehus, R.J. (1977): Wiederbeschaffungswerte ("replacement costs") in den Jahresabschlüssen in Großbritannien, USA und der Bundesrepublik, in: Wpg 1977, S. 257 ff.

Niemann, J. (1970): Die Beurteilung der Vorteilhaftigkeit einer Investition anhand ihres Kapitalwertes unter Berücksichtigung von Preis- und Geldwertschwankungen, Dissertation Mainz 1970

Noll, W. (1974): Besteuerung bei sinkendem Geldwert, in: WiSt 1974, S. 515 ff.

Orth, B. (1974): Einführung in die Theorie des Messens, Stuttgart - Berlin - Köln - Mainz 1974

Osbahr, W., Nicklisch, E. (1923): Die Bilanz vom Standpunkt der Unternehmung, 3. Aufl., Berlin - Leipzig 1923

Paish, F.W. (1969): The estimation of business profits in periods of changing prices, Memorandum submitted to the Royal Commission on the Taxation of Profits and Income 1952, wiederabgedruckt in: Readings in the Concept and Measurement of Income, Hrsg. R.H. Parker und G.C. Harcourt, Cambridge 1969, S. 193 ff.

Parker, R.H., Harcourt, G.C. (1969): Einleitung zu: Readings in the Concept and Measurement of Income, Hrsg. R.H. Parker und G.C. Harcourt, Cambridge 1969

Pearcy, J. (1971): Inflation und veröffentlichte Jahresabschlüsse in Großbritannien, in: Journal UEC 1971, S. 204 ff.

Peeckel, A. (1970): Scheingewinne und Eiserner Bestand, Berlin 1970

Pfleiderer, O. (1965): Berücksichtigung der Geldentwertung bei der Besteuerung von Zinserträgen?, in: Zeitschrift für das gesamte Kreditwesen 1965, S. 886 ff.

Philips, G.E. (1963): The Accretion Concept of Income, in: AR 1963, S. 14 ff.

Pieper, H. (1972): Die reale Geldkapitalerhaltungskonzeption, Eine geeignete Methode zur Eliminierung der Geldentwertung aus der handelsrechtlichen Bilanz und Erfolgsrechnung, in: BFuP 1972, S. 203 ff.

Pigou, A.C. (1969): Maintaining capital intact, in: Economica 1941, S. 271 ff., abgedruckt in: Readings in the Concept and Measuremeht of Income, Hrsg. R.H. Parker und G.C. Harcourt, Cambridge 1969, S. 123 ff.

Schmidt, R.-B. (1963): Die Gewinnverwendung der Unternehmung, Berlin 1963

Schmidt, R.-B. (1964): Die Kapitalerhaltung der Unternehmung als Gegenstand zielsetzender und zielerreichender Entscheidungen, in: Organisation und Rechnungswesen, Festschrift für Erich Kosiol zu seinem 65. Geburtstag, Hrsg. E. Grochla, Berlin 1964, S. 411 ff.

Schmidt, R.-B. (1966): Die Sicherung der Aktiengesellschaft durch Rücklagen, in: ZfB 1966, S. 615 ff.

Schmidt, R.-B. (1970): Kapitalerhaltung und Rechnungswesen, in: HdR, Hrsg. E. Kosiol, Stuttgart 1970, Sp. 772 ff.

Schmidt, R.H. (1972): Einige Überlegungen über die Schwierigkeiten, heute eine "Methodologie der Betriebswirtschaftslehre" zu schreiben, in: ZfbF 1972, S. 393 ff.

Schmidt, W.F. (1954): Berücksichtigung der allmählichen Geldentwertung durch die Besteuerung, Dissertation Köln 1954

Schmölders, G. (1965): Allgemeine Steuerlehre, 4. Aufl., Berlin 1965

Schmoller, G. (1863): Die Lehre von Einkommen in ihrem Zusammenhang mit den Grundprincipien der Steuerlehre, in: ZfdgStW 1863, S. 1 ff.

Schneider, D. (1963): Bilanzgewinn und ökonomische Theorie, in: ZfhF 1963, S. 457 ff.

Schneider, D. (1967): Substanzerhaltung und technischer Fortschritt, in: Der Volkswirt 1967, S. 2651 ff.

Schneider, D. (1968a): Ausschüttungsfähiger Gewinn und das Minimum an Selbstfinanzierung, in: ZfbF 1968, S. 1 ff.

Schneider, D. (1968b): Modellvorstellungen zur optimalen Selbstfinanzierung, in: ZfbF 1968, S. 705 ff.

Schneider, D. (1971a): Gewinnermittlung und steuerliche Gerechtigkeit, in: ZfbF 1971, S. 352 ff.

Schneider, D. (1971b): Gewinnbesteuerung und Unternehmenserhaltung, in: ZfbF 1971, S. 566 ff.

Schneider, D. (1971c): Aktienrechtlicher Gewinn und ausschüttungsfähiger Betrag, in: Wpg 1971, S. 607 ff.

Schneider, D. (1973a): Renaissance der Bilanztheorie?, in: ZfbF 1973, S. 29 ff.

Schneider, D. (1973b): "Renaissance der Bilanztheorie?" in der Diskussion, in: ZfbF 1973, S. 760 ff.

Schneider, D. (1974a): Grundzüge der Unternehmensbesteuerung, Opladen 1974

Schneider, D. (1974b): Bestimmungsgründe des Substanzverzehrs durch Scheingewinnbesteuerung, in: DB 1974, S. 1073 ff.

Schneider, D. (1970) und (1975a): Investition und Finanzierung, 1. Aufl., Köln - Opladen 1970, 4. Aufl., Opladen 1975

Schneider, D. (1975b): Steuerbelastung und Steuerüberwälzung der Unternehmung in der Inflation, in: Die Unternehmung in ihrer gesellschaftlichen Umwelt, Hrsg. P. Mertens, Wiesbaden 1975, S. 321 ff.

Schneider, D. (1976a): Realisationsprinzip und Einkommensbegriff, in: Bilanzfragen, Festschrift zum 65. Geburtstag von Ulrich Leffson, Hrsg. J. Baetge, A. Moxter, D. Schneider, Düsseldorf 1976, S. 101 ff.

Schneider, D. (1976b): Der Gewinnbegriff vor der Betriebswirtschaftslehre und die Substanzerhaltungsdiskussion heute, in: ZfbF 1976, S. 724 ff.

Schneider, W. (1959): Das Problem der Geldwertschwankungen in der Betriebswirtschaftslehre und im Steuerrecht unter besonderer Berücksichtigung des Auslandes, Dissertation Köln 1959

Schnettler, A. (1955): Ziele und Grenzen betrieblicher Werterhaltung, in: ZfhF 1955, S. 521 ff.

Schöne, G.K. (1963): Das Problem der Erhaltung in der Betriebswirtschaftslehre. Ein Beitrag zur allgemeinen Betriebswirtschaftslehre, Dissertation Mannheim 1963

Schreiber, U. (1977): Zur Berücksichtigung von Inflationserfolgen in bilanziellen Erhaltungskonzepten - Ein Beitrag zum Problem der Gewinndefinition bei Inflation, in: DB 1977, S. 829 ff.

Schubert, H. (1970): Zur Einbeziehung von Steuern in die Theorie der Unternehmung - Steuern und unternehmerische Zielsetzungen -, Dissertation München 1970

Schuhmacher, P. (1973): Scheingewinne durch Preissteigerungen beim abnutzbaren Sachanlagevermögen und Maßnahmen zur Verhinderung ihrer Ausschüttung, in: BFuP 1973, S. 563 ff.

Schultheiß, R.R. (1969): Gewinn - Ja oder Nein, Versuch einer Systematisierung, Meisenheim am Glan 1969

Schulze, H.H. (1966): Zum Problem der Messung des wirtschaftlichen Handelns mit Hilfe der Bilanz, Berlin 1966

Schuster, E. (1961): Einkommen, in: HdSW, Bd. 3, Stuttgart - Tübingen - Göttingen 1961, S. 53 ff.

Schweigert, W.R. (1973): Reale (Geld-) Kapitalerhaltung und substantielle Kapitalerhaltung. Ist ihre Anwendung mit der Ausreichendheit der Steuererträge und mit der Steuergerechtigkeit zu vereinbaren?, in: BFuP 1973, S. 121 ff.

Schweitzer, M. (1967): Methodologische und entscheidungstheoretische Grundfragen der betriebswirtschaftlichen Prozeßstrukturierung, in: ZfbF 1967, S. 279 ff.

Schweitzer, M. (1972): Struktur und Funktion der Bilanz, Berlin 1972

Schweitzer, M. (1973): Renaissance der Bilanztheorie? Eine Stellungnahme, in: ZfbF 1973, S. 683 ff.

Schwiering, D. (1973): Die realtheoretischen Aussagemöglichkeiten und Aussagegrenzen von Erfolgskonzeptionen, Zur Kritik der Bilanztheorien, Berlin 1973

Scott, D.R. (1947): Role of Accounting in Public Utility Regulation, in: AR 1947, S. 227 ff.

Seicht, G. (1968): Scheingewinnbesteuerung und Substanzerhaltung, in: ÖB 1968, S. 73 ff.

Seicht, G. (1970a): Die kapitaltheoretische Bilanz und die Entwicklung der Bilanztheorien, Berlin 1970

Seicht, G. (1970b): Die Grenzen der Gewinnbesteuerung, in: ÖB 1970, S. 140 ff.

Seicht, G. (1975): Betriebswirtschaftliches Rechnungswesen und Inflation, in: Wirtschaftsberichte Nr. 2, 1975, S. 1 ff.

Seipel, H. (1965): Die Betriebserhaltung als Ziel und Aufgabe der Betriebspolitik im allgemeinen und der Sicherungspolitik im besonderen, Dissertation Frankfurt 1965

Seischab, H. (1952): Der Scheingewinn - ein Scheinproblem?, in: Deutsche Zeitung und Wirtschaftszeitung, Nr. 54, 1952, S. 13

Selchert, F.W. (1975): Abschreibung und substantielle Kapitalerhaltung, in: DB 1975, S. 557 ff.

Seltzer, L.H. (1951): The Nature and the Tax Treatment of Capital Gains and Losses, New York 1951

Serfling, K. (1974): Endwert-, Einkommens- und Aktienwertmaximierung als Konkretisierung der Zielsetzung "Langfristige Gewinnmaximierung" im Kapitalbereich von Unternehmungen, Dissertation Berlin 1974

Seÿffert, R. (1926): Betriebswirtschaftslehre, ihre Geschichte, in: Handwörterbuch der Betriebswirtschaft, 1. Aufl, 1. Bd., Stuttgart 1926, Sp. 1198 ff.

Shorrocks, A.F. (1975): The Age-Wealth Relationships: A Cross-Section and Cohort-Analysis, in: RES 1975, S. 155

Shwayder, K. (1969): The Capital Maintenance Rule and the Net Asset Valuation Rule, in: AR 1969, S. 304 ff.

Sieben, G. (1963): Der Substanzwert der Unternehmung, Wiesbaden 1963

Sieben, G. (1964): Prospektive Erfolgserhaltung - Ein Beitrag zur Lehre der Unternehmungserhaltung, in: ZfB 1964, S. 628 ff.

Sieben, G. (1971): Geldwertänderung und Bilanz, in: BB 1971, Beilage 5/71, S. 61 ff.

Sieben, G. (1974a): Kritische Würdigung der externen Rechnungslegung unter besonderer Berücksichtigung von Scheingewinnen, in: ZfbF 1974, S. 153 ff.

Sieben, G. (1974b): Rechnungswesen bei mehrfacher Zielsetzung: Möglichkeiten der Berücksichtigung gesellschaftsbezogener Ziele durch die Betriebswirtschaftslehre, in: ZfbF 1974, S. 694 ff.

Sieben, G. (1976): Zur Problematik einer auf Bilanzgewinnen basierenden Unternehmungsbewertung in Zeiten der Geldentwertung, in: Bilanzfragen, Festschrift zum 65. Geburtstag von Ulrich Leffson, Hrsg. J. Baetge, A. Moxter, D. Schneider, Düsseldorf 1976, S. 255 ff.

Sieben, G., Schildbach, Th. (1973): Substanzerhaltung und anteilige Fremdfinanzierung, Ein Beitrag zur Behandlung des Schuldenproblems in Jahresabschlüssen bei Geldentwertung, in: BFuP 1973, S. 577 ff.

Sieben, G., Löcherbach, G., Matschke, M.J. (1974): Bewertungstheorie, in: HdB, 4. Aufl., Bd. I/1, Hrsg. E. Grochla und W. Wittmann, Stuttgart 1974, Sp. 839 ff.

Siegel, Th. (1976): Substanzerhaltungsdiskussion und optimale Unternehmensfinanzierung, in: ZfbF 1976, S. 199 ff.

Simmons, K., Gray, J. (1969): An Investigation of the Effect of Differing Accounting Frameworks on the Prediction of Net Income, in: AR 1969, S. 757 ff.

Simon, H.A. (1957): Models of Man, New York - London 1957

Simons, H.C. (1965): Personal Income Taxation, 5. Aufl., Chicago 1965

Solomons, D. (1962): Income - True and False, in: Studies in Accounting Theory, Hrsg. W.T. Baxter und S. Davidson, London 1962, S. 299 ff.

Solomons, D. (1969): Economic and accounting concepts of income, in: Readings in the Concept and Measurement of Income, Hrsg. R.H. Parker und G.C. Harcourt, Cambridge 1969, S. 106 ff.

Sommerfeld, H. (1926): Bilanz (eudynamisch), in: Handwörterbuch der Betriebswirtschaft, 1. Aufl., 1. Bd., Stuttgart 1926, Sp. 1340 ff.

Sonderegger, F. (1950): Das Prinzip der Erhaltung der Unternehmung als Grundproblem der modernen Betriebswirtschaftslehre, Bern 1950

Sprouse, R.T. (1966): The Measurement of Financial Position and Income: Purpose and Procedure, in: Research in Accounting Measurement, Hrsg. R.K. Jaedicke, Y. Jjiri, O. Nielsen, American Accounting Association 1966, S. 101 ff.

Stählin, W. (1973): Theoretische und technologische Forschung in der Betriebswirtschaftslehre, Stuttgart 1973

Stefanic-Allmayer, K. (1952): Echter Erfolg statt "Scheingewinn", in: ÖB 1952, S. 19 ff.

Stegmüller, W. (1974): Theoriendynamik und logisches Verständnis, in: Beiträge zur diachronischen Wissenschaftstheorie, Hrsg. W. Diederich, Frankfurt a.M. 1974, S. 167 ff.

Sterling, R.R. (1970): Theory of the Measurement of Enterprise Income, Lawrence - Manhattan - Wichita - London 1970

Stevens, S.S. (1951): Mathematics, Measurement, and Psychophysics, in: Handbook of Experimental Psychology, Hrsg. S.S. Stevens, New York 1951, S. 1 ff.

Strickrodt, G. (1952): Die betriebswirtschaftliche Steuerlehre, Probleme einer Disziplin, in: ZfhF 1952, S. 389 ff.

Strickrodt, G. (1972): Geldentwertung, steuerliche Folgen der, in: HwStR, Bd. I, München 1972, S. 429 ff.

Strobel, W. (1975): Erfolgsteuerwirkungen bei Inflation und Konsequenzen für die Steuerreform, in: DB 1975, S. 2045 ff.

Strobel, W. (1976a): Zur Reformbedürftigkeit des Jahresabschlusses unter dem Inflationsaspekt, in: Bilanzfragen, Festschrift zum 65. Geburtstag von Ulrich Leffson, Hrsg. J. Baetge, A. Moxter, D. Schneider, Düsseldorf 1976, S. 217 ff.

Strobel, W. (1976b): Der Einfluß einer allgemeinen Inflation auf Ausschüttungsniveau, Investitions- und Kapitalstruktur einer Unternehmung, in: DB 1976, S. 2217 ff., S. 2265 ff.

Stützel, W. (1960): Aktienrechtsreform und Konzentration, in: Die Konzentration in der Wirtschaft, 2. Bd., Ursachen der Konzentration, Hrsg. Helmut Arndt, Berlin 1960, S. 907 ff.

Stützel, W. (1967): Bemerkungen zur Bilanztheorie, in: ZfB 1967, S. 314 ff.

Stützel, W. (1970): Die Relativität der Risikobeurteilung von Vermögensbeständen, in: Entscheidung bei unsicheren Erwartungen. Beiträge zur Theorie der Unternehmung, Hrsg. H. Hax, Köln - Opladen 1970, S. 9 ff.

Sweeney, H.W. (1936): Stabilized Accounting, New York - London 1936

Sweeney, H.W. (1965): Maintenance of Capital, in: AR 1930, S. 277 ff., wiederabgedruckt in: Significant Accounting Essays, Hrsg. M. Moonitz und A.C. Littleton, Englewood Cliffs, N.J. 1965, S. 248 ff.

Swoboda, P. (1967): Einflüsse der Besteuerung auf die Ausschüttungs- und Investitionspolitik von Kapitalgesellschaften, in: ZfbF 1967, S. 1 ff.

Szyperski, N. (1962): Zur Problematik der quantitativen Terminologie in der Betriebswirtschaftslehre, Berlin 1962

Tallau, H. (1969a): Zum Reformziel der Gewinnverwendungs-Bestimmungen des Aktiengesetzes von 1965, in: BFuP 1969, S. 98 ff.

Tallau, H. (1969b): Zur Zuständigkeitsverteilung bei der Gewinnverwendungs-Entscheidung nach dem Aktiengesetz von 1965, in: BFuP 1969, S. 638 ff.

Tautscher, A. (1967): Steigender Steuerdruck bei sinkendem Geldwert, Berlin 1967

Teichmann, H. (1972): Die optimale Komplexion des Entscheidungskalküls, in: ZfbF 1972, S. 519 ff.

Teichmann, H. (1975): Der optimale Planungshorizont, in: ZfB 1975, S. 295 ff.

Terborgh, G. (1962): Depreciation Policy and the Price Level, in: Studies in Accounting Theory, Hrsg. W.T. Baxter und S. Davidson, London 1962, S. 325 ff.

Thoma, G. (1967): Hat die Steuerrechtsprechung Erkenntnisse der Betriebswirtschaftslehre zu berücksichtigen?, in: Wpg 1967, S. 233 ff.

Thomas, K. (1977): Rechnungslegung der Unternehmen bei Inflation, in: DB 1977, S. 1421 ff.

Timm, H. (1967): Der Einfluß von Geldwertsicherungsklauseln, in: Jahrbücher für Nationalökonomie und Statistik, Bd. 8, 1967, S. 313 ff.

Tipke, K. (1967): Die Situation des Steuerrechts als rechtswissenschaftliche Disziplin, in: NJW 1967, S. 1885 ff.

Tipke, K. (1974): Steuerrecht, 2. Aufl., Köln 1974

Toulmin, S. (1968): Voraussicht und Verstehen, Ein Versuch über die Ziele der Wissenschaft, Frankfurt a.M. 1968

Ulrich, H. (1968): Die Unternehmung als produktives soziales System, Bern - Stuttgart 1968

Ulrich, H. (1971): Der systemorientierte Ansatz in der Betriebswirtschaftslehre, in: Wissenschaftsprogramm und Ausbildungsziele der Betriebswirtschaftslehre, Hrsg. G. v. Kortzfleisch, Berlin 1971, S. 43 ff.

Vatter, W.J. (1969): The Fund Theory of Accounting and its Implications for Financial Reports, 6. Aufl., Chicago 1969

Velde van de, K. (1950): Die steuerliche Betriebswirtschaftslehre, in: ZfhF 1950, S. 467 ff.

Vickrey, W. (1947): Agenda for Progressive Taxation, New York 1947

Vickrey, W. (1959): Averaging of Income for Income Tax Purposes, in: Readings in the Economics of Taxation, Hrsg. R.A. Musgrave und C.S. Shoup, London 1959, S. 77 ff.

Viner, J. (1923): Taxation and Changes in Price Levels, in: Journal of Political Economy, 1923, S. 494 ff.

Wagner, F.W. (1971): Das Ausscheiden eines Gesellschafters aus einer OHG - Ein Beitrag zur Theorie der Unternehmensbewertung, Dissertation München 1971

Wagner, F.W. (1973): Zur Zweckmäßigkeit von Bewertungskalkülen für die Entscheidung über Kauf und Verkauf von Unternehmungen, in: BFuP 1973, S. 301 ff.

Wagner, F.W. (1974): Zum gegenwärtigen Forschungsprogramm der betriebswirtschaftlichen Steuerlehre, in: DB 1974, S. 393 ff.

Wagner, F.W. (1976): Substanzerhaltung und Gewinnverwendung bei Publikumsaktiengesellschaften, in: Wpg 1976, S. 487 ff.

Wagner, F.W. (1977): Zum Maßgutproblem in Investitionskalkülen bei Preis- und Geldwertänderungen, in: ZfbF 1977, S. 190 ff.

Wahl v., S. (1966): Die Bewertung von Bergwerksunternehmungen auf der Grundlage der Investitionsrechnung, Köln - Opladen 1966

Walb, E. (1922): Das Problem der Scheingewinne, Freiburg i.B. 1922

Wallich, H.C. (1965): Taxation of Capital Gains in the Light of Recent Economic Developments, in: National Tax Journal 1965, S. 133 ff.

Wallis v., H. (1973): Geldwertänderung und Steuerrecht, in: DB 1973, S. 842 ff.

Wallis v., H. (1975): Geldentwertung und Besteuerung, in: DStR 1975, S. 271 ff.

Walter, P. (1958): Betriebswirtschaftliche Kapitalerhaltung und Preissteigerungsrücklage in der deutschen und französischen Ertragsteuerbilanz, Dissertation Saarbrücken 1958

Walther, A. (1959): Einführung in die Wirtschaftslehre der Unternehmung, 1. Bd.: Der Betrieb, 2. Aufl., Zürich 1959

Watrin, Ch. (1972): Ökonomische Theorien und wirtschaftspolitisches Handeln, in: Theorie und Realität, 2. Aufl., Hrsg. H. Albert, Tübingen 1972, S. 359 ff.

Wegenast, C. (1971): Kapitaltheoretische Bilanzkonzeptionen, Beurteilung ihrer Aussagefähigkeit, Dissertation München 1971

Wegmann, W. (1970): Der ökonomische Gewinn, Wiesbaden 1970

Weisse, G. (1965): Geldentwertung und Rechtsprechung, in: DStR 1965, S. 716 ff.

Wells, M.C. (1971): Axioms for Historical Cost Valuation, in: JAR 1971, S. 171 ff.

Wieser v., F. (1910): Der Geldwert und seine Veränderungen, in: Schriften des Vereins für Socialpolitik, 132. Band, 1910, S. 497 ff.

Wild, P. (1972): Anpassung des Einkommensteuertarifs an die schleichende Geldentwertung, in: DB 1972, S. 840 ff.

Wilhelmi, H. (1965): Das neue Aktiengesetz, in: AG 1965, S. 153 ff., 187 ff., 217 ff.

Williams, T.H., Griffin, C.H. (1967): Income Definition and Measurement: A Structural Approach, in: AR 1967, S. 642 ff.

Wimmer, K. (1975): Geldentwertung und Steuerrecht - Ein Beitrag zur Frage der Berücksichtigung der Folgen der schleichenden Geldentwertung im Steuerrecht, Dissertation Darmstadt 1975

Wöhe, G. (1974): Betriebswirtschaftslehre, Entwicklungstendenzen der Gegenwart, in: HdB, Bd. I/1, Hrsg. E. Grochla und W. Wittmann, Stuttgart 1974, Sp. 710 ff.

Wöhe, G. (1976): Betriebswirtschaftliche Steuerlehre, 4. Aufl., Bd. I, München 1976

Wohlgemuth, M. (1975): Möglichkeiten der Substanzerhaltung in Zeiten inflationärer Geldentwertung, in: AG 1975, S. 296 ff., S. 313 ff.

Wueller, P.H. (1969): Concepts of Taxable Income, I: The German Contribution, II: The American Contribution, in: Political Science Quarterly, Vol. 53, 1938, I: S. 83 ff., II: S. 557 ff., wiederabgedruckt in: Readings in the Concept and Measurement of Income, Hrsg. R.H. Parker und G.C. Harcourt, Cambridge 1969, S. 141 ff.

Würdinger, H. (1958): Zum Dividendenrecht des Aktionärs, zugleich ein Beitrag zum Problem der Selbstfinanzierung, in: DB 1958, S. 825 ff.

Wysocki v., K. (1977): Grundlagen des betriebswirtschaftlichen Prüfungswesens, 2. Aufl., München 1977

Zeitel, G. (1973): Geldentwertung und Nominalprinzip in der Besteuerung, in: WD 1973, S. 249 ff.

Zeuthen, H.E. (1975): Capital-Income, Inflation and Taxation, in: The Swedish Journal of Economics 1975, S. 135 ff.

Zwehl v., W. (1968): Untersuchungen zur Erstellung einer Planbilanz als Ergänzung des Jahresabschlusses, Berlin 1968

Zwehl v., W. (1973): Die Substanzerhaltung als Minimalziel des Unternehmers in Zeiten steigender Preise, in: Unternehmensführung und Organisation, Hrsg. W. Kirsch, Wiesbaden 1973, S. 175 ff.

Der Keynesianismus I

Theorie und Praxis keynesianischer Wirtschaftspolitik
Entwicklung und Stand der Diskussion

Herausgeber: G. Bombach, H.-J. Ramser, M. Timmermann, W. Wittmann

1976. 14 Abbildungen. VIII, 296 Seiten
(Wirtschaftspolitische Studien)
DM 38,–; US $ 19.00
ISBN 3-540-07910-6

Inhaltsübersicht: Der Stand der beschäftigungspolitischen Diskussion zur Zeit der Weltwirtschaftskrise in Deutschland. – Keynes in der heutigen Wirtschaftstheorie. – Keynes in der heutigen Wirtschaftspolitik.

Der Keynesianismus II

Die beschäftigungspolitische Diskussion vor Keynes in Deutschland. – Dokumente und Kommentare

Herausgeber: G. Bombach, H.-J. Ramser, M. Timmermann, W. Wittmann

1976. VI, 331 Seiten
(Wirtschaftpolitische Studien)
DM 42,–; US $ 21.00
ISBN 3-540-07770-7

Inhaltsübersicht: Dokumente zur wirtschaftspolitischen Diskussion Anfang der dreißiger Jahre in Deutschland. – Dokumente zu den Arbeitsbeschaffungsprogrammen Anfang der dreißiger Jahre in Deutschland. – Dokumente zur rückschauenden Analyse beteiligter Politiker (in Briefen an Heinrich Dräger). – Namensverzeichnis. – Sachverzeichnis.

Preisänderungen vorbehalten

Springer-Verlag
Berlin
Heidelberg
New York